W0412183

Sekundarstufe II

Biosphäre

Genetik

Lösungen

Cornelsen

Biosphäre

Sekundarstufe II, Genetik
Lösungen

Autoren:
Joachim Becker, Dormagen; Christian Gröne, Lünen;
Michael Jütte, Dortmund; Dr. Monika Pohlmann, Bergisch Gladbach;
Volker Wiechern, Bochum

Redaktion:
Dr. Peggy Radant

Designberatung:
Katharina Wolff-Steininger, Ellen Meister

Layout und technische Umsetzung:
zweiband.media, Berlin

Umschlaggestaltung:
SOFAROBOTNIK GbR, Augsburg & München

Grafik:
Karin Mall, Berlin
Tom Menzel, Klingberg

www.cornelsen.de

1. Auflage, 6. Druck 2020

Alle Drucke dieser Auflage sind inhaltlich unverändert und
können im Unterricht nebeneinander verwendet werden.

Druck: Esser printSolutions GmbH, Bretten

ISBN 978-3-06-420055-5

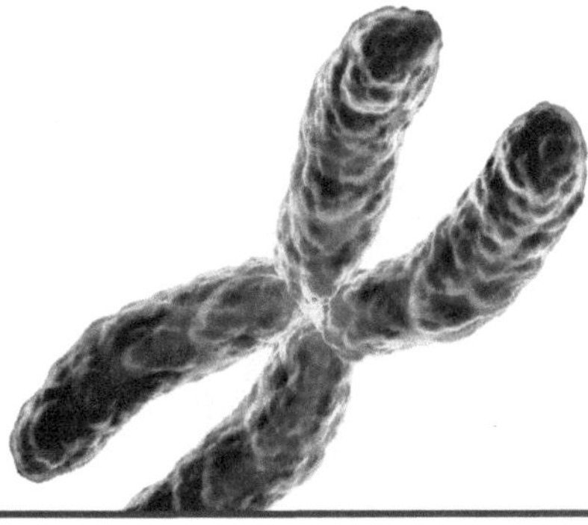

Klassische Genetik 6

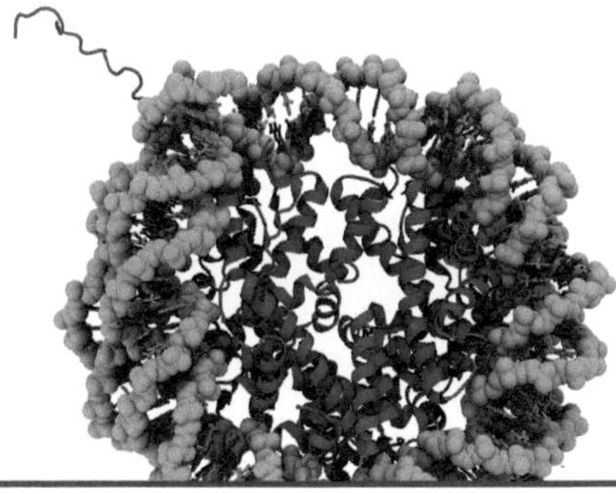

Grundlagen der Molekulargenetik 30

Biotechnologie 61

Humangenetische Forschungsschwerpunkte 74

Was ist Vererbung?

Seite 6–7

1 Erläutern Sie die Vorstellungen zur Vererbung, die im Mittelalter bis zum 19. Jahrhundert vorherrschten!

- *Urzeugung:* Viele Naturforscher gingen davon aus, dass Lebewesen durch Urzeugung entstehen könnten. Die Frage nach der Vererbung von Merkmalen stellt sich dann nicht.
- *Präformationslehre:* Nachdem der Urzeugungsglaube widerlegt worden war, stellte sich die Frage, wie der Bauplan eines Lebewesens realisiert wird. Nach der Entdeckung von Geschlechtszellen gingen viele Naturforscher davon aus, dass der Bauplan in einer der Geschlechtszellen (Spermienzelle oder Eizelle) bereits vorgebildet sei. Da die jeweilige Geschlechtszelle einem der beiden Eltern entstammt, ist auch bei dieser Vorstellung die Frage nach der Vererbung nebensächlich.
- *Mischvererbung:* Nachkommen von Eltern sehen nicht genauso aus wie eines der Elternteile. Deshalb liegt es nahe, bei der Betrachtung von Merkmalen zwischen verschiedenen Generationen von einer Mischung zu sprechen. Die Frage nach den dieser Mischung zugrunde liegenden Faktoren wurde nicht gestellt.
- *Vererbung erworbener Eigenschaften:* Da Nachkommen Ähnlichkeiten zu ihren Eltern aufweisen, die vererbbar sind, liegt es nahe, anzunehmen, dass diese Ähnlichkeiten sich auf alle beobachtbaren Merkmale beziehen. Damit sind auch solche gemeint, die die Eltern erst im Laufe ihres Lebens erwerben. Wenn alle Merkmale Gegenstand der Vererbung sein können, dann ist die Frage nach einem besonderen Vererbungsmechanismus eher nebensächlich.

Zusatzinformation: Johann Gregor MENDEL gilt heute zu Recht als Begründer der Genetik als Wissenschaft. Seine Leistung, die ihn von seinen Zeitgenossen abhebt, besteht vor allem darin, dass er eine klare Fragestellung formuliert, seinen Forschungsgegenstand sorgfältig ausgesucht und seine Forschungsergebnisse genau dokumentiert hat. Des Weiteren hebt ihn sein statistisch orientiertes Vorgehen von den Forschungen seiner Zeitgenossen ab: MENDEL hat Merkmalshäufigkeiten in Populationen betrachtet, nicht viele Merkmale an Individuen. Trotz dieses Gegensatzes zwischen den traditionellen Denkweisen und MENDELs Vorgehen gab es doch auch Naturforscher, die mit ihren Untersuchungen und Interpretationen und mit ihrer Kritik an den traditionellen Konzepten nahe an die MENDELsche Sichtweise heranreichten. Ob MENDEL die Forschungen aller dieser Vorläufer kannte, ist jedoch ungewiss.

Der Antrieb vieler Naturforscher bestand im Wesentlichen darin, anwendbare Regeln für die Züchtung von Pflanzen und Tieren zu finden, die in der Landwirtschaft eine Rolle spielten. Dabei stand naturgemäß die Betrachtung von Merkmalen im Vordergrund. Die Frage nach den Mechanismen der Vererbung wurde nicht gestellt. Bei diesen Kreuzungen wurden jedoch bereits viele Aspekte, die MENDEL später als Bestandteile seiner Theorie formulierte, vorweg genommen – Dominanz, Uniformität, Aufspaltung, intermediäres Verhalten. Manche der Forscher interessierten sich zwar für die Entstehung von Varianten der verwendeten Pflanzen- oder Tierarten, eine Auswahl der Untersuchungsobjekte nach wissenschaftlichen Kriterien jedoch fand nicht statt und eine zahlenmäßige Erfassung des Untersuchungsmaterials wurde von niemandem angestrebt.

Trotz dieser genannten Einschränkungen hatte sich das Wissen über die bei Kreuzungen auftretenden Effekte bis etwa 1860 enorm vergrößert. Alle Vorgänger MENDELs verblieben jedoch in der Diskussion ihrer Ergebnisse im Rahmen einer Merkmalsgenetik. Den Schritt zur zahlenmäßigen Erfassung des Materials und zur genetischen Analyse dieser Zahlen, den Schritt zur Faktorengenetik also, vollzog erst MENDEL. Diese Kritik trifft auch auf Charles DARWIN zu, der 1869, ohne dass er Kenntnisse über MENDELs Forschungen besaß, Kreuzungsexperimente am Löwenmäulchen durchführte und die in den Kreuzungen entstandenen Nachkommen zählte. Er unterzog diese Zahlen jedoch keiner weiteren Analyse und verblieb deshalb genauso wie die Zeitgenossen MENDELs auf einer rein beschreibenden Ebene. Die Vorstellungen und Forschungsarbeiten der Vorgänger MENDELs werden auch als Prämendelismus bezeichnet.

2 Erläutern Sie an zwei Beispielen die Bedeutung zellbiologischer Entdeckungen für die Vererbungsforschung!

Beispiel 1: Befruchtung beim Seeigel

Bei der Befruchtung verschmelzen die Zellkerne einer Spermienzelle und einer Eizelle. Die beiden Kerne enthalten Erbmaterial von der Mutter und vom Vater. Bei der folgenden Entwicklung des Keimes werden Merkmale sichtbar, die man auch beim Vater beziehungsweise der Mutter wiederfinden kann. Dies wird durch die Befruchtung erklärbar.

Beispiel 2: Keimplasma

Die Unterscheidung von Keimbahn und Körperzellen verdeutlicht, dass das genetische Material von den Erfahrungen, die ein Lebewesen während seines Lebens macht, unbeeinflusst bleibt. Es wird bereits früh während der Embryonalentwicklung von den anderen Zellen im Keim separiert, sodass es mit der Umwelt gar nicht in Kontakt kommt.

Klassische Genetik

1 MENDEL – Urvater der Genetik

Anfänge der Genetik

Seite 10–12

1 Analysieren Sie, wie MENDELs Partikeltheorie die phänotypische Zusammensetzung der F_2-Generation in Experiment 1 erklärt!

These 1: Den Merkmalen liegen Partikel, die Erbfaktoren, zugrunde, die unverschmolzen durch die Generationen weitergegeben werden.
These 2: In den unreifen Geschlechtszellen liegt jeder Merkmalsausprägung jeweils ein Partikel vom Vater und von der Mutter zugrunde.
These 3: In den reifen Geschlechtszellen liegt ein Partikel von jedem Partikelpaar vor.
Durch die Befruchtung vereinigen sich zwei Geschlechtszellen zur Zygote, die zum Embryo heranwächst. Dieser kann drei verschiedene Genotypen aufweisen, je nachdem welche Partikel bei der Verschmelzung der Geschlechtszellen durch Zufall zusammenkommen. Aufgrund des jeweils dominant-rezessiven Erbganges der betrachteten Merkmalsausprägungen treten zwei verschiedene Phänotypen im Verhältnis 3:1 auf. These 4 der Partikeltheorie erklärt die Beobachtungen zu den Kreuzungsergebnissen in Erbgängen, in denen mehr als ein Merkmalspaar untersucht wird, zum Beispiel bei Dihybriden- oder Trihybridenkreuzungen.

2 Erläutern Sie anhand der Dihybridenkreuzung, welche Beobachtungen zu den MENDELschen Regeln führten!

Werden Individuen derselben Art gekreuzt, die sich in zwei Merkmalsausprägungen unterscheiden, so lässt sich die Beobachtung machen, dass alle Nachkommen in der F_1-Generation gleich aussehen. Sie zeigen im Phänotyp die beiden dominanten Merkmalausprägungen. Aus dieser Beobachtung leitet sich die Uniformitätsregel ab. Es gilt ebenso die Reziprozitätsregel, da es gleichgültig ist, ob das väterliche oder mütterliche Individuum die jeweilige Kombination der Merkmalsausprägungen trägt. Kreuzt man die Individuen der F_1-Generation untereinander, so treten bei hinreichend großer Anzahl von Nachkommen alle möglichen Kombinationen der betrachteten Merkmalsausprägungen auf. Die Ausprägungen werden also völlig unabhängig voneinander neu kombiniert. Neben den Kombinationen in der Parentalgeneration gibt es neue Kombinationen der Merkmalsausprägungen. Aus diesen Beobachtungen leitete MENDEL die Unabhängigkeitsregel ab.

Seite 13 (Material)

Material A – Historische Monohybridenkreuzung mit der Gartenerbse

A1 Werten Sie die Tabelle nach der Methode MENDELs aus und erläutern Sie die Bedeutung der großen Anzahl von Daten für die Aussagekraft statistischer Experimente!

	Phänotypen der F_2-Generation			
Merkmal	**dominant**	**rezessiv**	**Summe**	**Verhältnis**
Samenform	5474	1850	7324	2,96:1
Samenfarbe	6022	2001	8023	3,01:1
Blütenfarbe	705	224	929	3,15:1
Hülsenform	882	299	1181	2,95:1
Hülsenfarbe	428	152	580	2,82:1
Blütenständigkeit	651	207	858	3,14:1
Blütenstiellänge	787	277	1064	2,84:1

Je größer die Summe der Einzeldaten ist, desto exakter werden die mathematischen Zahlenverhältnisse. Im Originalversuch MENDELs zur Vererbung des Merkmals Hülsenfarbe ist das Verhältnis des dominanten zum rezessiven Phänotyp 2,82:1. Das Zahlenverhältnis bei einer wesentlich größeren Stichprobe zum Beispiel im Versuch zur Vererbung der Samenfarbe beträgt 3,01:1. Die Annäherung an das exakte Zahlenverhältnis von 3:1 nimmt mit der Anzahl untersuchter Lebewesen zu.

A2 Begründen Sie, weshalb die Gartenerbse als Versuchsobjekt eine gute Wahl war!

Entscheidend für das Gelingen der Experimente waren ein Versuchsobjekt mit exakt definierbaren Merkmalsausprägungen, die klar voneinander abgrenzbar waren, kontrollierbare Kreuzungen und leichte Kultivierbarkeit mit rascher Generationenfolge. Diese Voraussetzungen erfüllte die Gartenerbse zum einen mit ihren sieben Paaren gut unterscheidbarer, alternativer Merkmalsausprägungen. Darüber hinaus war die Kultivierung der Gartenpflanze erprobt und eine unkontrollierte Selbstbestäubung technisch leicht zu verhindern beziehungsweise eine kontrollierte Bestäubung möglich.

A3 Beschreiben Sie die Forschungsmethode zur kontrollierten Kreuzung von Erbsenpflanzen!
Mithilfe eines Pinsels wird der Pollen von den Staubbeuteln einer violetten Blüte auf die Narbe einer weißen Blüte gebracht, deren Staubbeutel bereits im unreifen Zustand abgeschnitten wurden.

A4 Erläutern Sie, welche Thesen von MENDELs Partikeltheorie die Versuchsergebnisse der Monohybridenkreuzung erklären!
These 1, 2 und 3 erklären die Beobachtungen zur F_1- und F_2-Generation in der Monohybridenkreuzung. Die Uniformität der Erbsensamen in der F_1-Generation ist darauf zurückzuführen, dass für jede der beiden alternativen Merkmalsausprägungen Erbfaktoren unverschmolzen von Generation zu Generation weitergegeben werden. In den unreifen Geschlechtszellen liegen je Merkmalsausprägung zwei Partikel, in den reifen Geschlechtszellen jedoch nur noch ein Partikel vor. Bei der Verschmelzung der Geschlechtszellen vereinen sich die Erbfaktoren mütterlicher und väterlicher Herkunft und bilden den neuen Genotyp. Das dominante Allel bestimmt den Phänotyp der F_1-Individuen. Die Geschlechtszellen der heterozygoten F_1-Individuen tragen das dominante und das rezessive Allel im Verhältnis 1:1 und vereinen sich zufallsbedingt. Phänotypisch spalten die Nachkommen der F_2-Generation im Verhältnis 3:1 auf, genotypisch 1:2:1.
Zusatzinformation: Partikel, Erbfaktor, Gen und Allel sind Begriffe, die die Konzepte des jeweiligen Wissensstandes in der Geschichte der genetischen Forschung wiedergeben.

Material B – Rückkreuzung

B1 Beschreiben Sie die Methode der Rückkreuzung anhand der Abbildung und erläutern Sie, weshalb die Rückkreuzung auch Testkreuzung genannt wird!
Runde Erbsensamen besitzen einen unbestimmten Genotyp. Lässt man diese heranwachsen, so bilden sie im Falle, dass sie homozygot für das betrachtete Merkmal sind und damit den Genotyp RR haben, zu 100 Prozent Geschlechtszellen mit dem dominanten Allel. Die aus der Kreuzung hervorgehende Filialgeneration ist genotypisch heterozygot, besitzt den Genotyp Rr, und ist im Phänotyp zu 100 Prozent rundsamig. Sind die getesteten Pflanzen jedoch heterozygot bezüglich der betrachteten Merkmalsausprägung und besitzen daher den Genotyp Rr, bilden sie zu je 50 Prozent Geschlechtszellen mit dem dominanten beziehungsweise mit dem rezessiven Allel. Die Nachkommen der Filialgeneration spalten phänotypisch wie auch genotypisch im Verhältnis 1:1 auf. Bei einer hinreichend großen Anzahl von Nachkommen werden 50 Prozent runde und 50 Prozent runzelige Samen geerntet.
Die Bezeichnung Testkreuzung bezieht sich auf die Bedeutung des Experiments, das der Aufklärung und damit der „Testung“ eines unbekannten Genotyps dient.

B2 Erläutern Sie, weshalb in Testkreuzungen der homozygot rezessive Kreuzungspartner nötig ist!
Da der homozygot rezessive Kreuzungspartner das rezessiv vererbte Merkmal phänotypisch zeigt, ist sein Genotyp eindeutig bestimmbar. Nur die Kreuzung eines Lebewesens mit bekanntem Genotyp mit einem Individuum mit unbekanntem Genotyp lässt eine eindeutige Analyse zu. Es sind zwei alternative Prognosen bezüglich der prozentualen Zusammensetzung der Nachkommen möglich. Die tatsächlichen Zahlenverhältnisse der Phänotypen der Nachkommen geben direkten Aufschluss über den Genotyp des unbekannten Elternteils.

B3 F_1-Rinder mit schwarzem Fell, die aus der Kreuzung zweier Rassen mit schwarzem und rotem Fell hervorgegangen sind, werden mit Rindern mit rotem Fell gekreuzt. Begründen Sie an einem Kreuzungsschema Ihre Erwartung für das Ergebnis!

Geschlechtszellen	a	a
A	Aa	Aa
a	aa	aa

Unabhängig davon, ob die F_1-Rinder mit schwarzem Fell von homozygoten oder heterozygoten schwarzhaarigen Elterntieren abstammen, haben sie bezogen auf das Merkmal Fellfarbe den Genotyp Aa. Entsprechend der Rückkreuzung mit dem homozygot rezessiven Elterntyp sind jeweils 50 Prozent der Nachkommen mit schwarzem beziehungsweise mit rotem Fell zu erwarten. Die Annäherung an dieses Zahlenverhältnis von 1:1 steigt mit der Anzahl der Rinder.

Material C – Dihybridenkreuzung

C1 Erstellen Sie das Punnett-Quadrat der F_2-Generation! Ermitteln Sie das Zahlenverhältnis der Phänotypen und kennzeichnen Sie alle reinrassigen Meerschweinchen!
Homozygot schwarz- und kurzhaarige Meerschweinchen mit dem Genotyp AAbb werden mit homozygot weiß- und langhaarigen Meerschweinchen mit dem Genotyp aaBB gekreuzt. Alle F_1-Individuen sind schwarz- und langhaarig.

Punnett-Quadrat der F_2-Generation:

Geschlechtszellen	AB	Ab	aB	ab
AB	AABB	AABb	AaBB	AaBb
Ab	AABb	AAbb	AaBb	Aabb
aB	AaBB	AaBb	aaBB	aaBb
ab	AaBb	Aabb	aaBb	aabb

Die Diagonale im Punnett-Quadrat kennzeichnet die doppelt homozygoten Tiere der F_2-Generation.
Es gibt vier verschiedene Phänotypen, die im Verhältnis 9:3:3:1 stehen.

Phänotyp	Phänotypenverhältnis	mögliche Genotypen
schwarz- und langhaarig	9/16	1 x AABB 2 x AABb 2 x AaBB 4 x AaBb
schwarz- und kurzhaarig	3/16	2 x Aabb 1 x AAbb
weiß- und langhaarig	3/16	2 x aaBb 1 x aaBB
weiß- und kurzhaarig	1/16	1 x aabb

Entsprechend der Unabhängigkeitsregel und der Partikeltheorie MENDELs können die Gene neu kombiniert werden. Es entstehen Phänotypen mit völlig neuen Kombinationen der Merkmalsausprägungen. So ist bei einer hinreichend großen Anzahl von Nachkommen zum Beispiel mit 1/16 der Meerschweinchen mit weißen, kurzen Haaren sowie mit 9/16 der Meerschweinchen mit schwarzen, langen Haaren zu rechnen. Im Falle der Genotypen AABB und aabb entstehen Meerschweinchen mit neuer Kombination der Merkmalsausprägungen, die für beide Allelkombinationen homozygot sind. Daher können sie Stammeltern neuer Rassen werden.
Zusatzinformation: Reine Rassen sind in Bezug auf mindestens ein Merkmal homozygot und damit reinerbig.

C2 Beurteilen Sie die Bedeutung der Partikeltheorie für die Züchtung am Beispiel der F_2-Individuen!
Züchtungsbiologen gelingt es auf der Basis der MENDELschen Theorie gezielt neue Rassen in Tier- und Pflanzenwelt zu schaffen. Die Partikeltheorie macht bei Kenntnis des Erbganges Prognosen zum statistischen Zahlenverhältnis der Nachkommen einer Kreuzung in Bezug auf den Phänotyp und den Genotyp möglich. Für die Züchtungsforschung bedeutet dies, dass die Ergebnisse von Kreuzungsexperimenten vorhersagbar sind. Es ist daher möglich, Individuen mit unterschiedlichen Kombinationen von Merkmalsausprägungen zu kreuzen, um eine bis dahin noch unbekannte Kombination zu erhalten.
Zusatzinformation: Die Neukombination von Merkmalsausprägungen kann in der Züchtungsforschung zum Beispiel bei der Entwicklung von mehrfach resistenten Getreidearten gegenüber Schädlingen von großer Bedeutung sein. Auch hier gilt, dass eine Annäherung an das vorhergesagte Zahlenverhältnis direkt von der Anzahl der Nachkommen abhängig ist. Bei kleiner Nachkommenanzahl verteilen sich die Phänotypen und Genotypen zufallsbedingt.

2 Chromosomen und Zellteilung

Chromosomentheorie der Vererbung

Seite 14–17

1 Definieren Sie die Begriffe diploid, Homologe, Autosomen und Gonosomen!

Unter *diploid* wird das Vorhandensein zweier vollständiger Chromosomensätze als doppelter Chromosomensatz verstanden. Jedes Chromosom liegt in doppelter Anzahl vor, wobei bei den Gonosomen männlicher Individuen nicht zwischen den unterschiedlichen X- und Y-Chromosomen unterschieden wird.

Der Begriff *Homologe* bedeutet, dass in Körperzellen höherer Tiere und Pflanzen jedes Chromosom in diploider, bei einigen Pflanzenarten auch in polyploider Ausführung vorliegt. Homologe Chromosomen passen hinsichtlich Form, Struktur und Abfolge der Genorte genau zueinander, man spricht daher von homologen, das heißt gleichartigen oder übereinstimmenden Chromosomen. Da die Gene selbst jedoch in verschiedenen Ausführungen, den Allelen, vorliegen können, sind homologe Chromosomen in der Regel genetisch nicht identisch.

Als *Autosomen* werden jene Chromosomen bezeichnet, die nicht zu den Geschlechtschromosomen gehören.

Gonosomen sind Chromosomen, die das Geschlecht und die Geschlechtsentwicklung bestimmen. Beim Menschen sind es das X- und das Y-Chromosom. Sie werden auch Geschlechtschromosomen genannt. Bei Arten mit chromosomengebundener Geschlechtsbestimmung variiert ihre Anzahl oder Gestalt in beiden Geschlechtern.

2 Begründen Sie, weshalb die Chromatiden eines jeden Chromosoms genetisch identisch sind, die homologen Chromosomen jedoch nicht!

In der S-Phase der Interphase findet die identische Replikation des genetischen Materials statt. Am Ende dieses Verdopplungsmechanismus liegen sämtliche Chromosomen als Zwei-Chromatiden-Chromosomen vor. Jedes Chromatid ist die exakte genetische Kopie des anderen.

Homologe Chromosomen sind unterschiedlichen Ursprungs und daher genetisch verschieden. Jedes Chromosom eines homologen Paares entstammt entweder der haploiden Eizelle oder der haploiden Spermienzelle im Befruchtungsprozess. Homologe Chromosomen sind daher väterlicher beziehungsweise mütterlicher Herkunft.

3 Nennen Sie die Hauptaufgabe der Mitose und ihre Bedeutung für die Entwicklung eines Lebewesens!

Während der Mitose muss eine exakt gleiche Verteilung des genetischen Materials auf die beiden Tochterzellen erfolgen. Voraussetzung dafür ist die Verdopplung eines jeden Ein-Chromatid-Chromosoms in der Interphase zu einem Zwei-Chromatiden-Chromosom. Im Verlaufe der Mitose werden die genetisch identischen Schwesterchromatiden eines jeden Chromosoms voneinander getrennt und auf neue Zellkerne verteilt.

Bei Wachstums- und Regenerationsprozessen ist für jedes Lebewesen wichtig, dass jede Zelle den arttypischen Chromosomensatz enthält und damit als zum Körper zugehörig erkannt wird.

Seite 18–19 (Im Blickpunkt Forschung: Geschlechtsbestimmung)

1 Werten Sie das Diagramm in Abbildung 01 aus! Ordnen Sie die dargestellten Tierarten den Typen der temperaturabhängigen Geschlechtsbestimmung zu!

Beschreibung:

Das Diagramm zeigt die temperaturabhängige Geschlechtsbestimmung bei der Schmuckschildkröte, der Geierschildkröte sowie dem Mississippi-Alligator. Die x-Achse gibt die Temperatur in Grad Celsius an, die y-Achse den Anteil männlicher Nachkommen in Prozent.

Alle Kurven zeigen den Verlauf von Optimumkurven. Die Kurve der Geierschildkröte steigt von einem Tiefpunkt bei 22,5 Grad Celsius mit einem Anteil von 5 Prozent Männchen auf ein Maximum bei 26 Grad Celsius mit 70 Prozent männlichen Nachkommen und fällt dann wieder. Ab 28 Grad Celsius schlüpfen nur noch Weibchen.

Bei der Schmuckschildkröte verläuft die Kurve von 26 bis 28 Grad Celsius parallel zur x-Achse. In diesem Temperaturbereich schlüpfen zu 100 Prozent Männchen. Ab 28 Grad Celsius fällt die Kurve steil ab. Bei 29 Grad Celsius liegt der Anteil männlicher Tiere bei 30 Prozent. Die Kurve zeigt bis 30 Grad Celsius ein Plateau, mit steigender Temperatur fällt sie erneut stark ab. Ab 31 Grad Celsius sind die Nachkommen zu 100 Prozent weiblich.

Beim Alligator verläuft die Kurve zu Beginn parallel zur x-Achse. Im Temperaturbereich von 29 bis 31,5 Grad Celsius entstehen keine Männchen. Beim Überschreiten von 31,5 Grad Celsius steigt die Kurve steil auf ihr Maximum bei 32,5 bis 33 Grad Celsius an. In diesem Temperaturbereich wird das Geschlecht der Alligatoren zu 100 Prozent männlich ausgeprägt. Ab 33 Grad Celsius fällt die Kurve. Ab 35 Grad Celsius gibt es zu 100 Prozent weibliche Tiere.

Deutung:

Die Geschlechtsbestimmung der dargestellten Arten erfolgt umweltbedingt. Verantwortlich für die Geschlechtsausprägung ist das temperaturabhängige Enzym Aromatase. Das Enzym kann Testosteron in Östrogen umwandeln. Die Aromatase zeigt in den beschriebenen

Fällen unterschiedliche Temperaturoptima. Dies bedeutet, dass das Enzym Aromatase bei den beschriebenen Arten zwar die gleiche Funktion hat, aber sein Temperaturoptimum jeweils artspezifisch ist. Dies könnte auf strukturelle Veränderungen im molekularen Bau des Enzyms zurückzuführen sein. Die temperaturabhängige Geschlechtsdetermination lässt sich in verschiedene Typen einteilen: Die Schmuckschildkröte gehört dem Typ a an. Bei hohen Temperaturen entstehen weibliche, bei tiefen Temperaturen männliche Tiere. Die Geierschildkröte sowie der Mississippi-Alligator gehören dem Typ c an. Sowohl bei hohen als auch bei niedrigen Temperaturen wird das Geschlecht der Jungtiere weiblich determiniert.

2 Entwickeln Sie Hypothesen zur Rolle des Enzyms Aromatase in der stammesgeschichtlichen Entwicklung der Reptilien!

Das Enzym Aromatase erfüllt bei den betrachteten Reptilienarten die übereinstimmende Funktion der temperaturabhängigen Geschlechtsbestimmung. Dies kann als ein Kriterium für Verwandtschaft gedeutet werden. Im Laufe der Stammesgeschichte dieser Reptilien könnten sich die Umweltbedingungen für die Anlage von Brutgelegen verändert haben. Dies könnte die Bodenbeschaffenheit und damit die Tiefe des Geleges betroffen haben oder das Vorhandensein oder Fehlen bestimmter Pflanzenmaterialien zum Nestbau. Die Ursache dieser artspezifischen Angepasstheiten an selektierende Umweltfaktoren könnten Mutationen gewesen sein, die Veränderungen des Temperaturoptimums des Enzyms Aromatase zur Folge hatten.

3 Erläutern Sie, wie Klimaveränderungen das Geschlechterverhältnis und die Populationsgröße von Reptilien beeinflussen können!

Da die Ausprägung des phänotypischen Geschlechts bei Reptilien von der Temperatur in einer sensiblen Phase der Eientwicklung abhängt, können Klimaveränderungen die Balance des Geschlechterverhältnisses empfindlich stören. Im Extremfall schlüpfen ausschließlich Jungtiere desselben Geschlechts aus den Eiern. Dies hätte sehr rasch den Zusammenbruch der Population zur Folge.

4 Vergleichen Sie die Geschlechtsbestimmung von *Drosophila* mit der des Menschen!

Gemeinsamkeiten:

Der Mensch und die Taufliege *Drosophila* besitzen die Gonosomen XY. Das jeweils weibliche Geschlecht ist homogametisch und bildet damit zu 100 Prozent Geschlechtszellen mit je einem X-Chromosom. Das männliche Geschlecht bei Mensch und *Drosophila* ist heterogametisch. Je 50 Prozent der Spermienzellen enthalten das X-Chromosom beziehungsweise das Y-Chromosom. Die männlichen Geschlechtszellen bestimmen bei der Befruchtung des Eies das Geschlecht der Nachkommen. Das Geschlecht ist damit genotypisch festgelegt und durch die Umwelt nicht zu beeinflussen.

Unterschiede:

Beim Menschen, wie bei allen anderen Säugetieren, ist das Y-Chromosom geschlechtsbestimmend. Genprodukte seiner Gene legen die männliche Entwicklung fest. Bei *Drosophila* entscheidet das Verhältnis der Autosomensätze zur Anzahl der X-Chromosomen das Geschlecht. Das Y-Chromosom ist für die Geschlechtsbestimmung unbedeutend.

Zusatzinformation: Die Gen-Balance-Theorie erklärt die Geschlechtsbestimmung bei Drosophila und beim Menschen.

Drosophila:

Durch Fehlverteilungen während der Meiose, die Nondisjunktion, kommen mit einer bestimmten Wahrscheinlichkeit folgende Karyotypen zustande:

♀ \ ♂	AB	Ab
1A + 1X	2A + 2X ♀	2A + XY ♂
1A + 2X	2A + 3X Super ♀	2A + XXY ♀
2A + 1X	3A + 2X Intersex	3A + XY Super ♂
2A + 2X	3A + 3X ♀	3A + XXY Intersex

Die Expression der sexuellen Merkmale wird demnach von einer quantitativen Balance von Genprodukten bestimmt. Überwiegen die weiblichkeitsbestimmenden Faktoren des X-Chromosoms, werden die weiblichen Geschlechtsmerkmale ausgeprägt. Überwiegen die männlichkeitsbestimmenden Faktoren der Autosomen, werden die männlichen Sexualmerkmale entwickelt. Das quantitative Signal der unterschiedlichen Anteile männlichkeitsbestimmender oder weiblichkeitsbestimmender Genprodukte erzeugt ein qualitatives Signal, in dessen Folge die Entscheidung für die Geschlechtsausprägung fällt.

Mensch:

BARR und BERTRAM entdeckten 1949 in Interphase-Zellkernen von Katzenweibchen ein färbbares Körperchen, das sie als Sexchromatin bezeichneten. Später wurde es auch in den Zellen von Frauen entdeckt und als Barr-Körperchen bezeichnet. Mary LYON stellte 1961 die nach ihr benannte Theorie auf, das Barr-Körperchen sei ein inaktiviertes, stark kondensiertes X-Chromosom. Heute ist diese Lyon-Hypothese vielfach bestätigt. Die Inaktivierung eines der beiden X-Chromosomen erfolgt zufällig. Dies geschieht in einem frühen Embryonalstadium, beim Menschen im Stadium von 10 000 Zellen. Damit wird 14 Tage nach Bildung der Zygote in jeder weiblichen Zelle festgelegt, welches X-Chromosom inaktiviert wird. Das inaktivierte X-Chromosom wird an alle Tochterzellen weitergegeben. Es entsteht bei weiblichen Säugern bezüglich des X-Chromosoms und seiner Genpro-

dukte eine Mosaikstruktur. Nach der Gen-Balance-Theorie wird so im weiblichen Säuger ein Gleichgewicht zwischen allen Genprodukten hergestellt. Weibliche und männliche Säuger besitzen jeweils nur ein aktives X-Chromosom. Das Phänomen wird auch als Dosiskompensation bezeichnet.

Verhältnis	*Männchen*	:	*Weibchen*
Mensch	*105*	:	*100*
Drosophila	*96*	:	*100*

Genetische Vielfalt durch Meiose

Seite 20–23

1 Erläutern Sie die Bedeutung der ersten Reifeteilung!
Im ersten Teilungsschritt der Meiose wird der doppelte Chromosomensatz der Urgeschlechtszelle halbiert. Dies ist die Voraussetzung für haploide Geschlechtszellen und damit für die Konstanz der Chromosomenanzahl einer Art auch nach der Verschmelzung zweier Geschlechtszellen im Befruchtungsprozess. Die freie Rekombination der Chromosomen und Crossing-over während der ersten Reifeteilung führen zu großer genetischer Vielfalt der Geschlechtszellen jedes einzelnen, diploiden Lebewesens. Sexualität ist demnach die Ursache für Variabilität und letztlich auch von Biodiversität.

2 Erläutern Sie die Mechanismen, die zu einer hohen genetischen Vielfalt der Geschlechtszellen eines diploiden Lebewesens führen!
Während der Reifung der Geschlechtszellen wird das genetische Material mütterlicher und väterlicher Herkunft neu verteilt. Dies geschieht durch die unabhängige Verteilung der homologen Chromosomen während der ersten Reifeteilung, der interchromosomalen Rekombination. Im Tetradenstadium der Prophase I führt Chromosomenstückaustausch durch Crossing-over zu neu kombinierten Chromatiden. Es entstehen neu zusammengesetzte Nichtschwesterchromatiden aus Erbgut väterlicher und mütterlicher Herkunft. Durch diese intrachromosomale Rekombination entstehen Ein-Chromatid-Chromosomen, die es in der Ahnenreihe des Lebewesens in dieser genetischen Zusammensetzung noch nie gab.
Jede einzelne reife Geschlechtszelle besitzt eine einzigartige genetische Ausstattung, die sie von allen Geschlechtszellen desselben Lebewesens unterscheidet.

3 Begründen Sie, ob bei einer Befruchtung die Eizelle oder die Spermienzelle des Menschen das Geschlecht des Kindes bestimmt!
Da die Frau zwei homologe X-Chromosomen besitzt, enthalten alle reifen Eizellen den haploiden Chromosomensatz mit einem X-Chromosom. In der Meiose der Spermienzellen eines Mannes trennen sich während der ersten Reifeteilung die Gonosomen X und Y. Die Tochterzellen der Urspermienzelle enthalten daher entweder ein X- oder ein Y-Chromosom. Damit tragen die Spermienzellen des Mannes je zur Hälfte ein X- beziehungsweise ein Y-Chromosom. Die in die Eizelle eindringende Spermienzelle legt das Geschlecht des Kindes fest.

4 Erläutern Sie die Ursache für die hohe genetische Variabilität einer sich sexuell fortpflanzenden Population!
Die Neukombination genetischen Materials der Elterngeneration während der Geschlechtszellenreifung ihrer Nachkommen führt zu Ei- und Spermienzellen, die in ihrer genetischen Zusammensetzung einzigartig sind. Ursache sind die freie Rekombination der Chromosomen sowie Crossing-over in der Meiose I. Die große Anzahl genetisch unterschiedlicher Spermienzellen, die im Befruchtungsprozess auf eine Eizelle treffen, ist Ursache für die große Variabilität an Genotypen und Phänotypen innerhalb einer sich sexuell fortpflanzenden Population.

Seite 24–25 (Material)

Material A – Die Rolle des Zellkerns bei der Merkmalsausprägung

A1 Beschreiben Sie das Experiment mit *Acetabularia!*
Der Stiel der Schirmalge *Acetabularia mediterranea* wird ohne Hut und Rhizoid auf ein Rhizoid der Alge *Acetabularia wettsteinii* gepfropft. Der transplantierte Stiel ist kernlos, das Rhizoid kernhaltig. Die Alge regeneriert sich und bildet einen neuen Hut aus. Der neue Hut entspricht im Aussehen dem, der für die Art *A. wettsteinii* typisch ist. Damit bildet das Zellplasma des Stiels der Alge *A. mediterranea* einen Hut der Art *A. wettsteinii* aus. Letztere wiederum trägt zur regenerierten Schirmalge das Rhizoid mit Zellkern bei.

A2 Geben Sie an, welche naturwissenschaftliche Frage das Experiment beantwortet!
Das Experiment klärt die Frage, welche Rolle der Zellkern bei der Ausprägung der Merkmale spielt.

A3 Stellen Sie eine Hypothese zur Rolle des Zellkerns bei der Ausprägung von Merkmalen auf!

Im Transplantationsexperiment mit *Acetabularia*-Arten bestimmt der Zellkern, welche Merkmalsausprägung exprimiert wird, da auf dem kernlosen Stiel der typische Hut derjenigen *Acetabularia*-Art gebildet wird, die mit ihrem genetischen Material in der Zelle vertreten ist. Das Zellplasma liefert zwar das Material zum Aufbau des Hutes, gesteuert wird die Merkmalsausprägung jedoch durch Informationen des räumlich weit entfernten Zellkerns.

Hypothese: Der Zellkern steuert die Ausprägung von Merkmalen.

Material B – Kerntransplantation

B1 Beschreiben und deuten Sie das Experiment zur Kerntransplantation!

Mittels Mikropipetten können Zellkerne ausdifferenzierter Zellen, hier Zellen aus Darmgewebe, in entkernte Eizellen überführt werden. Die manipulierten Empfängereizellen entwickeln sich über Embryonal- und Larvenstadien zum ausgewachsenen Frosch. Beobachtbar sind die Merkmalausprägungen derjenigen Froschvarietät, die Zellkernspender war.

Die im Versuch untersuchte Konkurrenz zwischen Zellkern und Zellplasma zeigt, dass der Zellkern die Information zur Merkmalsausprägung liefert. Das Zellplasma führt die Botschaften des Zellkerns aus.

B2 Erläutern Sie, welche Aussagen das Versuchsergebnis über das genetische Material von differenzierten Zellen zulässt!

Differenzierte Zellen eines Lebewesens sind spezialisiert und funktionieren in Körpergeweben arbeitsteilig. Durch Differenzierung verlieren diese Zellen das arttypische, genetische Material nicht, auch nicht in Teilen, wie der Versuch zur Kerntransplantation zeigt. Die Zellkerne spezialisierter Zellen können im Milieu des Eizellplasmas ihre gesamte genetische Potenz wiedererlangen und ein komplettes Lebewesen aufbauen.

Material C – Der menschliche Entwicklungszyklus

C1 Beschreiben Sie das Schema!

Im Schema ist der Körper einer Frau und der Körper eines Mannes dargestellt. Die primären Geschlechtsorgane, Eierstock und Hoden, werden gesondert abgebildet. Innerhalb dieser Organe findet die Reifung der Geschlechtszellen durch Meiose statt. Haploide Spermienzellen treffen auf eine Eizelle. Durch Befruchtung entsteht eine diploide Zygote. Diese wächst durch mitotische Zellvermehrung und durch Größenzunahme der Einzelzellen heran. Der Entwicklungszyklus schließt sich.

C2 Begründen Sie am Beispiel des Menschen, ob mitotische oder meiotische Zellteilungen dem Wachstum, der Reparatur von Geweben und der Fortpflanzung zugrunde liegen!

Dem Wachstum des Menschen liegen mitotische Zellteilungen zugrunde. Der Zellvermehrung durch Zellteilung folgt immer die Phase der Größenzunahme der einzelnen Zelle bis zu einem kritischen Punkt. Ist dieser erreicht, teilt die Zelle sich erneut. Zellvermehrung durch Zweiteilung und Zellwachstum werden modellhaft in den Phasen des Zellzyklus beschrieben.

Die Reparatur von Geweben nach Verletzungen erfolgt durch mitotische Teilungen. Bei der Wundheilung findet demnach eine Vermehrung mit anschließender Vergrößerung von Zellen statt. In einem weiteren Schritt differenzieren sich die Zellen gewebespezifisch.

Die für die Fortpflanzung spezialisierten Geschlechtszellen sind haploid. Sie entstehen durch Meiose aus diploiden Urspermienzellen beziehungsweise Ureizellen. Die durch Verschmelzen von Ei- und Spermienzelle entstehende Zygote hat wieder den diploiden Chromosomensatz. Auf diese Weise erhält die nächste Generation die für die Art typische Chromosomenanzahl, den artspezifischen Chromosomensatz.

C3 Werten Sie die Abbildung im Hinblick auf die ersten beiden genetischen Grundfragen aus! Nehmen Sie dazu Seite 7 zu Hilfe!

1. Wie gelingt die mehr oder weniger unveränderte Weitergabe der Erbinformation von Generation zu Generation?

In der Individualentwicklung eines jeden diploiden Lebewesens wird die Erbinformation durch identische Replikation sowie genaue Verteilung der Chromosomen auf Tochterzellen bei jedem mitotischen Zellteilungsprozess bewahrt. Die Reifeteilungen der Urgeschlechtszellen führen zu haploiden Geschlechtszellen, die bei ihrer Verschmelzung zur Zygote den arttypischen, doppelten Chromosomensatz wiederherstellen. Durch die präzisen intrazellulären Mechanismen von Mitose und Meiose wird die konstante Anzahl der Chromosomen innerhalb einer Art gewährleistet und von Generation zu Generation weitergegeben.

2. Wie kommen Veränderungen der Erbinformation zustande, die zu beobachtbaren Merkmalsvariationen bei den Individuen einer Art führen?

Die Allele, als verschiedene Zustandsformen von Genen, werden durch die freie Rekombination von homologen Chromosomen sowie Crossing-over während der ersten Reifeteilung der Meiose neu gemischt. Die große Anzahl genetisch verschiedener Spermienzellen ist eine weitere Ursache für den Variantenreichtum an Phänotypen innerhalb einer Art.

C4 Erläutern Sie an diesem Beispiel das Basiskonzept Reproduktion!

Alle Lebewesen pflanzen sich fort, da sie eine begrenzte Lebensdauer haben. Menschen pflanzen sich sexuell fort. Sie bilden Geschlechtszellen aus: Die Frau bildet im Eierstock Eizellen, der Mann im Hoden Spermienzellen. Die Spermienzelle kann eine Eizelle befruchten. Aus der befruchteten Eizelle, der Zygote, entwickelt sich ein neues Lebewesen.

Zusatzinformation: Das Basiskonzept Reproduktion stellt einen Ausschnitt fachlicher Konzepte und Leitideen strukturiert und vernetzt dar. Es beinhaltet zentrale, aufeinander bezogene naturwissenschaftliche Begriffe, erklärende Modellvorstellungen und Theorien, die sich zur Beschreibung elementarer Phänomene und Prozesse als relevant herausgebildet haben. Im Rahmen des menschlichen Entwicklungszyklus sind die Fachkonzepte Mitose und Meiose von Relevanz. Mit diesen fachlichen Konzepten sind beispielsweise die Begriffe Zellteilung, Zellzyklus, Chromosomen und Chromatiden eng verknüpft. Die Chromosomentheorie der Vererbung sowie modellhafte Vorstellungen zur Gestalt von Chromosomen in verschiedenen Zellteilungsphasen dienen im Kontext der menschlichen Individualentwicklung zur Erklärung grundlegender Phänomene, wie das der Familienähnlichkeit, der Verwandtschaft, aber auch das von Leben und Tod.

Material D – Reifung der Spermienzellen im Hoden des Mannes

D1 Nennen Sie die abgebildeten biologischen Systemebenen!

Die Hoden sind paarige Organe im Körper eines Mannes. Ein Hoden besteht aus verschiedenen Geweben, die jeweils aus unterschiedlich differenzierten Zellen aufgebaut sind. Die unterschiedlichen Strukturen der Zellen im Hodengewebe zeugen von verschiedenen Funktionen im Organ: Organismus – Organ – Gewebe – Zelle – Zellorganell.

D2 Beschreiben Sie die Reifungsstadien einer Spermienzelle unter Berücksichtigung ihres Entstehungsortes!

Spermienzellen entwickeln sich in den Samenkanälchen der Hoden. Samenkanälchen werden von einer Membran umschlossen. Innerhalb dieser Membran liegen die Spermatogonien. Dies sind gewebespezifische Stammzellen, deren Population ständig diploide Spermatozyten I durch Mitose bildet. Spermatogonien und Spermatozyten sind relativ große Zellen mit kugeliger Gestalt. Spermatozyten I, die Spermienmutterzellen, durchlaufen die meiotischen Teilungsschritte. Nach der Meiose I nennt man die Tochterzellen Spermatozyten II. Diese sind deutlich kleiner als die Vorläuferzellen und bereits haploid. Nach der Meiose II nennt man die Zellen Spermatiden. Diese reifen im Gewebe des Samenkanälchens zu Spermienzellen heran. Auffällig ist die Umgestaltung des Zellkörpers in die Abschnitte Kopf, Mittelstück und Schwanzfaden. Der Schwanzfaden stellt eine Geißel dar und verleiht der reifen Spermienzelle hervorragende Schwimmeigenschaften. Das Mittelstück beherbergt die Mitochondrien der Zelle. Im Befruchtungsprozess gelangt nur der Kopf der Spermienzelle in die reife Eizelle und damit ausschließlich Kern-DNA. Von Reifungsschritt zu Reifungsschritt wandern die Spermienvorläuferzellen vom Rand des Samenkanälchens zunehmend in die Mitte. Die reifen Spermienzellen liegen am Ende ihrer Entwicklung, bereit für ihre Wanderung zur Eizelle, mit den Geißeln voran im Lumen des Samenkanälchens.

D3 Sertoli-Zellen enthalten viele Mitochondrien. Entwickeln Sie eine Hypothese zur Bedeutung der Sertoli-Zellen für die Spermienzellreifung!

Zellen mit vielen Mitochondrien, den „Kraftwerken" der Zelle, sind spezialisiert auf den Prozess der biologischen Oxidation. Sie gewinnen Energie, zum Beispiel in Form von ATP. Sertoli-Zellen versorgen die in ihrer Umgebung reifenden Geschlechtszellen mit ATP und anderen energiereichen Verbindungen. Sie machen dadurch deren Entwicklung erst möglich.

Zusatzinformation: Sertoli-Zellen sind spezielle, teilungsfähige Zellen des Hodengewebes, die die Samenkanälchen gegenüber Blutgefäßen abschirmen. Sie dienen als Stützzellen und bilden die Blut-Hoden-Schranke, die die sich entwickelnden Spermienzellen vor dem körpereigenen Immunsystem und vor Giften schützt. Die heranreifenden Spermienzellen haben anders als alle Körperzellen nur den haploiden Chromosomensatz. Von der eigenen Immunabwehr werden sie daher nicht als zum eigenen Körper gehörig erkannt. Sie würden bekämpft, wenn sie nicht von den spezialisierten Sertoli-Zellen von der eigenen Immunabwehr abgeschirmt wären. Ihrem Entdecker, dem italienischen Physiologen Enrico SERTOLI (1842–1910) verdanken sie ihren Namen.

D4 Recherchieren Sie die Bedeutung des Akrosoms, der Kopfkappe einer Spermienzelle!

Als Akrosom, griechisch akron = äußerst; griechisch soma = Körper, bezeichnet man die Kopfkappe der Spermienzelle. Diese ist ein enzymhaltiges Zellkompartiment, das aus Vesikeln des Golgi-Apparates entsteht. Es enthält hydrolysierende Enzyme: Akrosin, Esterase, Hyaluronidasen und saure Proteinasen. Die Wirkung dieser Enzyme ist entscheidend für den Ablauf der Akrosomreaktion, durch die die Schutzhüllen der Eizelle aufgelöst und durchdrungen werden können. Genetisch bedingte Defekte dieser Enzyme können die Ursache für die Unfruchtbarkeit eines Mannes sein.

3 Mutationen

Genkopplung und Genkarten

Seite 26–28

1 Ermitteln Sie für die Kreuzungen in Abbildung 02 auf Seite 27 das Verhältnis von weiß- und rotäugigen Taufliegen in der F_2-Generation unter Angabe des Geschlechts!

Kreuzung A:
Alle weiblichen Tiere der F_2-Generation zeigen rote Augen. Die männlichen Tiere spalten in Bezug auf die Augenfarbe im Verhältnis 1:1 auf. 50 Prozent der Männchen haben rote und 50 Prozent weiße Augen. Auf die Gesamtanzahl der Nachkommen bezogen sind 50 Prozent der Tiere rotäugige Weibchen und jeweils 25 Prozent rotäugige beziehungsweise weißäugige Männchen.
Kreuzung B:
Die Erwartung für die F_2-Generation ist hier, dass jeweils die Hälfte der Weibchen rote beziehungsweise weiße Augen hat. Dies trifft ebenso auf die männlichen Tiere zu. Auf die Gesamtanzahl der Nachkommen bezogen sind jeweils 25 Prozent der Weibchen rot- beziehungsweise weißäugig und jeweils 25 Prozent der Männchen rot- beziehungsweise weißäugig.

2 Erläutern Sie, inwiefern die unvollständige Genkopplung die Genkartierung ermöglicht!

Gene derselben Kopplungsgruppe können gemeinsam vererbt werden oder durch Crossing-over während der Meiose I zwischen Nichtschwesterchromatiden homologer Chromosomen ausgetauscht werden. Dabei ist das Phänomen des Chromosomenstückaustausches auch als intrachromosomale Rekombination bekannt. Im Fall der gemeinsamen Vererbung der Gene einer Kopplungsgruppe spricht man von vollständiger oder absoluter Genkopplung, im anderen Fall von unvollständiger Genkopplung.
Werden zwei Gene auf verschiedenen Genloci durch Crossing-over während der Geschlechtszellenreifung neu kombiniert, zeigen die Nachkommen verschiedene Phänotypen. Diese kann man sortieren, in Gruppen zusammenfassen und auszählen. Die beiden größten Gruppen bestehen in der Regel aus Individuen der beiden elterlichen Phänotypen. Die anderen Gruppen stellen rekombinante Individuen dar. Der prozentuale Anteil der Rekombinanten entspricht der Rekombinationshäufigkeit der betrachteten Gene. Dabei ist die Rekombinationshäufigkeit ein Maß für den relativen Genabstand in Centimorgan. Ein hoher Wert entspricht einem großen Abstand der Gene auf dem Chromosom. Je weiter Gene voneinander entfernt auf dem Chromosom liegen, umso größer ist die Wahrscheinlichkeit für ein Crossing-over und damit für einen Kopplungsbruch. Zieht man die Rekombinationshäufigkeiten von Genloci einer Drei-Faktoren-Kreuzung heran, so können deren Positionen auf dem Chromosom sowie deren relative Abstände zueinander ermittelt werden. Wichtig dabei ist, dass alle Rekombinanten mit Kopplungsbrüchen zwischen denselben beiden Genen addiert werden und ihre Anzahl zur Gesamtanzahl der Nachkommen in Beziehung gesetzt wird. Diese Prozentangabe entspricht der Rekombinationshäufigkeit der beiden Gene und ist damit deren relativer Abstand auf dem Chromosom. Bei Wiederholung der Forschungsmethode mit immer neuen Genen entsteht eine Genkarte des betrachteten Chromosoms. Die Abstände der Gene zueinander sind relative Werte, da sie Prozentwerte darstellen. Weit entfernte Gene erscheinen wegen doppelter Crossing-over-Ereignisse näher beieinander, als sie in Wirklichkeit sind.
Ohne Crossing-over-Ereignisse während der Meiose, das heißt bei vollständiger Genkopplung, wären weder Lage noch Abstand der Gene zueinander bestimmbar.
Zusatzinformation: Physikalische Chromosomenkarten bestätigen heute die genetischen Karten. Dabei werden die Abstände der Gene in Basenpaaren, kurz bp, gemessen und angegeben.

Seite 29 (Material)

Material A – Kartierung von Genen auf dem X-Chromosom von *Drosophila melanogaster*

A1 Nennen Sie für jede These der Gentheorie das beweisführende Experiment!

These 1: Gene sind Abschnitte auf einem Chromosom, die für Merkmalsausprägungen verantwortlich sind.
Die Ergebnisse der reziproken Kreuzungsexperimente mit rotäugigen Taufliegen des Wildtyps und weißäugigen Fliegenmutanten zeigen, dass Gene auf Chromosomen liegen und für Merkmalsausprägungen verantwortlich sind. Weißäugigen Fliegenmännchen fehlt ein Genlocus für das Merkmal Augenfarbe auf dem Y-Chromosom. Das Gen des X-Chromosoms für das Merkmal Augenfarbe legt die Ausprägung fest.
These 2: Gene sind linear auf dem Chromosom angeordnet.
Schon die Ergebnisse von Zwei-Faktoren-Kreuzungen legen den Schluss nahe, dass Gene wie Perlen auf einer Schnur in linearer Reihenfolge auf ihrem jeweiligen Chromosom angeordnet sind. Die genetische Neukombination ist am Auftreten rekombinanter Phänotypen erkennbar. Deuten lassen sich die Ergebnisse am einfachsten damit, dass linear angeordnete Gene einer Kopplungsgruppe durch Crossing-over im Verlauf der Meiose I auseinander gerissen und neu kombiniert wer-

den. Die prozentuale Häufigkeit der Rekombinanten in Drei-Faktoren-Kreuzungen lässt sogar Rückschlüsse auf die Reihenfolge der Gene eines Chromosoms zu und damit notwendigerweise auch auf ihre lineare Abfolge.

These 3: Aus den Häufigkeiten von Crossing-over Ereignissen lassen sich Genabstände berechnen.

Die Ergebnisse von Drei-Faktoren-Kreuzungen zeigen, dass sich die Nachkommen der Rückkreuzung in Gruppen unterschiedlicher Phänotypen sortieren lassen. Parentale und rekombinante Phänotypen stehen je nach den betrachteten Merkmalsausprägungen in charakteristischen Zahlenverhältnissen zueinander. Die gesamte Anzahl rekombinanter Lebewesen mit Crossing-over zwischen den gleichen Genen A und B ergibt im Verhältnis zur Gesamtanzahl der Nachkommen die Rekombinationshäufigkeit für die betrachteten Gene. Diese Prozentangabe spiegelt den relativen Abstand der Gene A und B wider und wird in der Einheit Centimorgan angegeben.

These 4: Durch Drei-Faktoren-Kreuzungen kann man Genkarten erstellen.

Die Reihenfolge von Genen auf einem Chromosom lässt sich bestimmen, indem die Nachkommen einer Rückkreuzung nach ihren Phänotypen in Gruppen sortiert und ausgezählt werden. In einem nächsten Schritt wird von den Phänotypen auf die Genotypen geschlossen, indem den Phänotypengruppen vollständige Genkopplung oder Kopplungsbrüche zugeordnet werden. Alle Rekombinanten mit Crossing-over zwischen den gleichen Genen werden addiert und zur Gesamtanzahl aller Nachkommen in Beziehung gesetzt. Diese Prozentangabe entspricht der Rekombinationshäufigkeit der Gene beider Genloci und damit ihrem Abstand auf dem Chromosom. Dann werden die Abstände sämtlicher Gene AB, AC und BC berechnet und verglichen. Die Ergebnisse lassen eine Festlegung der Reihenfolge aller drei Genloci auf dem betreffenden Chromosom zu.

A2 Beschreiben Sie die für die Kartierung der auf dem X-Chromosom liegenden Genloci y/y$^+$, w/w$^+$ und ec/ec$^+$ durchgeführten Kartierungsexperimente und ihre Ergebnisse!

Das Kartierungsexperiment untersucht die Reihenfolge und die Abstände dreier Genloci y, w und ec auf dem X-Chromosom von *Drosophila melanogaster*. Die Untersuchung beginnt in der Parentalgeneration mit einer Kreuzung zwischen Weibchen, die homozygot die mutierten, rezessiven Allele y, w und ec auf dem X-Chromosom tragen, und Wildtyp-Männchen.

Die mutierten Allele bewirken, wenn sie homozygot oder hemizygot vorliegen, folgende phänotypische Ausprägung: Allel y = gelber Körper, Allel w = weiße Augen, Allel ec = stachelige Augen.

Die Weibchen der P-Generation bilden bezüglich der untersuchten Genloci zu 100 Prozent Eizellen, die je ein X-Chromosom mit den Allelen, y, w und ec besitzen. Die männlichen Kreuzungspartner bilden zu 50 Prozent Spermienzellen mit einem nahezu genleeren Y-Chromosom und zu 50 Prozent Spermienzellen mit je einem X-Chromosom, welches die Wildtypallele y$^+$, w$^+$ und ec$^+$ trägt.

Anschließend werden heterozygote, weibliche Taufliegen der F_1-Generation mit Männchen der F_1-Generation verpaart, die die rezessiven, mutierten Allele hemizygot tragen. Für diese Kreuzung müssen ausnahmslos weibliche Tiere mit heterozygoter Genausstattung eingesetzt werden, da männliche Tiere kein Crossing-over während der Meiose zeigen.

Die Nachkommen der F_2-Generation werden ihrem Phänotyp entsprechend in Gruppen eingeteilt und ausgezählt. Im vorliegenden Kartierungsexperiment handelt es sich um 10 000 Nachkommen, die acht verschiedene Phänotypen aufweisen. Die beiden größten Gruppen, Gruppe 1 mit 4685 beziehungsweise Gruppe 2 mit 4759 Fliegen, entsprechen den beiden parentalen Phänotypen. Sie sind auf vollständige Genkopplung zurückzuführen. Während der Eizellenreifung fand kein Crossing-over zwischen den betrachteten Genloci statt. Die übrigen sechs Phänotypengruppen stellen rekombinante Fliegen dar. Sie lassen sich auf Crossing-over-Ereignisse während der Meiose der mütterlichen Tiere zurückführen. Fliegen der Gruppe 3 exprimieren das mutierte Allel y und die Wildtypallele w+ und ec+. Fliegen der Gruppe 4 zeigen die Merkmalsausprägungen der Allele y+, w und ec. Diese Neukombination der Merkmalsausprägungen ist nur durch ein Crossing-over zwischen den Genloci y und w zu erklären. Die Phänotypengruppe 5 weist 193 Tiere auf, die die Merkmalsausprägungen der Allele y, w und ec+ zeigen. Die Gruppe 6 exprimiert die Allele y$^+$, w$^+$ und ec. Diese Rekombination ist auf ein Crossing-over zwischen den Genloci w und ec zurückzuführen. Die Phänotypengruppen 7 und 8 weisen auffällig wenig Tiere auf. Nur jeweils drei von insgesamt 10 000 Tieren sind Rekombinanten mit Merkmalsausprägungen der Allele y, w+ und ec beziehungsweise y$^+$, w und ec$^+$. Die Rekombinanten der beiden letzten Phänotypengruppen sind auf ein doppeltes Crossing-over zwischen den Genloci y und w beziehungsweise w und ec zurückzuführen. Die geringe Anzahl dieser Rekombinanten ist die Folge der deutlich geringeren Wahrscheinlichkeit für das doppelte Crossing-over.

In einem nächsten Schritt wird die Anzahl aller rekombinanten Tiere, die auf das gleiche Crossing-over-Ereignis zurückgeführt werden können, addiert und zur Gesamtanzahl der Nachkommen prozentual in Beziehung gesetzt. Die Individuen der Gruppen 3 und 4 haben damit einen Anteil von 1,5 Prozent, die Taufliegen der Gruppen 5 und 6 von 4 Prozent und die Tiere der Gruppen 7 und 8 von 0,06 Prozent. Die mit den Prozentwerten gleichzu-

setzenden Rekombinationshäufigkeiten lassen die Bestimmung der Reihenfolge sowie der Abstände der betrachteten Genloci zu.
Zusatzinformation: Für Kartierungsexperimente wird in der Regel der dreifach rezessive Elter mit für die betrachteten Genloci heterozygoten F_1-Bastarden gekreuzt. Dieses Schema wird typischerweise als Rückkreuzung bezeichnet. Im Falle der Kartierung von X-gekoppelten Genloci bei Drosophila treffen wir jedoch auf Besonderheiten, die eine Modifizierung des üblichen Schemas der Rückkreuzung nötig machen: Männliche Taufliegen zeigen kein Crossing-over und es werden hier gonosomale Genloci kartiert. Die Hybriden der F_1-Generation müssen daher Weibchen sein. Die männlichen Tiere der Parentalgeneration sind Träger dominanter Wildtypallele auf dem X-Chromosom. Sie fallen damit als Kreuzungspartner in der F_1-Generation aus. Für die Rückkreuzung müssen männliche Tiere mit rezessiven Allelen eingesetzt werden. Daher werden hier für das eigentliche Kartierungsexperiment heterozygote, weibliche Tiere der F_1-Generation mit den dreifach rezessiven Männchen der F_1-Generation gekreuzt.

A3 Bestimmen Sie die Abstände der Genloci und begründen Sie deren Reihenfolge!
Der unterschiedlich hohe Anteil der verschiedenen Rekombinanten an der Gesamtanzahl der Nachkommen lässt Rückschlüsse auf die Wahrscheinlichkeit des jeweils zugrunde liegenden Crossing-over-Ereignisses zu.
Die Rekombinationshäufigkeit von 4 Prozent zeigt, dass die Genloci w und ec relativ weit auseinanderliegen müssen. Die Wahrscheinlichkeit eines Crossing-over zwischen diesen Genloci ist höher als zwischen y und w mit einer Rekombinationshäufigkeit von 1,5 Prozent. Der Genlocus w kann nur durch ein Doppel-Crossing-over ausgetauscht werden. Entsprechend gering sind dafür die Wahrscheinlichkeit und damit auch die Rekombinationshäufigkeit. Aus den Versuchsergebnissen ergibt sich die Reihenfolge y – w – ec.
Zur Bestimmung der Abstände müssen alle Crossing-over-Ereignisse zwischen zwei Genloci berücksichtigt werden. Daher addiert man für die Bestimmung des Abstandes zwischen den Genloci y und w die Rekombinationshäufigkeiten von 1,5 und 0,06 Prozent. Der relative Abstand ist folglich 1,56 Centimorgan. Für den Abstand der Genloci w und ec werden die Werte 4,0 und 0,06 Prozent addiert. Der relative Abstand der Genloci beträgt also 4,06 Centimorgan.

Genommutationen

Seite 30–32

1 Erklären Sie die Sterilität von F_1-Hybridpflanzen als Folge einer Kreuzung zweier nah verwandter Arten!
Pflanzen der ersten Filialgeneration einer Kreuzung zwischen Lebewesen nah verwandter Arten haben oft eine ungerade Anzahl der Chromosomensätze. Diese führt bei der Reifung von Geschlechtszellen zu Störungen der Meiose, da keine geordnete Tetradenbildung zustande kommt. Es entsteht eine Vielzahl von Geschlechtszellen mit unterschiedlicher Chromosomenanzahl, die ihre biologische Funktion nicht erfüllen können. Die Pflanzen können sich daher nicht sexuell fortpflanzen, bestenfalls asexuell.

2 Erläutern Sie eine Maßnahme zur Umkehrung der Sterilität von Hybridpflanzen!
Gentechniker setzen zur Erzeugung von Pflanzenhybriden mit wirtschaftlich erwünschten neuen Kombinationen von Merkmalsausprägungen Colchizin ein. Das giftige Alkaloid stört während der mitotischen Zellteilungen der F_1-Hybridkeimlinge die Wanderung der Chromosomen zu den Polen. Nach Auswaschen von Colchizin treten die Zellen in die Interphase ein. Die auf diese Weise chemisch behandelten Keimlinge haben verdoppelte Chromosomensätze in ihren Zellkernen. Eine vormals triploide Hybridpflanze ist nach der Behandlung hexaploid. Da sie damit ein geradzahliger Polyploid ist, bildet die Pflanze funktionstüchtige Geschlechtszellen aus und ist fertil.
Zusatzinformation: Pflanzen einer Abstammungslinie mit unterschiedlichem Polyploidisierungsgrad sind in der Regel miteinander nicht fertil kreuzbar. Es liegen damit verschiedene Arten vor. Die chemische Behandlung von Pflanzenzellen mit Colchizin macht Artbildungsprozesse in „Jetztzeit" beobachtbar. Die technische Erzeugung von Polyploiden kann als Modell für die natürliche Artbildung als Folge entsprechender Genommutationen betrachtet werden. Polyploidie ist ein Evolutionsmechanismus der zu sympatrischer Artbildung führt.

Seite 33 (Material)

Material A – Experimenteller Nachweis von Evolutionsprozessen

A1 Erläutern Sie den Fachbegriff Allopolyploidie!
Der Begriff Polyploidie beschreibt Fälle, bei denen mehr als zwei Vielfache des haploiden Chromosomensatzes vorkommen. Findet Polyploidie durch die Hybridisierung von Zellen zweier eng verwandter Arten statt, nennt man dies Allopolyploidie im Gegensatz zur Autopolyploidie.

Bei der Autopolyploidie ist jeder weitere Chromosomensatz identisch mit dem der Elternart.

A2 Nennen Sie die der Hypothese zugrunde liegende Fragestellung und beschreiben Sie ein Experiment, welches geeignet ist, die Hypothese zu prüfen!
Fragestellung: Ist die domestizierte amerikanische Baumwollpflanze aus einer Kreuzung zwischen der wilden amerikanischen Baumwolle und der Baumwolle der Alten Welt entstanden?
Experiment: Man kreuzt Baumwollpflanzen der Alten Welt mit denen der wilden amerikanischen Art. Die entstehenden Hybridpflanzen werden mit Colchizin behandelt, sodass sich die Anzahl der Chromosomen in den Zellkernen verdoppelt. Als Ergebnis werden fruchtbare, allotetraploide Baumwollpflanzen erwartet. Diese sollten 26 Chromosomenpaare enthalten und ähnliche Merkmalsausprägungen zeigen wie die domestizierte amerikanische Baumwolle.
Zusatzinformation: Ein solches Experiment hat tatsächlich stattgefunden und die Hypothese eindeutig belegt.

A3 Erläutern Sie, inwiefern man Evolutionsprozesse experimentell nachweisen kann und Evolution damit beobachtbar macht!
Das beschriebene Experiment, bei dem durch Einsatz einer Chemikalie die Verdopplung der Chromosomensätze erfolgt, kann als Modell für natürliche Evolutionsprozesse dienen. Unter natürlichen Bedingungen können spontane Mutationsereignisse ebenfalls zu einer Verdopplung des genetischen Materials führen. Der experimentelle Zugriff auf den Evolutionsmechanismus der Polyploidisierung lässt Planbarkeit und Beobachtbarkeit dieser Prozesse zu.

Material B – Pflanzenzüchtung durch Hybridisierung somatischer Zellen

B1 Beschreiben Sie die Methode zur Gewinnung genetisch veränderter Pflanzenhybriden!
Behandelt man Pflanzenzellen aus Blattgeweben mit zellwandabbauenden Enzymen, entstehen Protoplasten, die nach außen nur noch durch eine Zellmembran abgegrenzt werden. Experimentell lassen sich Protoplasten verschiedener Arten verschmelzen. Auf einem Nährboden können die erzeugten Hybridzellen zu kompletten Pflanzen heranwachsen. Diese zeigen ein neu zusammengestelltes Genom aus beiden Vorläufergenomen. Die technisch gewonnenen Hybridpflanzen stellen eine neue Art dar, die von den Ursprungsarten genetisch isoliert ist.
Zusatzinformation: Ein bekannter Hybride aus Kartoffel und Tomate ist die Tomoffel. Diese hat keine praktische Bedeutung, da sowohl Knollen als auch Früchte viel zu klein bleiben. Ein weiteres Beispiel ohne wirtschaftliche Bedeutung ist die Hybridpflanze aus Rettich und Kohl. Unglücklicherweise ähneln die Wurzel des Hybriden der der Kohlpflanze und der Spross dem des Rettichs.
Erfolge durch Protoplastenfusion werden insbesondere bei der Getreidezüchtung verzeichnet.

B2 Vergleichen Sie diese Technik mit klassischen Methoden der Pflanzenzüchtung!
Gemeinsamkeiten:
Wie bei der klassischen Pflanzenzüchtung werden unterschiedliche Genome absichtlich vereint. Kriterien für die Auswahl der verschiedenen Kreuzungspartner sind erwünschte Merkmalsausprägungen, die zusammengeführt werden sollen.
Unterschiede:
Die Hybridisierungstechnik durch Protoplastenfusion ermöglicht die direkte und unmittelbare Zusammenführung von bekanntem genetischem Material. Damit ist diese Methode deutlich zeitsparender als klassische Züchtungsverfahren. Als Ergebnis von herkömmlichen Kreuzungsexperimenten entsteht eine genetisch vielfältige Nachkommenschaft. Phänotypen lassen sich nicht eindeutig Genotypen zuordnen und können erst durch weitere Züchtung und Ausleseverfahren zweifelsfrei bestimmt werden.

B3 Beurteilen Sie die Bedeutung dieser Methode mit Blick auf die Welternährungssituation!
Die Hybridisierung somatischer Zellen führt zu Tetraploiden mit neuen Merkmalskombinationen, die weltweit spezifischen Standortbedingungen angepasst werden können. So können Pflanzen auch für extreme Umweltbedingungen zielgenau genetisch manipuliert werden. In Kenntnis einer Vielzahl von Mutationen und deren Auswirkungen auf den Phänotyp der Pflanzen lassen sich passgenaue Hybride technisch herstellen. Tetraploide Pflanzen sind darüber hinaus oft ertragreicher, sind kräftiger im Wuchs oder haben größere Früchte. Die den Ernteertrag begrenzende Ressource der Ackerbaufläche wird damit effizienter nutzbar. Für die immer schwieriger werdende Ernährung der hyperexponentiell wachsenden Weltbevölkerung ist die gentechnische Methode eine Maßnahme zur Verringerung von Hungersnöten.

Chromosomenmutationen

Seite 34–36

1 Vergleichen Sie die Chromosomenmutation mit der Genommutation!
Gemeinsamkeiten:
Diesen Mutationsformen ist gemeinsam, dass sie spontane Veränderungen des Erbgutes darstellen, die an Nachkommen weitergegeben werden können.

Unterschiede:
Man klassifiziert diese Mutationsformen nach Art und Umfang der Veränderung des Erbgutes. Anomalien der Chromosomenstruktur bezeichnet man als Chromosomenmutationen. Es können Chromosomenstückverluste, Deletionen, oder Verdopplungen einzelner Chromosomenregionen, Duplikationen, auftreten. Chromosomenabschnitte können im selben Chromosom gedreht werden, Inversion, oder abbrechen und mit einem Nichthomologen neu verwachsen, Translokation.
Von einer Genommutation spricht man, wenn eine Veränderung der Chromosomenanzahl vorliegt. Die Ursache für eine Genommutation kann ein einzelnes Chromosom sein, welches fehlt oder vervielfacht auftritt. Eine Abweichung der Chromosomenanzahl kann aber auch den gesamten Chromosomensatz betreffen. Liegt dieser vervielfacht vor, spricht man von Polyploidie.
Zusatzinformation: Die genetischen Folgen der verschiedenen Mutationsformen sind vielfältig und müssen immer für den Einzelfall untersucht werden. Sie können zum Beispiel vom Erbgang oder der Empfindlichkeit des Lebewesens gegenüber einer veränderten Gendosis bei Deletion, Duplikation und Translokation oder einer veränderten Regulation der Genaktivität durch Positionseffekte abhängig sein.

2 Erläutern Sie, inwiefern es ungewöhnlich ist, dass Menschen mit Katzenschreisyndrom lebensfähig sind!
Eine partielle Monosomie ist auf eine Deletion eines Homologs zurückzuführen. Damit fehlen jeder Zelle des betroffenen Lebewesens ein Chromosomenabschnitt und die darauf befindlichen Gene. Genprodukte werden in Folge nur von den Genen des nicht deletierten homologen Chromosoms gebildet. Die mit der verringerten Gendosis einhergehende eingeschränkte Menge an Genprodukten führt in Stoffwechselprozessen meist zu nicht regulierbaren Dysbalancen mit großer Wirkung. Man spricht daher auch von einer Störung der Genbalance. In der Regel werden Chromosomenstückverluste nicht überlebt. Das Katzenschreisyndrom beim Menschen stellt eine große Ausnahme dar. Die betroffenen Menschen sind lebensfähig, aufgrund zahlreicher typischer Krankheitssymptome aber immer auf Hilfe angewiesen.

3 Werten Sie das Kombinationsquadrat in Abbildung 04 aus!
Ein Translokationsträger 14/21, der als Folge einer reziproken Translokation eine Kopie des Chromosoms 21 an einem Chromosom 14 in seinen Körperzellen aufweist, bildet während der Meiose vier verschiedene Geschlechtszelltypen im Zahlenverhältnis von 1:1:1:1 aus. 25 Prozent dieser Geschlechtszellen besitzen Chromosom 14 und 21 in normaler Ausprägung. Die Befruchtung mit einer unveränderten Geschlechtszelle führt in diesem Fall zu einem geno- und phänotypisch völlig gesunden Menschen. Weitere 25 Prozent der Geschlechtszellen des Translokationsträgers weisen das translozierte Chromosom 14 mit einer Kopie des Chromosoms 21 auf. Führt dieser Geschlechtszelltyp zur Befruchtung, zeigt der aus der Zygote hervorgehende Mensch die ausgewogene oder ausbalancierte Translokation des Elternteils. Phänotypisch bleibt die Mutation oft unerkannt. In weiteren 25 Prozent der Fälle beinhalten die Geschlechtszellen des Translokationsträgers das Chromosom 21 und das translozierte Chromosom 14/21. Die Befruchtung mit einer unveränderten Geschlechtszelle führt zu einer Zygote mit Trisomie 21. Der Mensch mit diesem Genotyp zeigt das Down-Syndrom. Ein weiteres Viertel aller Geschlechtszellen weist Chromosom 14 auf, eine Kopie von Chromosom 21 fehlt. Kommt eine Geschlechtszelle dieses Typs zur Befruchtung, entsteht eine Zygote mit Monosomie. Chromosom 21 liegt dabei nur in einfacher Kopie vor. Die Monosomie von Chromosom 21 ist letal. Der Träger dieses Genotyps ist nicht lebensfähig.

4 Erklären Sie anhand des familiären Down-Syndroms das scheinbare Paradoxon von genetischer Trisomie und diploidem Chromosomensatz!
Die Kenntnis über Translokationen hat das Rätsel gelöst, dass Menschen mit diploidem Chromosomensatz einem trisomen Genotyp angehören können. Wie im Fall eines Translokationsträgers 14/21 scheint das Karyogramm auf den ersten Blick einen normalen, diploiden Chromosomensatz zu zeigen. Erst bei genauerer Auswertung der Chromosomenfotografien wird die mutierte Struktur des translozierten Chromosoms erkennbar. Der betroffene Mensch besitzt zwar 46 Chromosomen, trägt aber drei Kopien des Chromosoms 21 in jeder Körperzelle. Mit diesen Beobachtungen wird das scheinbare Paradoxon eines Menschen mit diploidem Chromosomensatz, aber genetischer Trisomie aufgeklärt.
Zusatzinformation: Das familiäre Down-Syndrom gehört im Gegensatz zum deutlich häufigeren Down-Syndrom als Folge einer Trisomie 21 ausgelöst durch eine Nondisjunktion während der Meiose, zu den genetisch bedingten Krankheiten. Trisomie 21 ist eine Genommutation und nicht erblich.
Der Begriff der „Erbkrankheit" ist in der aktuellen fachdidaktischen Diskussion umstritten, da die genetische Disposition eines Menschen und nicht das Merkmal von den Eltern vererbt wird. Es wird empfohlen, stattdessen von einer genetisch bedingten Erkrankung zu sprechen.

Seite 37 (Material)

Material A – Die Bar-Mutation beim Auge von *Drosophila* – eine Genduplikation

A1 Beschreiben und deuten Sie die Untersuchungsergebnisse der Polytänchromosomen für Wildtyp und Mutanten!
Die Untersuchung der polytänen X-Chromosomen zeigen, dass Fliegen des Wildtyps für jedes X-Chromosom eine Kopie der Region 16-A zeigen. Bei Bar-Fliegen liegt diese Region verdoppelt, bei Double-Bar-Fliegen verdreifacht vor. Die Beobachtungen an Polytänchromosomen brachten den Nachweis, dass nicht eine einfache Mutation Ursache des veränderten Phänotyps ist, sondern eine Verdopplung der Gene. Die im Genom veränderte Dosis eines bestimmten Gens kann damit deutliche Auswirkungen auf den Phänotyp haben.

A2 Erklären Sie die Ursache der Double-Bar-Mutation!
Während der Meiose von für die Bar-Mutation homozygoten Fliegenweibchen kann es in seltenen Fällen zu einem ungleichen Crossing-over kommen. Dabei entsteht ein Nichtschwesterchromatid mit nur einer Kopie der Region 16-A und eines mit einer verdreifachten Region 16-A. Gelangt eine Geschlechtszelle mit einem X-Chromosom, das dreifacher Träger der Region 16-A ist, zur Befruchtung mit einer gewöhnlichen Spermienzelle, entsteht aus der Zygote die Double-Bar-Mutante.

A3 Vergleichen Sie die Chromosomenmutation der Bar-Mutanten mit jener der Double-Bar-Mutanten! Stellen Sie eine Hypothese auf, die den Unterschied im Phänotyp erklärt!
Gemeinsamkeiten:
Sowohl die Bar-Mutanten als auch die Double-Bar-Mutanten besitzen insgesamt vier Kopien der Region 16-A auf ihren X-Chromosomen.
Unterschiede:
Die vier Kopien der Region 16-A der Double-Bar-Mutanten sind anders im Genom verteilt als die Kopien der homozygoten Fliegenmutanten. Bei Double-Bar-Mutanten liegen drei Kopien des mutierten Gens nebeneinander auf demselben X-Chromosom. Die vierte Kopie liegt auf einem gewöhnlichen X-Chromosom, das keine strukturelle Veränderung aufweist. Bei homozygoten Fliegenmutanten weisen beide X-Chromosomen jeweils zwei Kopien der Region 16-A auf.

Wenn die wiederholten Genabschnitte auf dem gleichen Homolog liegen und nicht auf zwei Homologe gleichmäßig verteilt sind, wird der Phänotyp der schlitzförmigen Augen stärker ausgeprägt: Homozygote Fliegen haben im Schnitt 68 Facetten, Double-Bar-Fliegen 45.

Hypothese: Die neue Position eines Gens innerhalb des Genoms verändert die Genexpression. Diese hat Auswirkungen auf den Phänotyp.
Zusatzinformation: Die phänotypischen Auswirkungen der Bar-Mutation sind tatsächlich auf Positionseffekte zurückzuführen.

A4 Erläutern Sie, welche Bedeutung Genduplikationen in Evolutionsprozessen zugeschrieben werden kann!
Duplikationen sind eine wichtige Quelle für genetische Variationen. Gene in Einzelkopie würden nach einer Mutation in der Regel ihre Funktion einbüßen und damit Veränderungen nicht erlauben. Zusätzliche Kopien eines Gens machen ein Ansammeln von Mutationen in Lebewesen tolerierbar.
Zusatzinformation: Lebewesen mit repetitiven Gensequenzen können über längere Zeiträume einen Vorteil durch Angepasstheit erlangen und damit ihre genetische Fitness erhöhen.

Auswirkungen von Mutationen

Seite 38–39

1 Beschreiben Sie die Entstehungsursachen von Monosomien und Trisomien!
Monosomien und Trisomien kommen durch eine fehlende Trennung von Chromosomen während der Meiose zustande. Diese fehlende Trennung wird Nondisjunktion genannt. Wenn während der ersten Reifeteilung ein Paar homologer Chromosomen nicht voneinander getrennt wird, so entstehen am Ende der Meiose zwei Geschlechtszellen mit je zwei gleichen Chromosomen und zwei Geschlechtszellen ohne diese Chromosomen. Aus den ersten beiden Geschlechtszelltypen entstehen nach der Befruchtung Zygoten mit Trisomien, aus den anderen beiden Geschlechtszelltypen Zygoten mit Monosomien.
Wenn während der zweiten Reifeteilung ein Zwei-Chromatiden-Chromosom nicht geteilt wird, so entstehen eine Geschlechtszelle mit zwei gleichen Chromosomen und eine Geschlechtszelle ohne dieses Chromosom. Durch die Befruchtung können wiederum eine Zygote mit Trisomie sowie eine mit Monosomie entstehen.

2 Vielfach wird angenommen, dass die Anzahl der Betroffenen beim Turner-Syndrom, vor allem aber beim Klinefelter-Syndrom größer ist, als die offiziellen Zahlen angeben. Erläutern Sie die jeweilige Ursache!
Den Anlass für eine Untersuchung des genetischen Status liefert oft eine unerwünschte Kinderlosigkeit. Auf der Suche nach den Ursachen kann dann der XO-Status beim

Turner-Syndrom beziehungsweise der XXY-Status beim Klinefelter-Syndrom festgestellt werden. Da viele Menschen jedoch bewusst kinderlos bleiben beziehungsweise den Ursachen für ihre Kinderlosigkeit nicht auf den Grund gehen wollen, bleiben Turner-Syndrom und Klinefelter-Syndrom oft undiagnostiziert.

Zusatzinformation: Die Referenzzahlen für die theoretisch zu erwartende Anzahl von Menschen mit Turner-Syndrom beziehungsweise Klinefelter-Syndrom stammen aus wissenschaftlichen Reihenuntersuchungen.

Seite 40 (Im Blickpunkt Forschung: Geschlechtsentwicklung des Menschen)

1 Stellen Sie die Geschlechtsentwicklung des Menschen in einem Flussdiagramm dar!

2 Männer mit dem Klinefelter-Syndrom weisen einen teilweise feminien Körperbau auf. Erläutern Sie diese Beobachtung!

Die Geschlechtsentwicklung bei Jungen wird im Wesentlichen durch das Vorhandensein eines Y-Chromosoms, des Gens SRY und seines Genprodukts TDF sowie durch Testosteron in Gang gesetzt. Fehlen diese Faktoren, so erfolgt eine Geschlechtsentwicklung in Richtung des weiblichen Geschlechts. X-Chromosomen und ihre Genprodukte tragen auf bisher unbekannte Weise zur weiblichen Geschlechtsentwicklung bei. Männer mit dem Klinefelter-Syndrom besitzen ein Y-Chromosom und zwei X-Chromosomen, die für die Ausbildung des teilweise femininen Körperbaus verantwortlich sind.

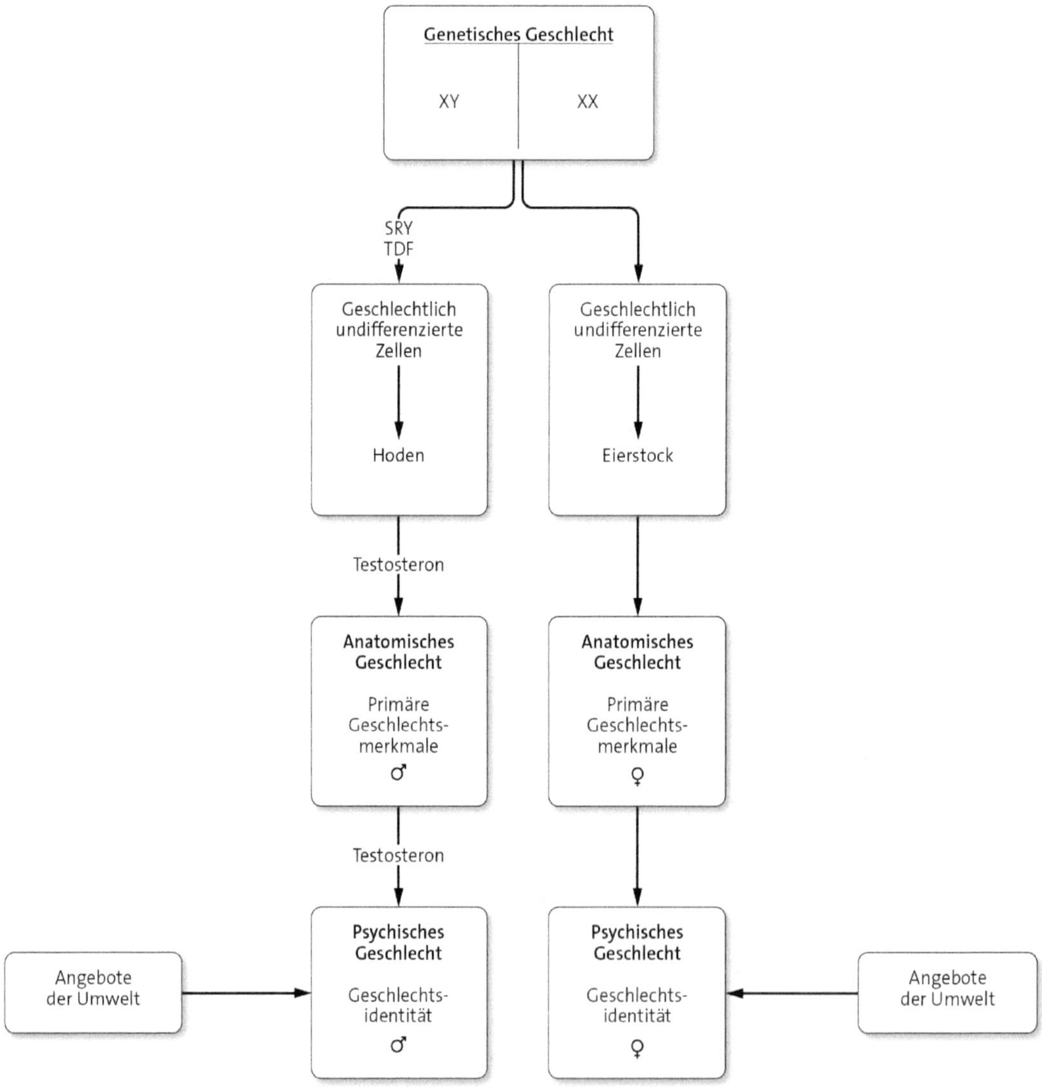

Seite 41 (Material)

Material A – Down-Syndrom

A1 Beschreiben Sie den zeitlichen Verlauf der Meiose bei der Frau anhand der Abbildung A!

Die Meiose bei der Frau beginnt noch während ihrer Embryonalentwicklung. Im dritten Monat treten die Urgeschlechtszellen des Fetus in die Reifeteilung I der Meiose ein. Sie verharren im Stadium der Prophase I bis zum Beginn der Pubertät. In dieser Zeit degenerieren viele der entstandenen Eizellen. Mit dem Beginn der Pubertät wird in einigen Eizellen die Meiose wieder aufgenommen. Nach 14 Zyklustagen ist zum Zeitpunkt der Ovulation das Metaphase-Stadium der Reifeteilung II erreicht. Einer der entstandenen haploiden Chromosomensätze wird dabei in einem Polkörperchen eingeschlossen, der andere verbleibt bei der Hauptplasmamenge der Eizelle. Mit der Befruchtung der Eizelle wird die Meiose abgeschlossen. Sowohl in der Eizelle als auch im Polkörperchen wird die Reifeteilung II beendet, indem die Zwei-Chromatiden-Chromosomen zu zwei Ein-Chromatid-Chromosomen getrennt werden. Ein Satz der Ein-Chromatid-Chromosomen wird wiederum in ein Polkörperchen eingeschlossen. Der zweite Satz verbleibt in der Eizelle und nimmt an der Befruchtung teil. Es entstehen im Verlauf der Meiose also drei Polkörperchen, die Stunden nach der Befruchtung degenerieren.

A2 Werten Sie das Diagramm in Abbildung B aus und stellen Sie einen Zusammenhang zwischen den Abbildungen A und B her!

In dem Diagramm ist die Anzahl der neugeborenen Kinder mit Down-Syndrom in Abhängigkeit vom Alter der Mutter aufgetragen. Die Anzahl der Geburten von Kindern mit Down-Syndrom liegt bei Müttern zwischen 20 und etwa 31 Jahren bei etwa 1:1000 Geburten. Die Anzahl steigt anschließend mit dem Alter der Mutter steil an und liegt bei 45 Jahre alten Müttern bei 20:1000 Geburten.

Als Ursache für die Zunahme der Geburten mit Down-Syndrom bei Müttern, die älter als 31 Jahre sind, muss die lange Dauer der Meiose der Frau vermutet werden. Die Meiose aller Eizellen beginnt im dritten Schwangerschaftsmonat und wird erst mit dem Eintritt der Befruchtung beendet. Die lange Dauer des engen Kontaktes zwischen homologen Chromosomen beziehungsweise Chromatiden kann für ihre fehlende Trennung durch Nondisjunktion verantwortlich sein.

A3 Nehmen Sie Stellung zu der Frage, ob bei schwangeren Frauen ab 35 Jahren routinemäßig eine Fruchtwasseruntersuchung, eine Chorionzottenbiopsie oder ein Bluttest auf Trisomie 21 durchgeführt werden sollte! Berücksichtigen Sie bei Ihrer Stellungnahme auch ethische Aspekte!

Neben ethischen Gesichtspunkten zum Wert des Lebens sollte in die Stellungnahme eine Risikoabschätzung einfließen. Das Risiko für eine 35-jährige Frau, ein Kind mit Down-Syndrom zur Welt zu bringen, beträgt 0,3 Prozent. Das Risiko, durch eine Fruchtwasseruntersuchung oder eine Chorionzottenbiopsie eine Fehlgeburt auszulösen, beträgt etwa 5 Prozent. Diese Abwägung entfällt, wenn ein Bluttest durchgeführt wird, der für den Embryo ungefährlich ist. Der Bluttest wirft jedoch die Frage auf, ob bei routinemäßiger Durchführung des Tests in der Zukunft noch Menschen mit Down-Syndrom geboren werden.

Zusatzinformation: Hößle und Bayrhuber konstatieren in ihrem Aufsatz „Sechs Schritte moralischer Urteilsfindung – Aktuelle Beispiele aus der Bioethikdebatte", dass aufgrund des medizinisch-technischen Fortschritts seit den 1970er-Jahren vermehrt Fragen der Reproduktions- und Transplantationsmedizin in das Zentrum bioethischer Debatten gerückt seien. Ihrer Meinung nach hat der naturwissenschaftliche Unterricht die Aufgabe, „die Heranwachsenden über diese brisanten bioethischen Themen im Rahmen seiner Möglichkeiten aufzuklären und zu einer reflektierten ethischen Bewertung anzuhalten" [Hößle, C.; Bayrhuber, H. (2006), Sechs Schritte moralischer Urteilsfindung – Aktuelle Beispiele aus der Bioethikdebatte. In: Praxis der Naturwissenschaften, Heft 4/55, S. 1–7].

Als Leitlinien für die unterrichtliche Behandlung bioethischer Themen unterscheiden sie sechs Schritte:

1. Definieren des Dilemmas.

Bei diesem Schritt geht es um eine rein deskriptive Darstellung.

2. Aufzählen möglicher Handlungsoptionen.

3. Aufzählen ethischer Werte, welche die Handlungsoptionen implizieren.

4. Unterscheiden zwischen Werteorientierung und moralischen Konsequenzen.

Bei der Orientierung an Werten geht es darum, die allen Menschen zustehenden Rechte zu wahren. Bei der Orientierung an Konsequenzen sind die möglichen Folgen bestimmter Handlungen die Richtschnur moralischen Handelns. Die in den Schritten 2 und 3 unterschiedenen Handlungsoptionen werden einer der beiden Richtungen zugeordnet.

5. Begründete Urteilsfällung und Diskussion andersartiger Urteile.

Erst bei diesem Schritt erfolgt eine begründete Wertentscheidung. Die Grundlage dieser Entscheidung bilden die Festlegungen der Schritte 1 bis 4, sie legen die Entscheidung jedoch nicht zwingend fest.

6. Aufzählen von Konsequenzen, die das eigene und das andersartige Urteil implizieren.
Dieser Schritt beinhaltet eine Reflexion der bisherigen Vorgehensweise und Entscheidungen, wobei auch eine Revision möglich ist.

Bisherige Bluttests, mit denen Trisomien aufgespürt wurden, machten es sich zunutze, dass embryonale DNA aus zerstörten Zellen plazentagängig ist. Es wurde dann das Verhältnis mütterlicher zu embryonaler DNA bestimmt und gegebenenfalls auf eine Trisomie rückgeschlossen. Diese Verfahren sind nicht besonders ergebnissicher. Neuere Verfahren machen es sich zunutze, dass die DNA von Erwachsenen und von Embryonen unterschiedliche Methylierungsmuster aufweisen. In einer ersten Studie mit 80 Schwangeren konnten in der 11. bis 14. Schwangerschaftswoche alle 14 Fälle mit Trisomie 21 entdeckt werden. Dieser Untersuchungszeitraum reicht in vielen Ländern aus, um eine legale Abtreibung vornehmen zu lassen. Daher stellt sich die Frage, ob in der Zukunft bei der flächendeckenden Anwendung dieses Tests noch Menschen mit Down-Syndrom geboren werden. Bereits heute werden 90 Prozent aller Embryonen, bei denen mit den traditionellen Methoden Trisomie 21 festgestellt wurde, abgetrieben. Die meisten Menschen mit Trisomie 21 wurden geboren, ohne dass eine solche Untersuchung durchgeführt wurde.

Der Zusammenhalt der homologen Chromosomen während der Meiose wird durch bestimmte Proteine, die Cohesine, sichergestellt. Sie umschließen ringförmig die beiden Chromatidenarme der Schwesterchromatiden und auch ihr Zentromer. Während der Reifeteilung I gelangen die homologen Chromosomen als Ganzes zu den Zellpolen. Erst in der Reifeteilung II werden die Cohesine enzymatisch gespalten, sodass eine Trennung der Schwesterchromatiden erfolgen kann.
Untersuchungen zeigten, dass Cohesine altern. Sie verlieren in der Meiose der Frau, die über viele Jahre im Tetradenstadium verbleiben kann, den Kontakt zu den homologen Chromosomen. Im Tierexperiment konnte gezeigt werden, dass die Chromatiden im Laufe einer Meiose fast zufällig auf die Tochterzellen verteilt werden, wenn Cohesine fehlen. Der Funktionsverlust der Cohesine im Laufe der Meiose der Frau ist also für den Anstieg der Fälle mit Down-Syndrom mit dem Alter der Frau verantwortlich.

4 Gene und Phäne – Dynamik in Populationen

Variabilität in Populationen

Seite 42–44

1 Stellen Sie eine Hypothese auf, weshalb Charles DARWIN in seinem Buch „Die Entstehung der Arten“ der Umgestaltung von Nutztieren durch künstliche Selektion das erste Kapitel widmete!

Die Ergebnisse der Tier- und Pflanzenzucht sind jedem Menschen geläufig. Vielfältige „Spielarten“, Rassen von Tauben, Hunden oder Pferden, werden durch Auslese des Menschen in überschaubar kurzen Zeiträumen erzeugt. DARWIN widmete dieser Alltagserfahrung viel Aufmerksamkeit und verfasste das erste Kapitel seines Werkes dazu, da das Prinzip der Evolution am Beispiel der künstlichen Selektion besonders leicht zu verstehen ist und der nächste Gedankenschritt zur Erfassung der Bedeutung der natürlichen Selektion naheliegt. DARWIN gliederte damit sein berühmtes Buch unter didaktischen Aspekten.

Zusatzinformation: Sowohl die künstliche als auch die natürliche Selektion können erst dann wirksam werden, wenn sie auf eine hohe genetische Variabilität der Lebewesen einer Population treffen. Die Varietäten in einer Population sind damit Grundvoraussetzung für evolutionäre Prozesse.

2 Vergleichen Sie die genetische und umweltbedingte Variabilität in Populationen!

Gemeinsamkeiten:

Lebewesen einer Population unterscheiden sich in diversen Merkmalsausprägungen. Beide, die genetische und umweltbedingte Variabilität, nehmen Einfluss auf den Phänotyp von Lebewesen. Lebewesen zeichnen sich damit durch eine hohe Variabilität aus. Selbst Klone variieren trotz identischen Erbgutes.

Unterschiede:

Die genetische Variabilität erzeugt aufgrund des Allelpolymorphismus eine große Anzahl phänotypischer Varietäten innerhalb einer Population. Die künstliche und natürliche Selektion wirken auf die verschiedenen, miteinander konkurrierenden Phänotypen ein. Die Lebewesen, die am besten an die jeweilige Umwelt angepasst sind, haben Überlebens- und Fortpflanzungsvorteile. Sie bringen ihre Allele in den Genpool der Population vermehrt ein.

Umweltbedingte Variabilität von Lebewesen einer Population beruht nicht auf genetischen Unterschieden. Selbst Klone variieren innerhalb einer Reaktionsnorm unter verschiedenen Umweltbedingungen. Die Reaktionsnorm ist allerdings genetisch determiniert. Lebewesen einer Population reagieren auf Umweltfaktoren mit einer angeborenen phänotypischen Plastizität. Dies bezeichnet man auch als Modifikabilität. Die verschiedenen, phänotypischen Ausprägungen der Lebewesen nennt man Modifikationen.

Seite 45 (Material)

Material A – Künstliche Selektion – ein Evolutionsfaktor

A1 Ermitteln Sie die Größe der zehn Fische der Ausgangspopulation sowie die Durchschnittsgröße und den Anteil der verschiedenen Allele! Erstellen Sie dazu eine Tabelle!

individuelle Schülerantwort

	Generation			
	1	2	3	4
Fisch 1				
Fisch 2				
Fisch 3				
Fisch 4				
Fisch 5				
Fisch 6				
Fisch 7				
Fisch 8				
Fisch 9				
Fisch 10				
Durchschnitt				
Anteile der Allele				
grün	15			
gelb	15			
blau	15			
rot	15			

A2 Ein Fischer fängt die fünf größten Fische der Ausgangspopulation. Da sie sterben, ohne sich fortzupflanzen, werden ihre Allele aus dem Spiel entfernt. Die kleineren Fische vermehren sich. Ihre Allele kommen zurück in das Säckchen, wobei für jedes Allel ein gleiches aus dem Reservoir hinzugefügt wird. Im Säckchen befinden sich wieder 60 Allele. Fahren Sie dann fort wie bisher! Ermitteln Sie die nächsten drei Generationen und vervollständigen Sie die Tabelle! Deuten Sie Ihr Ergebnis!

Da stark gegen Allele selektiert wird, die zur Größe der Fische beitragen, verschwinden diese mit zunehmender Dauer des Spiels aus dem fiktiven Genpool. Die Größe der Fische der kommenden Generationen wird über die verbleibenden Allele des Genpools der überlebenden

Population bestimmt. Die durchschnittliche Größe der Fische einer Generation nimmt im Laufe der Einwirkung der Selektion stark ab.

Das Spiel erklärt, warum selbst bei Fangverboten die ursprüngliche Größe der einzelnen Fische nicht mehr erreicht werden kann. Die diesen Größen zugrunde liegenden Allele sind durch die künstliche Auslese der Fischereiflotten aus dem Genpool genommen worden. Die Allelfrequenzen sind zugunsten der alternativen Allele verändert worden. Es handelt sich hier um eine menschengemachte Evolution in sehr kurzem Zeitraum. Wirksamer Evolutionsfaktor ist die künstliche Auslese.

Zusatzinformation: Die durchschnittlichen Körpergrößen der Fische lassen sich in einer Grafik gegen die jeweilige Generation auftragen und vergleichend beschreiben und deuten.

Populationsgenetik

Seite 46–48

1 Erstellen Sie ein Versuchsprotokoll zum Langzeitversuch mit den Ruineneidechsen!

Fragestellung:

Erfährt eine biologische Art durch geografische Isolation einen Wandel ihrer definierten Merkmalsausprägungen?

Hypothesen:

Die Ruineneidechsen der Gründerpopulation erfahren messbare Veränderungen ihrer arttypischen Merkmalsausprägungen beziehungsweise erfahren keine messbaren Veränderungen.

Durchführung:

Die Versuchsdurchführung besteht in dem Aussetzen von fünf Paaren der Ruineneidechse, *Podarcis sicula*, der Ursprungspopulation auf die eidechsenfreie Insel Pod Mrčaru sowie der Datenerhebung nach 37 Jahren.

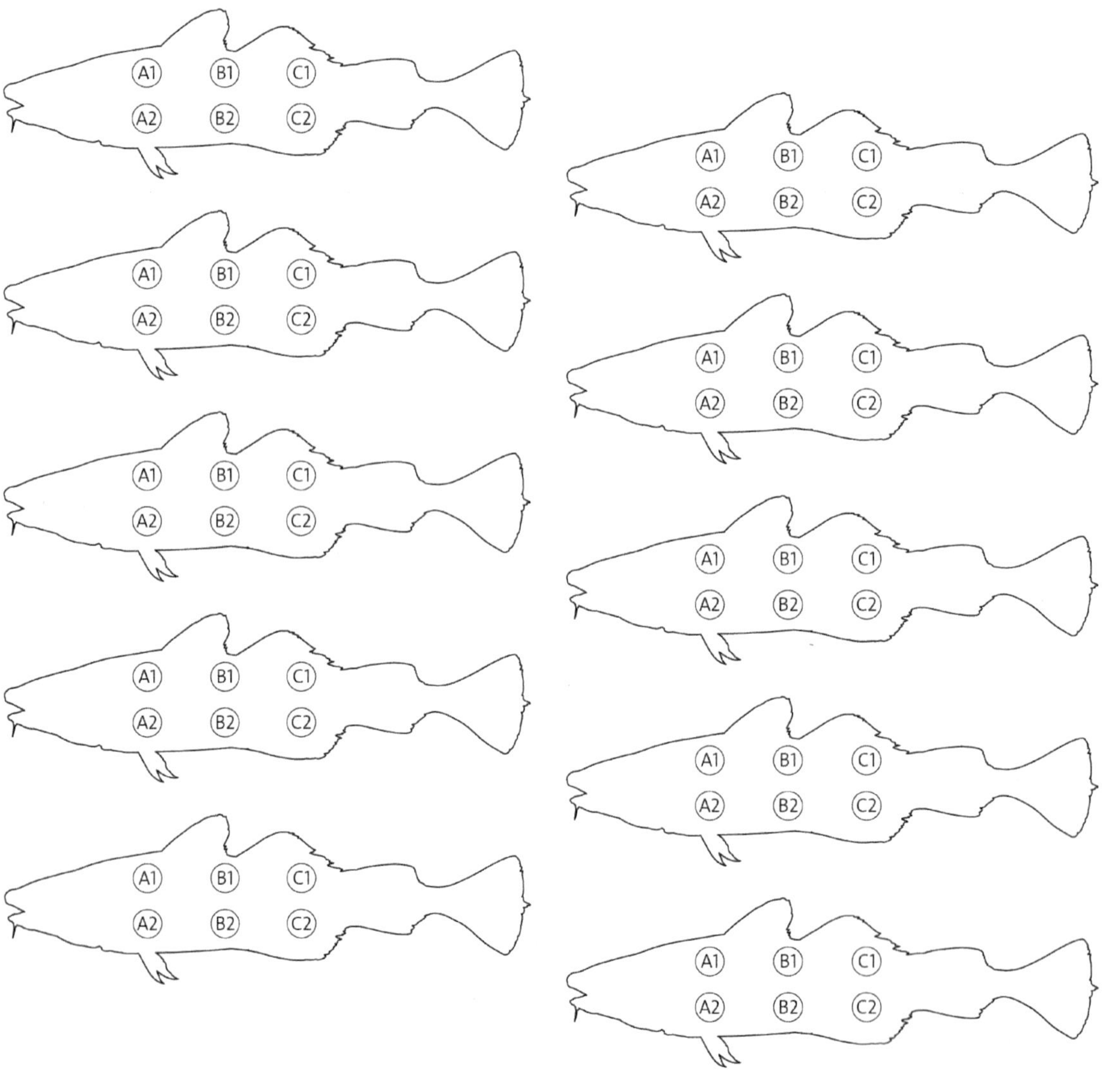

Ergebnisse:
Die Messdaten zu verschiedenen Körpermerkmalen der Eidechsen beider Inseln zeigt die Tabelle im Schülerbuch auf Seite 47.

Im Durchschnitt haben die männlichen und weiblichen Eidechsen der Gründerpopulation deutlich an Körpergröße zugenommen. Die Kopflänge hat bei beiden Geschlechtern um 1,6 Millimeter zugenommen, die Kopfbreite um 1,0 Millimeter. Kopfhöhe, Unterkiefer sowie die Schnauzenlänge sind größer als in der Ursprungspopulation. Die Beißkraft nahm bei den Männchen um 1,4 Newton zu, bei den Weibchen um 1,71 Newton.
Die Ernährungsweise der Eidechsen hat sich in der Gründerpopulation gegenüber der Ursprungspopulation deutlich zugunsten der Aufnahme pflanzlicher Nahrung verschoben. Die Messwerte zeigen, dass im Sommer der Anteil der Pflanzennahrung bei den Ruineneidechsen auf Pod Mrčaru etwa 55 Prozent höher liegt als bei den Eidechsen der Ursprungspopulation. Umgekehrt verhält es sich mit dem Anteil tierischer Kost. Mit 90 Prozent ist der Anteil an tierischer Nahrung in der Ursprungspopulation mehr als doppelt so groß wie bei Eidechsen der Gründerpopulation.
Bei den Eidechsen auf Pod Mrčaru war der Blinddarm im Vergleich zur Ursprungspopulation stark vergrößert und hatte neu ausgebildete Blinddarmklappen. Zusätzlich hatten sich Verhaltensweisen wie die Revierverteidigung im Vergleich zur Ursprungspopulation verändert.
Deutung:
Beobachtungen und Messdaten zeigen, dass in wenigen Jahrzehnten messbare Veränderungen der Gründerpopulation gegenüber der Ursprungspopulation feststellbar sind. Die Größenzunahme von Körpermerkmalen scheint eine Angepasstheit an die Umstellung auf einen höheren Anteil pflanzlicher Kost in der Nahrung zu sein. Die Nutzung pflanzlicher Nahrung aus Zellen mit derben, zellulosehaltigen Zellwänden begünstigte kräftigere Kiefer als Bestandteile größerer Schädel mit erhöhter Beißkraft.
Jedes Individuum der Gründerpopulation brachte eine kleine Auswahl der Allele des ursprünglichen Genpools der Population mit. Im neuen Lebensraum wirkt die natürliche Selektion auf die Gründerpopulation ein. Dies bedeutet, sie schafft unterschiedliche Überlebenswahrscheinlichkeiten und abweichenden Fortpflanzungserfolg aufgrund der Variationen der Merkmalsausprägungen. Diejenigen Eidechsen, die durch Mutation und Rekombination am besten angepasst wurden, hatten den größten Fortpflanzungserfolg und wurden Stammeltern neuer Eidechsengenerationen mit vorteilhaften Merkmalsausprägungen und Merkmalskombinationen. Die natürliche Selektion führt zu einem Wandel der Lebewesen. Damit sind Arten veränderlich. Die hier wirksamen Evolutionsfaktoren sind Mutation, Rekombination, Gendrift, Selektion sowie geografische Isolation. Die Versuchsergebnisse belegen damit beispielhaft einen Prozess evolutionärer Dynamik.

2 Vergleichen Sie die künstliche, die natürliche und die sexuelle Selektion!
Gemeinsamkeiten:
Alle drei Formen der Selektion beruhen darauf, dass Individuen einer Population variierende Merkmalsausprägungen als Folge genetischer Variabilität zeigen. Alle drei Selektionsmechanismen wirken am Phänotyp.
Unterschiede:
Von künstlicher Selektion spricht man, wenn der Mensch nach festgelegten Kriterien eine Auslese von Individuen einer Population vornimmt. Damit bestimmt der Mensch als Züchter über Überlebens- und Fortpflanzungserfolge von Tieren und Pflanzen. Ziel ist die bewusste genetische Formung von Lebewesen.
Von natürlicher Selektion spricht man, wenn Lebewesen aufgrund ihrer variierenden Merkmalsausprägungen unterschiedlich gut an einen Lebensraum angepasst sind. Hier wird durch die Natur eine Auslese getroffen und ein mehr oder weniger schneller evolutionärer Wandel der Individuen einer Populationen herbeigeführt. Im Gegensatz zur künstlichen Selektion durch den Menschen verläuft die Selektion durch die Natur ziellos.
Von sexueller Selektion spricht man, wenn eine geschlechtliche Auslese durch die gezielte Wahl des Sexualpartners erfolgt. Sexuelle Selektion wird mehrheitlich durch weibliche Tiere betrieben. Dabei entwickeln die männlichen Sexualpartner sekundäre Geschlechtsmerkmale, die oft außerhalb der Funktionskreise von Balz oder Paarung hinderlich sein können. Die durch den weiblichen Partner selektierte Qualität der Merkmalsausprägung ist ein Attraktivitätsmerkmal und bestimmt über den Fortpflanzungserfolg seines Trägers.

Seite 49 (Material)

Material A – Messen von Allelfrequenzen in menschlichen Populationen

A1 Berechnen Sie den prozentualen Anteil des Δ32-Allels in der französischen Population!
Die Stichprobe der französischen Population in der Bretagne besteht aus 79 Menschen mit dem Genotyp II, 20 mit dem Genotyp I Δ32 und ein Individuum mit dem Genotyp Δ32 Δ32. Damit existieren 158 I-Allele der Menschen mit dem Genotyp II und zusätzlich 20 I-Allele der heterozygoten Träger mit dem Genotyp I Δ32. Das Allel I hat damit eine Gesamtanzahl von 178. Das nicht mutierte Allel CCR5 = I hat somit einen Anteil an der Probenpopulation von 178/200 = 0,89 = 89 Prozent. Das Δ32-Allel liegt 20-mal in den heterozygoten Menschen vor und zweimal im einzigen Individuum mit dem Genotyp Δ32 Δ32. Die Gesamtanzahl des mutierten Allels an

der Probenpopulation ist demnach 22. Seine Häufigkeit beträgt 22/200 = 0,11 = 11 Prozent.

Da p + q = 1 ist und im aktuellen Fall 0,89 + 0,11 = 1 ist, zeigt dies, dass der gesamte Genpool der Population bei der Berechnung der genetischen Struktur berücksichtigt worden ist.

A2 Ermitteln Sie, ob sich die englische Population im Hardy-Weinberg-Gleichgewicht befindet oder evolviert!

Die englische Population umfasst 283 Menschen, von denen 223 den Genotyp II haben, 57 haben den Genotyp I Δ32 und drei den Genotyp Δ32 Δ32. Folgende Zahlen geben die Genotypenhäufigkeiten wieder:

für den Genotyp II: 223/283 = 0,788
für den Genotyp I Δ32: 57/283 = 0,201
für den Genotyp Δ32 Δ32: 3/283 = 0,011.

Aus den Genotypenhäufigkeiten werden die Allelhäufigkeiten berechnet. Allel I liegt bei den homozygoten Trägern doppelt und bei den heterozygoten Trägern einfach vor. Die Allelfrequenz für Allel I beträgt daher 0,788 + 0,201 : 2 = 0,89. Allel Δ32 liegt bei den homozygoten Trägern doppelt und bei den heterozygoten Trägern einfach vor. Die Allelfrequenz für Allel Δ32 beträgt daher 0,011 + 0,201 : 2 = 0,11.

Mit dem Hardy-Weinberg-Gleichgewicht wird bestimmt, ob sich die genetische Struktur, das heißt die Allelfrequenzen und damit auch die Genotypenhäufigkeiten, in der nächsten Generation ändert. Zur Bestimmung der Genotypenfrequenzen der Filialgeneration werden die Allelfrequenzen der Parentalgeneration herangezogen, da die Nachkommen ihre Allele aus dem Genpool der Parentalgeneration beziehen. Die Allelfrequenzen der Parentalgeneration lassen folgende Genotypenhäufigkeiten in der Filialgeneration erwarten:

für den Genotyp II: p2 = 0,892 = 0,792
für den Genotyp I Δ32: 2pq = 2 x 0,89 x 0,11 = 0,196
für den Genotyp Δ32 Δ32: q2 = 0,112 = 0,012.

Die prognostizierten Genotypenhäufigkeiten der Filialgeneration sind denen der Parentalgeneration sehr ähnlich. Die geringen Abweichungen sind darauf zurückzuführen, dass die betrachtete Population keine ideale, sondern eine natürliche Population ist. Die englische Population befindet sich demnach im Hardy-Weinberg-Gleichgewicht. Sie evolviert bezüglich des betrachteten Genlocus nicht.

Zusatzinformation: Populationsgenetische Berechnungen haben gezeigt, dass mit einer genetischen Angepasstheit an die Gefährdung durch HIV auch in großen Zeiträumen nicht zu rechnen ist.

Seite 50–51 (Im Blickpunkt Evolution: Artbegriff und Artbildung)

1 Vergleichen Sie die vorgestellten Artkonzepte, indem Sie diese in einer Tabelle gegenüberstellen!

Artkonzept:	unterschiedliche Merkmale:	übereinstimmende Merkmale
biologisch	Fortpflanzungsgemeinschaft: Mitglieder erkennen sich als potenzielle Geschlechtspartner. Ökologische Einheit: Wechselwirkung mit anderen Arten im selben Lebensraum. Genetische Einheit: Der Genpool ist von dem anderer Arten isoliert.	Die Einzelpopulationen der Art stehen im Genaustausch.
ökologisch	Nischenzugehörigkeit: typische Angepasstheiten, Gesamtheit der biotischen und abiotischen Faktoren des Lebensraums.	Die Einzelpopulationen der Art stehen im Genaustausch.
phylogenetisch	gemeinsames Abstammungsmuster, das heute molekularbiologisch bestimmt wird.	Die Einzelpopulationen der Art stehen im Genaustausch.
morphologisch	Übereinstimmung in wesentlichen Baumerkmalen.	Die Einzelpopulationen der Art stehen im Genaustausch.

2 Erläutern Sie, inwiefern die Art ein Arbeitsbegriff der Biologie ist!

Die Art ist ein Arbeitsbegriff der modernen Biologie, weil je nach Verwendung eines bestimmten Artkonzepts unterschiedliche Merkmale einer Art hervorgehoben werden. Je nach Teildisziplin der Biologie fällt der Blick aus unterschiedlicher Perspektive auf diese Grundeinheit der biologischen Systematik beziehungsweise dieser evolutionären Einheit. So kann es zum Beispiel für Pflanzensystematiker sinnvoll sein, äußere Baumerkmale von Pflanzen vergleichend zu beschreiben, um diese zur Bestimmung von Verwandtschaftsbeziehungen zu nutzen. Diese Wissenschaftler werden für ihre Forschung das morphologische Artkonzept zugrunde legen.

Zusatzinformation: Mikrobiologen vergleichen mithilfe biochemischer Analysen Stoffwechselwege von Bakterienmutanten und nutzen zur Klärung von Abstammungslinien ein weiteres Artkonzept, das physiologische Artkonzept. Bakterien zeigen nämlich nur wenige morphologische Unterscheidungsmerkmale und weisen praktisch keine Rekombinationsschranken auf. Deshalb werden Stoffwechselmerkmale als Unterscheidungskriterien von Bakterienstämmen herangezogen. Dies können zum Beispiel spezifische biochemische Merkmale der Bestandteile von Zellwänden sein.

3 Erklären Sie die Entwicklung der Nachtigall und des Sprossers aus dem gemeinsamen Vorfahren und stellen Sie Hypothesen zu möglichen Isolationsmechanismen auf!

Durch eiszeitliche geografische Barrieren wurde die Population des gemeinsamen Vorfahren von Nachtigall und Sprosser in Teilpopulationen aufgespalten, die daraufhin über viele Tausend Jahre voneinander räumlich getrennt waren und genetisch isoliert wurden. In diesem Zeitraum wirkten verschiedene Evolutionsfaktoren unterschiedlich auf die westliche und östliche Vogelpopulation ein. Durch genetische Drift hatten beide Teilpopulationen schon zu Beginn der Separation eine unterschiedliche Auswahl der Allele des ursprünglich ungeteilten Genpools der Elternart. Nach der geografischen Isolation fanden in beiden Teilpopulationen Mutationen und Rekombinationen statt, die wegen des fehlenden Genflusses nicht im gesamten Genpool der Art ausgetauscht werden konnten. Diesen zufälligen Veränderungen der Allelfrequenzen der Genpools der Teilpopulationen standen die nicht zufälligen Umweltbedingungen der beiden Lebensräume gegenüber. Durch natürliche Selektion wurden unterschiedliche Varianten innerhalb der Teilpopulationen begünstigt oder benachteiligt mit Auswirkungen auf deren Überlebenswahrscheinlichkeiten und deren Fortpflanzungserfolg.

Nach Aufhebung der geografischen Isolation durch klimatische Veränderungen war die genetische Differenzierung der Genpools beider Vogelpopulationen bereits so weit fortgeschritten, dass sich Vögel beider Populationen in der Regel nicht mehr als Artgenossen erkennen konnten und in Folge auch keine Kreuzungen stattfanden. In den Überlappungsarealen der Verbreitungsgebiete sind nur selten Mischpaare von Nachtigall und Sprosser zu beobachten. Es entstehen gelegentlich Nachkommen, die jedoch ausschließlich weiblich sind. Damit sind gemeinsame fertile Nachkommen von Nachtigall und Sprosser ausgeschlossen. Beide Vogelformen sind zwar nahe verwandt, stellen aber eigene Arten dar. Sie erfüllen die Kriterien des biologischen, des phylogenetischen, des ökologischen sowie des morphologischen Artkonzepts.

Hypothesen:

Die Unterbrechung des Genflusses zwischen Teilpopulationen kann Veränderungen der genetischen Struktur dieser Teilpopulationen bewirken. Als Folge der Verschiebung von Allelfrequenzen in den Genpools getrennter Populationen können Isolationsmechanismen entstehen. Diese können Merkmale der Anatomie, des Verhaltens, der Verträglichkeit der Geschlechtszellen oder ökologischer Angepasstheiten sein.

Hypothese 1 – Merkmal der Anatomie:

Typische Gefiedermerkmale wie Färbung oder Banden, die der Partnererkennung dienen, sind verändert.

Hypothese 2 – Merkmal des Verhaltens:

Typische Strophen im Balzgesang, die der Partnererkennung dienen, sind verändert.

Hypothese 3 – Merkmal der Verträglichkeit der Geschlechtszellen:

Es überleben nur weibliche Bastarde von Nachtigall und Sprosser. Bei Vögeln sind die Weibchen heterogametisch ZW und die Männchen homogametisch ZZ. Dies deutet darauf hin, dass für die Bastarde von Nachtigall und Sprosser die Homozygotie der Gonosomen letal ist. Nur weibliche Tiere mit den Gonosomen ZW wachsen heran. Es gibt damit keine fertile Filialgeneration.

Hypothese 4 – Merkmal ökologischer Angepasstheit:

Nachtigall und Sprosser teilen sich gemeinsame Habitate unter ökologischen Aspekten auf. Die Nachtigall bevorzugt im selben Verbreitungsgebiet trockene Lebensräume, der Sprosser feuchte. Durch den Isolationsmechanismus der Habitataufteilung wird der allopatrische Artbildungsprozess durch einen begleitenden sympatrischen Prozess verstärkt.

Seite 52–53 (Klausurtrainer)

Training A – Kreuzungsexperimente mit Nagetieren

A1 Fellfarben von Kaninchen

a Ordnen Sie die Allele für die Fellfarbe in eine Rangfolge nach ihrer Dominanz!

$C \rightarrow c^{ch} \rightarrow c^{h} \rightarrow c^{a}$

b Ermittlen Sie für jede Kreuzung die Genotypen der Parentalgeneration sowie den Genotyp des F_1-Nachkommen!

Die Tabelle ist nicht Teil des Erwartungshorizontes.

Kreuzung	P-Genotypen	F_1-Genotyp
1	c^hc^a x c^hc^a	c^ac^a
2	Cc^{ch} x c^ac^a	$c^{ch}c^a$
3	C^ac^a x c^ac^a	c^ac^a
4	C? x c^ac^a	Cc^a
5	$C^{ch}c^h$ x c^ac^a	c^hc^a
6	Cc^h x c^ac^a	c^hc^a

Die Himalaya-Elterntiere in Kreuzung 1 müssen heterozygot sein, um Albino-Nachkommen zu haben.

Das wildtypfarbene Elterntier in Kreuzung 2 muss heterozygot sein.

Das Chinchilla-Kaninchen in Kreuzung 3 muss heterozygot sein.

Es ist nicht möglich, für Kreuzung 4 den exakten Genotyp des wildtypfarbenen Elterntieres zu bestimmen. Die wildtypfarbenen Nachkommen sind dagegen eindeutig bestimmbar.

Das Chinchilla-Kaninchen in Kreuzung 5 muss das ch-Allel tragen, um Himalaya-Nachkommen zu haben.
Das Wildtyp-Kaninchen in Kreuzung 6 muss heterozygot sein.

Zusatzinformation: Die Kenntnis der Vererbungsweise macht gezielte Züchtungen möglich. Darüber hinaus können oft über die Phänotypen der Nachkommen Rückschlüsse auf die Genotypen der Parentalgeneration gezogen werden. Auch dies ist für Züchtungsexperimente, kommerzielle Zucht und Hobbyzucht von großem Interesse.

c Stellen Sie die Genotypen einer Kreuzung zwischen zwei beliebigen Phänotypen der F_1-Generation in einem Punnett-Quadrat dar und nennen Sie die zu erwartende statistische Verteilung der Phänotypen der F_2- Generation!

Beispielhafte Kreuzung zweier Individuen der F_1-Generation:

F_1-Phänotypen: Albino x Himalaya
F_1-Genotypen: c^ac^a x c^hc^a
Punnett-Quadrat für die F_2-Generation:

c^ac^a / c^hc^a	c^a	c^a
c^h	c^hc^a	c^hc^a
c^a	c^ac^a	c^ac^a

Kreuzt man homozygote Albino-Kaninchen c^ac^a mit heterozygoten Himalaya-Kaninchen c^hc^a der F_1-Generation, so werden bei hinreichend großer Anzahl an Nachkommen in der F_2-Generation Albino-Kaninchen und Himalaya-Kaninchen im Zahlenverhältnis von 1:1 erwartet.

A2 Mausmutanten mit kurzem Schwanz

a Stellen Sie Hypothesen zur Vererbungsweise des Allels für die kurzen Mausschwänze auf und überprüfen Sie Ihre Hypothesen mithilfe der Versuchsdaten und durch Punnett-Quadrate!

Hypothese a: Die Merkmalsausprägung kurzer Mausschwanz wird dominant vererbt.
Hypothese b: Die Merkmalsausprägung kurzer Mausschwanz wird rezessiv vererbt.

Kreuzung 1
P-Generation: kurzer Schwanz x normaler Schwanz
F_1-Generation: 4 Mäuse mit kurzem Schwanz
3 Mäuse mit normalem Schwanz

Das Spaltungsverhältnis von etwa 1:1 in der F_1-Generation lässt darauf schließen, dass ein Elternteil homozygot und der andere heterozygot ist.

Kreuzung 2
F_1-Generation: kurzer Schwanz x kurzer Schwanz
F_2-Generation: 6 Mäuse mit kurzem Schwanz
3 Mäuse mit normalem Schwanz

Dieses Ergebnis zeigt, dass die Merkmalsausprägung kurz gegenüber normal dominant sein muss. Damit wird Hypothese a bestätigt.
Die Mäuse mit normalem Schwanz müssen homozygot sein und stellen ein Drittel der F_2-Generation dar. Da diese Zahlenverhältnisse wiederholt auftraten, kann man folgern, dass ein gesichertes Zahlenverhältnis von 2 : 1 bezüglich der Phänotypenverteilung in der F_2-Generation vorliegt. Diese Phänotypenverteilung von 2 : 1 entspricht jedoch nicht der Erwartung nach der Spaltungsregel für den monohybriden Erbgang von 3 : 1. Eine Erklärung für die Abweichung von der Regel ist, dass die Mäuse der F_1-Generation, die heterozygot sein müssen, innerhalb ihrer Nachkommenschaft nicht die erwarteten Genotypen im Verhältnis 1 : 2 : 1 hervorbringen, sondern dass der homozygot dominante Genotyp ausfällt. Damit reduzieren sich die Nachkommen, die die dominante Merkmalsausprägung zeigen, um ein Drittel. Ihr Anteil an der gesamten Nachkommenschaft entspricht dann nicht den erwarteten 75 Prozent, sondern nur noch 33 Prozent.

Hypothese c: Der Genotyp AA macht seine Träger lebensunfähig und mindert daher den Anteil der Nachkommen mit dominanter Merkmalsausprägung.

Gensymbole: A = kurzer Schwanz, a = normaler Schwanz

Kreuzung 1
P-Generation: Aa x aa
Punnett-Quadrat für die F_1-Generation:
Die Tabelle ist nicht Teil des Erwartungshorizontes

aa / Aa	a	a
A	Aa	Aa
a	aa	aa

Das tatsächliche und das erwartete Verhältnis der Phänotypen in der F_1-Generation sind gleich.

Kreuzung 2
F_1-Generation: Aa x Aa
Punnett-Quadrat für die F_2-Generation:

Aa / Aa	A	a
A	AA	Aa
a	Aa	aa

Das erwartete Genotypenverhältnis ist 1:2:1, das erwartete Phänotypenverhältnis ist 3:1. Das tatsächliche Phänotypenverhältnis von 2:1 weicht von der Erwartung ab. Damit legt das Ergebnis des Kreuzungsexperiments den Schluss nahe, dass der homozygot dominante Genotyp nicht lebensfähig ist und damit in der Statistik ausfällt.
Zusatzinformation: Die Tatsache, dass eine Merkmalsausprägung „normal“ ist, bedeutet nicht, dass sie dominant vererbt wird. Der Genotyp AA ist für seinen Träger tatsächlich letal.

Training B – Variabilität in Populationen

B1 Umwelt oder Gene?

a Nennen Sie die den Experimenten zugrunde liegende Frage, beschreiben Sie die Durchführungen und das jeweils erwartete Ergebnis!
Die beiden Experimente versuchen die Frage zu klären, ob die Verhaltensänderungen der Stadtamsel im Vergleich mit der ursprünglichen Waldamsel auf genetischen Unterschiedenen zwischen beiden Populationen beruhen oder ein Phänomen sind, das auf phänotypische Plastizität zurückzuführen ist.
Durchführung von Experiment 1: Lebensraumtausch
Individuen der Population A, zum Beispiel Stadtamseln, werden in das Habitat der Population B, die Waldamseln, umgesiedelt und umgekehrt.
Erwartetes Ergebnis von Experiment 1: Lebensraumtausch
Wenn sich im jeweils neuen Lebensraum die Verhaltensweisen der beiden ausgetauschten Populationen nicht ändern, ist dies ein Zeichen dafür, dass die Unterschiede der beiden Populationen genetisch determiniert sind. Ähneln die Verhaltensweisen der umgesiedelten Populationen jedoch denen der Populationen in den neuen Habitaten, dann bedeutet dies, dass die beobachteten Unterschiede durch phänotypische Plastizität zu erklären sind.
Durchführung von Experiment 2: Neuer gemeinsamer Lebensraum
Individuen von beiden zu untersuchenden Populationen werden in ein neues gemeinsames Habitat umgesiedelt.
Erwartetes Ergebnis von Experiment 2: Neuer gemeinsamer Lebensraum
Bleiben die Unterschiede der Individuen beider Populationen bestehen, spricht dies für eine genetische Differenzierung und damit für evolutionäre Dynamik. Wenn aber die beiden Versuchsgruppen sich unter gleichen Bedingungen nicht mehr unterscheiden, dann liegt den Beobachtungen phänotypische Plastizität zugrunde.

b Vervollständigen Sie die Diagramme, indem Sie für jede Hypothese das erwartete Versuchsergebnis in Ihre Mappe einzeichnen!

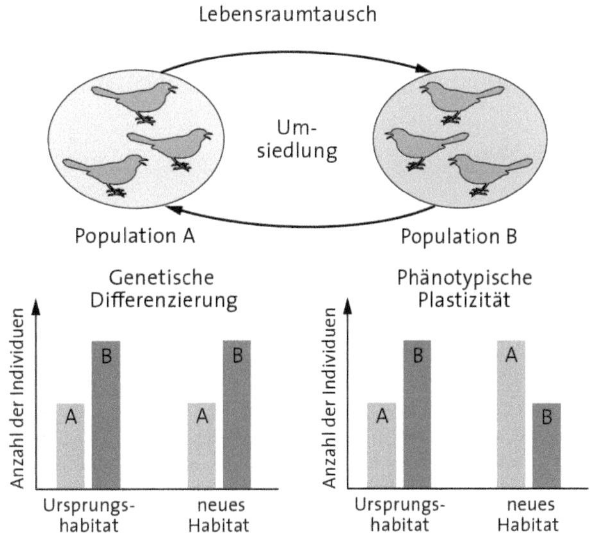

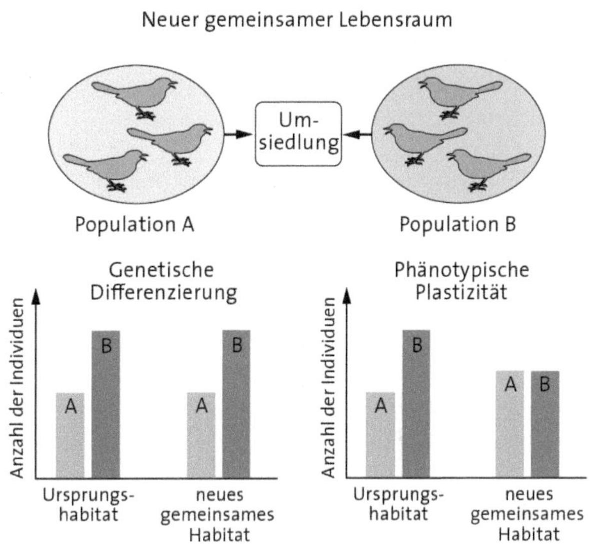

Zusatzinformation: Vergleichende Untersuchungen zwischen Wildtieren und Tierarten, die in Städten erfolgreich leben, zeigen, dass das Stadtleben verhaltensphysiologische Veränderungen begünstigt. Die bisher vorliegenden Ergebnisse für Amseln deuten darauf hin, dass zum Beispiel der Unterschied in der hormonellen Stressantwort zwischen Stadt- und Waldamseln genetisch festgelegt ist. Er ist wahrscheinlich die Folge der extremen Selektionsfaktoren in der Stadt, wodurch jene Individuen einen Vorteil erlangen, die besser mit den urbanen Stressfaktoren zurechtkommen. Damit scheinen einheimische Amseln am Anfang eines sympatrischen Artbildungsprozesses zu stehen, begünstigt durch den Isolationsmechnismus der Habitataufspaltung.

Grundlagen der Molekulargenetik

1 Escherichia coli

Das „Haustier" der Molekularbiologie

Seite 58–60

1 Beschreiben Sie die beiden Kultivierungsmethoden von Bakterien!

Bei einer Plattenkultur lässt man Bakterienzellen auf einem festen Medium wachsen. Über Nacht wird durch Zellvermehrung aus einer einzigen Zelle eine mit dem bloßen Auge sichtbare Kolonie. Alle Zellen einer Kolonie sind genetisch identisch, da sie durch Teilung aus ursprünglich einer Zelle hervorgegangen sind. Diese Zellen sind deshalb Klone. Mithilfe einer Plattenkultur lassen sich daher einzelne Bakterien identifizieren und man kann eine Flüssigkultur auf ihre Reinheit überprüfen.

Bei einer Flüssigkultur lässt man Bakterien in einem flüssigen Medium wachsen. So gewinnt man in kurzer Zeit große Mengen an Bakterienzellen. Begrenzend wirkt lediglich das Volumen der Kulturflüssigkeit.

2 Erläutern Sie den Verlauf einer typischen Wachstumskurve von Bakterien!

Eine typische Bakterienwachstumskurve lässt sich in verschiedene charakteristische Abschnitte unterteilen. In der ersten Phase, der lag-Phase, findet so gut wie keine Zunahme der Zellzahl statt. Die Bakterien teilen sich nur sporadisch. Diese Phase stellt eine Anpassung an die neue Umgebung dar. Die Zellen schaffen somit die Voraussetzung für die Zellteilungen.

In der zweiten Phase teilen sich die Zellen mit hoher Geschwindigkeit und es kommt damit zu einer exponentiellen Zunahme der Zellzahl. Diese Phase wird deshalb auch als exponentielle Phase bezeichnet. In einer grafischen Darstellung kann aufgrund der extremen Steigung der Kurve die Zellzahl nur sehr ungenau bestimmt werden. Deshalb wählt man einen logarithmischen Maßstab für die y-Achse, während die Zeit auf der x-Achse nicht logarithmisch dargestellt wird. Durch diese halblogarithmische Darstellung erhält man eine Gerade während der exponentiellen Phase. Diese Darstellungsform gibt diesem Abschnitt auch die Bezeichnung log-Phase, logarithmische Phase.

Die dritte Phase, die stationäre Phase, ist gekennzeichnet durch eine konstante Zellzahl. Dies ist durch eine gleiche Teilungsrate und eine gleiche Sterberate von Zellen zu erklären. Ursache für die Stagnation sind die Anhäufung von Stoffwechselendprodukten in der Kulturflüssigkeit und die abnehmende Konzentration von Nährstoffen.

In der vierten Phase, der Absterbephase, überwiegt die Sterberate deutlich die Teilungsrate, sodass sich die Anzahl der Zellen verringert.

3 Erläutern Sie, weshalb *E. coli* als Modellorganismus in der Molekularbiologie eingesetzt werden kann!

E. coli ist ein Lebewesen, das sehr leicht im Labor zu handhaben und zu züchten ist. In kurzer Zeit lassen sich sehr große Mengen an Zellen produzieren. Dies beruht auf einer Teilungsrate von einer Teilung pro 20 Minuten unter optimalen Bedingungen. Die Ergebnisse molekularbiologischer Versuche mit diesem Bakterium lassen sich häufig auch auf andere Lebewesen übertragen.

4 Beschreiben Sie, wie man die Anzahl der Bakterien in einem Milliliter einer Flüssigkultur bestimmen kann!

Man entnimmt einer Flüssigkultur einen Milliliter und gibt ihn zu neun Millilitern einer sterilen Kulturflüssigkeit. Dieser Schritt wird bis zu einer geeigneten Gesamtverdünnung wiederholt. Nach dem letzten Verdünnungsschritt wird ein Milliliter der verdünnten Flüssigkultur auf einen Nährboden ausplattiert und über Nacht bebrütet. Danach wird die Anzahl der Kolonien ausgezählt, die der Anzahl der Bakterien entspricht. Durch Multiplikation mit dem Gesamtverdünnungsfaktor lässt sich der Titer als Anzahl der Bakterienzellen in einem Milliliter Flüssigkultur berechnen.

5 Nennen Sie die Unterschiede zwischen asexueller Vermehrung und Parasexualität bei *E. coli*!

E. coli vermehrt sich wie alle Bakterienzellen durch Zellteilung. Diese Form der Fortpflanzung erfolgt ohne einen Geschlechtspartner und wird als asexuelle Vermehrung bezeichnet. Die entstehenden Tochterzellen stimmen genetisch mit der Ursprungszelle überein. Es entstehen durch diese Form der Vermehrung Klone.

Bei E. coli gibt es eine weitere Form der Weitergabe genetischen Materials. F^+-Zellen bilden eine Plasmabrücke, den Sexpilus, aus. Damit können sie eine Verbindung zu F^--Zellen, die nicht die genetische Information besitzen, einen Sexpilus auszubilden, herstellen. Über die Plasmabrücke kann genetisches Material übertragen werden. Durch diese Parasexualität kommt es zur genetischen Rekombination von Teilen des Bakteriengenoms.

Zusatzinformation: Als Parasexualität bezeichnet man die bei Bakterien, Einzellern und bestimmten Pilzen vorkommende Form der Fortpflanzung, die ohne Meiose und eine Verschmelzung von Geschlechtszellen auskommt. Eine Rekombination genetischen Materials findet sich bei diesen Lebewesen wie bei einer echten sexuellen Fortpflanzung.

Seite 61 (Material)

Material A – Kultivierungsmethoden zur Vermehrung von Bakterien

A1 Beschreiben Sie die dargestellten Methoden!
Bei Methode I wird nur eine geringe Anzahl von Bakterien aus einer Flüssigkultur auf eine Agarplatte gebracht. Bei Methode II werden viele Zellen, zum Beispiel ein größeres Volumen einer Flüssigkultur, auf eine Agarplatte gebracht. Bei Methode III werden die Bakterienzellen von einer Plattenkultur in eine Flüssigkultur übertragen.

A2 Erläutern Sie die Ergebnisse der unterschiedlichen Kultivierungsmethoden!
In Methode I wachsen die wenigen Zellen zu einzelnen Kolonien über die Agarplatte verteilt heran, ohne Kontakt miteinander zu haben. Sie können sehr gut unterschieden und ausgezählt werden.
Werden dagegen wesentlich mehr Zellen auf die Platte ausgebracht, wie bei Methode II, liegen die Kolonien so eng aneinander, dass ein Bakterienrasen entsteht, bei dem keine einzelnen Kolonien unterschieden werden können.
Bei Methode III vermehren sich die Bakterienzellen in der Flüssigkultur, sodass sich die ursprünglich klare und durchsichtige Kulturflüssigkeit eintrübt und damit einen Hinweis auf die starke Vermehrung gibt.

A3 Begründen Sie, welche Methoden für bestimmte Vorhaben besonders geeignet sind!
Methode I dient der Identifizierung von Bakterienzellen. Schon mit bloßem Auge kann man erkennen, ob alle Kolonien übereinstimmen oder ob Zellen anderer Bakterienstämme auf der Agarplatte wachsen. Verunreinigungen durch nicht steriles Arbeiten werden sofort bemerkt. So lassen sich Zellen definierter Bakterienstämme in Reinkultur züchten. Außerdem werden auf diese Weise die Versuchsstämme immer wieder überprüft und es wird sichergestellt, dass die Bakterienzellen während der Versuchsdauer konstante Merkmale zeigen und nicht mutiert sind.
Methode II dient vor allem diagnostischen Zwecken, in denen die Sensibilität eines bestimmten Bakterienstammes gegenüber Hemmstoffen, Antibiotika oder anderen Substanzen getestet wird.
Methode III ist vor allem für die Gewinnung großer Mengen von Bakterienzellen in Reinkultur geeignet. So können auch entsprechend große Mengen an gewünschten Stoffwechselprodukten aus den Bakterienzellen gewonnen werden.

Material B – Bestimmung der Keimzahl

B1 Beschreiben Sie die Versuchsdurchführung!
Ein Milliliter der Probe wird entnommen und mit neun Millilitern Kulturflüssigkeit verdünnt. Dieser Schritt ergibt eine Verdünnung von 1:10. Dies wird mehrmals wiederholt und aus jedem Verdünnungsschritt wird ein Milliliter auf einer Agarplatte kultiviert. Jede einzelne Bakterienzelle wächst über Nacht zu einer Kolonie heran, deren Anzahl bestimmt werden kann. Sind zu viele Zellen enthalten, entsteht ein Bakterienrasen, der nicht ausgezählt werden kann. Bei geeigneten Verdünnungen ist dann die Zellzahl, der Titer der Kultur, bestimmbar.

B2 Ermitteln Sie die Anzahl der Bakterien in einem Milliliter der Ausgangskultur!
Bei den ersten beiden Verdünnungen ist die Zellzahl noch viel zu hoch, sie kann nicht bestimmt werden. In den Verdünnungsschritten drei und vier ergeben sich nach Multiplikation mit dem Verdünnungsfaktor 10^3 beziehungsweise 10^4 159 000 oder 170 000 Bakterienzellen pro Milliliter.

B3 Erläutern Sie, weshalb auf den Agarplatten die Anzahl der Kolonien unterschiedlich ist!
Die unterschiedliche Anzahl der Kolonien auf einer Agarplatte sind auf die Verdünnung und den Zufall zurückzuführen, ob eine oder auch zwei Bakterienzellen in der entnommenen Probe vorhanden sind. Letzteres kann nicht vorherbestimmt werden, sodass die tatsächliche Anzahl der Bakterienzellen in dieser Probe etwa zwischen 160 000 bis 170 000 pro Milliliter liegen sollte.

B4 Diskutieren Sie die Unsicherheiten dieser Bestimmungsmethode!
Bei den beiden letzten Verdünnungsschritten in dieser Verdünnungsreihe ist es nicht möglich zu sagen, ob eine, zwei oder gar keine Zelle in der Probe enthalten ist. Bei zu starker Verdünnung ist also immer eine gewisse Unsicherheit vorhanden. Deshalb sollte die Anzahl der Zellen aus einer geeigneten Verdünnung, in diesem Versuch aus der dritten oder vierten Verdünnung, bestimmt werden.

2 DNA und RNA

DNA – Träger der Erbinformation

Seite 62–64

1 Beschreiben Sie die Versuche von GRIFFITH!
GRIFFITH injizierte Mäusen lebende Zellen des S-Stammes von *Streptococcus*, dem Erreger der Lungenentzündung. Die Mäuse erkrankten kurze Zeit später an Lungenentzündung und starben. In ihrem Blut konnte GRIFFITH diese Erreger nachweisen. In einer zweiten Versuchsreihe injizierte er lebende Zellen des R-Stammes von *Streptococcus* in Mäuse. Die Mäuse erkrankten nicht und GRIFFITH konnte keine Zellen in den Tieren nachweisen. Wenn er Zellen des S-Stammes durch Erhitzen abtötete und dann Mäusen injizierte, erkrankten die Mäuse nicht und er konnte auch keine Erreger im Blut nachweisen. In einer vierten Versuchsreihe mischte er durch Hitze abgetötete Erreger des S-Stammes mit lebenden Zellen des R-Stammes. Die Mäuse erkrankten an Lungenentzündung und starben. Im Blut ließen sich lebende S-Zellen nachweisen.

2 Beschreiben Sie die Durchführung der Versuche, durch die AVERY die DNA als transformierendes Prinzip nachwies!
AVERY isolierte S-Zellen durch Zentrifugation aus dem Kulturmedium. Diese wurden durch Hitzebehandlung abgetötet. Anschließend wurden die Zellwände aufgebrochen. Durch Filtration gewann er einen Zellextrakt, in dem die Inhaltsstoffe der S-Zellen enthalten waren. Kohlenhydrate, Proteine und Lipide wurden entfernt. Dieser so behandelte Zellextrakt transformierte R-Zellen zu S-Zellen. Nachdem dieser Zellextrakt mit Proteasen und auch mit RNasen behandelt worden war, konnte nach beiden Behandlungen immer noch eine Transformation von R-Zellen in S-Zellen beobachtet werden. Nach einer Behandlung des Zellextraktes mit DNasen wurden avirulente R-Zellen nicht mehr in virulente S-Zellen transformiert. Diese Versuchsreihe bewies, dass DNA das transformierende Prinzip darstellte und nicht RNA oder Proteine.

3 Vergleichen Sie die Lokalisation des genetischen Materials in prokaryotischen und eukaryotischen Zellen!
Gemeinsamkeiten: Jede prokaryotische und jede eukaryotische Zelle enthält Nukleinsäuren in ihrem Inneren.
Unterschiede: Prokaryotische Zellen besitzen keinen Zellkern. Das genetische Material liegt als freies DNA-Molekül in den Zellen in einer Region vor, die als Nukleoid bezeichnet wird. Häufig besitzen diese Zellen weitere DNA-Moleküle in Form von Plasmiden im Zellplasma.
In eukaryotischen Zellen befindet sich ein Nukleus, der von einer Kernmembran umschlossen ist. In diesem Nukleus befindet sich das genetische Material in Form von Chromosomen aus DNA-Molekülen. In den Chloroplasten und Mitochondrien dieser Zellen befinden sich ebenfalls DNA-Moleküle.

4 Nennen Sie die genetischen Informationsspeicher in pflanzlichen und tierischen Zellen!
In tierischen Zellen liegen die Erbinformationen in den Chromosomen im Nukleus vor. Daneben finden sich weitere Erbinformationen in den Mitochondrien, die für die Energiebereitstellung in der Zelle lebensnotwendig sind. In pflanzlichen Zellen gibt es noch einen dritten genetischen Informationsspeicher. Die Chloroplasten, die für die Fotosynthese verantwortlich sind, enthalten ebenfalls eigene DNA-Moleküle.

Seite 65 (Material)

Material A – Transformationsexperiment

A1 Beschreiben Sie das Versuchsergebnis!
HOTCHKISS und MARMUR arbeiteten mit Zellen eines *Pneumococcus*-Stammes, der den Zucker Mannit zur Energiegewinnung nutzen konnte und gleichzeitig gegen das Antibiotikum Streptomycin resistent war. Sie gewannen aus diesen Zellen einen Zellextrakt, zu dem sie Zellen eines anderen *Pneumococcus*-Stammes gaben, der Mannit nicht nutzen konnte und gegenüber dem Antibiotikum Streptomycin sensibel war. Sie konnten später einige Zellen isolieren, die sowohl Mannit verarbeiten konnten als auch gegenüber dem Antibiotikum Streptomycin resistent waren. Andere Zellen konnten entweder Mannit nutzen oder waren resistent gegenüber Streptomycin. Die überwiegende Anzahl an Zellen wies allerdings keine neuen Merkmale auf.

A2 Erläutern Sie das Versuchsergebnis!
Im Zellextrakt war das genetische Material, die DNA, der Pneumokokken enthalten, die Mannit nutzen konnten und gegen das Antibiotikum Streptomycin resistent waren. Einige Zellen des anderen Stammes nahmen Bruchstücke der fremden DNA aus der Kulturflüssigkeit auf und integrierten diese in ihre eigene DNA. Einige DNA-Fragmente enthielten die Informationen, die für die Verarbeitung von Mannit oder für die Ausbildung einer Resistenz gegen Streptomycin verantwortlich waren. Diesen Prozess der Informationsaufnahme durch Integration fremder DNA in das zelleigene Genom bezeichnet man als Transformation.

A3 Begründen Sie, welche Bedeutung dieses Versuchsergebnis für die Molekulargenetik besitzt!
Durch diese Versuchsergebnisse wurden die Ergebnisse und Aussagen von AVERY bestätigt. DNA ist das transformierende Prinzip und nicht Proteine. In der DNA ist die Erbinformation der Bakterienzellen gespeichert.

Material B – Die Hershey-Chase-Experimente

B1 Beschreiben und begründen Sie die Versuchsdurchführung!
In den beiden Versuchen von HERSHEY und CHASE wurden T2-Viren, typische *E.-coli*-Phagen, entweder mit dem radioaktiven Phosphor-Isotop ^{32}P oder mit dem radioaktiven Schwefel-Isotop ^{35}S markiert. Schwefel ist in der Aminosäure Cystein enthalten und ist daher Bestandteil der Proteine. Phosphor ist ein Bestandteil der Nukleotide und kommt deshalb in Nukleinsäuren vor, aber nicht in Proteinen. Es entstanden also T2-Phagen, die entweder ^{35}S in den Proteinen ihrer Hüllen oder ^{32}P in ihrer DNA enthielten. Auf diese Weise können Proteine und Nukleinsäuren eindeutig markiert und später wieder identifiziert werden.
Diese markierten T2-Phagen gab man zu nicht markierten *E.-coli*-Zellen. Die Phagen hefteten sich an die Zellwände an und injizierten ihre DNA in das Innere der *E.-coli*-Zellen. Die Phagenhüllen, die sich an der äußeren Membran der Bakterien befanden, wurden durch Behandlung in einem Mixer abgetrennt. Anschließend untersuchte man, ob die Phagenhüllen oder die infizierten Bakterienzellen radioaktiv waren.

B2 Formulieren Sie das Versuchsergebnis!
Nur in den Bakterien, die von ^{32}P-markierten Phagen infiziert wurden, konnte Radioaktivität nachgewiesen werden. Die abgetrennten Phagenhüllen waren in diesem Fall nicht radioaktiv.
In den Bakterien, die von ^{35}S-markierten Phagen infiziert wurden, konnte keine Radioaktivität nachgewiesen werden. In diesem Fall waren aber die abgetrennten Phagenhüllen radioaktiv.

B3 Deuten Sie das Versuchsergebnis!
Werden in den infizierten Bakterienzellen neue Phagen gebildet, ist lediglich die neu synthetisierte DNA der T2-Phagen radioaktiv markiert, nicht aber die neu synthetisierten Proteine. Daraus lässt sich eindeutig ableiten, dass auch bei Phagen die Erbinformationen in einem Nukleinsäuremolekül gespeichert sind und nicht in einem Proteinmolekül. Da radioaktiv markierte Proteine der Hülle nicht in die Wirtszellen gelangen, muss das Molekül, das in die Zellen eingedrungen ist, verantwortlich für die Produktion neuer Phagen sein. Dieses Molekül ist eine Nukleinsäure, die DNA.

Der Bau der Nukleinsäuren

Seite 66–70

1 Beschreiben Sie den Aufbau eines Nukleotids der DNA!
Ein Nukleotid besteht aus drei verschiedenen Bausteinen: einer Pentose, einer von vier verschiedenen Basen und einer Phosphatgruppe. Die Pentose ist ein Zuckermolekül aus fünf C-Atomen, dem am 2'-C-Atom ein Sauerstoffatom fehlt. Es handelt sich dabei um eine Desoxyribose. Am 1'-C-Atom des Zuckermoleküls ist eine von vier verschiedenen Basen und am 5'-C-Atom ist eine Phosphatgruppe gebunden. Die Basen unterteilt man in die Purinbasen Adenin und Guanin sowie in die Pyrimidinbasen Cytosin und Thymin.

2 Erklären Sie, weshalb Forscher Gewebeproben durch chemische DNA-Analysen einer Art zuordnen können!
Erwin CHARGAFF fand durch chemische Untersuchungen an DNA-Molekülen aus verschiedenen Lebewesen heraus, dass in einem Molekül die Mengen von Adenin und Thymin immer in einem Verhältnis von 1:1 auftreten. Entsprechendes gilt für die beiden Basen Cytosin und Guanin. Deren Mengenverhältnis ist ebenfalls immer exakt gleich. Die Summe von Adenin und Guanin entspricht auch immer der Summe der beiden Basen Cytosin und Thymin. Diese Befunde gelten für alle Zellen eines Lebewesens unabhängig davon, aus welchem Gewebe die Zellen isoliert werden. Diese Übereinstimmungen verändern sich auch nicht durch Umweltfaktoren. Allerdings unterscheiden sich die Häufigkeiten der beiden Basenpaare in unterschiedlichen Lebewesen voneinander, die Häufigkeiten sind artspezifisch. Deshalb kann man verschiedene Gewebeproben eindeutig jeweils einer Art zuordnen.

3 Beschreiben Sie die wesentlichen Kennzeichen des Watson-Crick-Modells!
Das Watson-Crick-Modell beschreibt den Aufbau und die räumliche Struktur eines DNA-Moleküls. Es besteht aus zwei Polynukleotidketten, in denen die einzelnen Nukleotide der beiden Ketten über Phosphodiesterbindungen miteinander verknüpft sind. Dabei verbindet sich eine Hydroxylgruppe des Phosphats mit der Hydroxylgruppe der Desoxyribose unter Wasserfreisetzung. Die beiden Stränge sind antiparallel zueinander angeordnet. Dies hat zur Folge, dass die beiden Stränge unterschiedliche Enden besitzen, die eindeutig definiert werden können. Wenn der eine Strang an dem einen Ende mit einer 3'-OH-Gruppe der Desoxyribose beginnt, befindet sich an dem gegenüberliegenden Strang das 5'-Phosphatende. Der erste Strang endet mit einem 5'-Phosphatende und der gegenüberliegende Strang besitzt

hier die freie 3'-OH-Gruppe. Jeder Strang besitzt also ein 3'-Ende und ein 5'-Ende.
Die Basen der Nukleotide ragen in das Innere des Stranges und liegen einander gegenüber. Dadurch kommt es zu einer Ausbildung von Wasserstoffbrückenbindungen zwischen den komplementären Basen Adenin und Thymin sowie Cytosin und Guanin. Das Basenpaar Adenin und Thymin bildet zwei Wasserstoffbrücken aus, während das Basenpaar Guanin und Cytosin drei Wasserstoffbrücken ausbildet.
Die beiden Stränge sind nicht linear nebeneinander angeordnet, sondern rechtsgängig schraubenartig in einer Doppelhelix gegeneinander verdreht. Auf eine vollständige Windung kommen zehn Basenpaare, jede Windung ist 3,4 Nanometer lang. Das bedeutet, dass zwei aufeinander folgende Basenpaare einen Abstand von 0,34 Nanometern zueinander besitzen. Der Durchmesser der Doppelhelix beträgt zwei Nanometer. Durch die Windungen der Doppelhelix um die zentrale Achse ergeben sich immer abwechselnd eine große und eine kleine Furche.

4 Vergleichen Sie den Aufbau von DNA und RNA!
Gemeinsamkeiten: Sowohl DNA- als auch RNA-Moleküle sind aus einzelnen Nukleotiden aufgebaut, die über Phosphodiesterbindungen miteinander verknüpft sind. Es gibt also in beiden Molekülen eine eindeutige 5'-3'-Orientierung.
Unterschiede: In der RNA bildet die Base Uracil zwei Wasserstoffbrückenbindungen mit der Base Adenin, während in der DNA die Basen Thymin und Adenin durch zwei Wasserstoffbrückenbindungen miteinander verknüpft sind. Als Zucker ist in der RNA die Ribose und in der DNA die Desoxyribose eingebaut. Ribose besitzt am 2'-C-Atom eine Hydroxylgruppe, während der Desoxyribose dort ein Sauerstoffatom fehlt, sodass sich am 2'-C-Atom ein Wasserstoffatom befindet. RNA-Moleküle liegen im Gegensatz zu DNA-Molekülen überwiegend als Einzelstrang vor und sind wesentlich kürzer als DNA-Moleküle.

5 Beschreiben Sie den Aufbau der tRNA!
Ein tRNA-Molekül besteht aus etwa 75 bis 90 Nukleotiden, die in der charakteristischen Kleeblattstruktur, angeordnet sind. Darin wechseln sich Abschnitte mit gepaarten komplementären Basen, den Stämmen, mit ungepaarten Abschnitten, den Schleifen, ab. Am freien 3'-Ende befinden sich immer die drei Basen CCA. An das endständige Adenin wird die Aminosäure für den Translationsvorgang gebunden.
Zusatzinformation: Das 5'- und 3'-Ende einer tRNA sind über einen aus sieben Basenpaaren bestehenden Stamm miteinander verbunden. Dabei ist das 3'-Ende länger mit den charakteristischen drei Basen CCA. Da hier die Aminosäure gebunden wird, spricht man auch vom Akzeptorarm. Der nach links zeigende Arm enthält mehrere Nukleotide mit der ungewöhnlichen Base Dihydrouridin und wird deshalb als D-Arm bezeichnet. Der nach rechts zeigende Arm enthält immer die Nukleotidfolge Thymin, Pseudouridin und Cytosin, kurz TYC, und wird als T-Arm oder TYC-Arm bezeichnet. An diesen Arm schließt sich in Richtung des Anticodons eine variable Region an, die deshalb auch als V-Schleife bezeichnet wird. Insgesamt sind über 30 Variationen von Nukleotiden in tRNA-Molekülen bekannt. Die Modifikation erfolgt durch Enzyme, nachdem die Basen als „normale" Basen in die tRNA eingebaut worden sind.

6 Erläutern Sie die Bedeutung der Ribozyme!
Ribozyme bestehen aus einem Protein- und einem RNA-Anteil. Sie enthalten ein aktives Zentrum ebenso wie Enzyme und katalysieren bestimmte Reaktionen. Damit haben sie eine enzymatische Funktion.
Die Entdeckung dieser katalytisch aktiven RNA-Anteile der Ribozyme führte zu der Hypothese, dass der Stoffwechsel der frühen Lebewesen auf der Erde zunächst von RNA-Molekülen katalysiert wurde und sich erst später im Verlauf der Evolution Proteine mit katalytischer Funktion gebildet haben.
Zusatzinformation: Durch Versuche konnte 2011 nachgewiesen werden, dass sich RNA-Moleküle unter geeigneten Bedingungen auch ohne die Mithilfe von Enzymen replizieren können. Diese Verdopplung ist für die Weitergabe biologischer Information von entscheidender Bedeutung. Wenn diese Verdopplung auch ohne Proteine möglich ist, ist der wichtigste Einwand gegen die Hypothese einer möglichen frühen RNA-Welt entkräftet.

Seite 71 (Material)

Versuch A – Versuche mit DNA

A1 Führen Sie das Experiment vollständig durch und erstellen Sie mithilfe der Abbildung ein Versuchsprotokoll bis zur Beobachtung!
Fragestellung: Lässt sich aus den Zellen einer Zwiebel DNA isolieren?
Hypothese: DNA lässt sich aus Zwiebelzellen isolieren oder DNA lässt sich nicht aus Zwiebelzellen isolieren.
Geräte und Material:
- Messer, Mörser und Pistill, kleines und großes Becherglas, Wasserbad, Trichter, Filtrierpapier, Reagenzglas, Glasstab
- Zwiebel, Wasser, Natriumchlorid, Natriumzitrat, Spülmittel, Eis, Vollwaschmittel, -20 Grad Celsius kaltes 96-prozentiges Ethanol

Durchführung: Die Zwiebel wird mit einem Messer gewürfelt. Nach Zugabe von 50 Millilitern Wasser, zwei Gramm Natriumchlorid, einem Gramm Natriumzitrat und fünf Milliliter Spülmittel wird die gewürfelte Zwiebel in einem Mörser fein zerrieben. Anschließend wird die

Suspension in ein Becherglas überführt und für 15 Minuten in einem Wasserbad bei 60 Grad Celsius erwärmt. Nach Abkühlen auf Eis wird die Suspension in ein Reagenzglas filtriert. Das Filtrat wird mit einem Gramm Waschpulver versetzt und anschließend vorsichtig mit 20 Millilitern eiskaltem Ethanol überschichtet.
Beobachtung: In der oberen Ethanolschicht fallen weiße Fäden aus, die vorsichtig auf einen Glasstab aufgewickelt werden können.
Zusatzinformation: Anstelle einer Zwiebel können auch andere Obst- und Gemüsesorten verwendet werden wie Banane, Apfel, Paprika, Möhre, Zucchini, Tomate oder Kiwi, um DNA zu isolieren.
Das Erwärmen der Suspension in Schritt 2 führt zu einer Erhöhung der Reaktionsgeschwindigkeit und damit zu einer schnelleren Zerstörung der Zellmembranen entsprechend der RGT-Regel. Außerdem wird bei dieser Temperatur die Aktivität der DNasen gehemmt. Ein zu langes Erwärmen führt aber auch zu einer verstärkten Zerstörung der DNA, deshalb wird die Lösung wieder abgekühlt. Je höher die Konzentration an Ethanol ist, desto größer ist die Ausbeute an DNA. Deshalb sollte 96-prozentiges Ethanol verwendet werden.
***Vorsicht**: Ethanol ist leicht entzündlich!*

Die im Experiment extrahierte DNA kann für den Nachweis von Phosphat und Desoxyribose genutzt werden. Je nach Ausstattung des Schullabors können die Nachweisreaktionen von mehreren Gruppen von Schülerinnen und Schülern oder als Lehrerversuch durchgeführt werden.
Durchführung und Ergebnisse der Nachweisreaktionen:
Nach Zugabe von fünf Millilitern konzentrierter Schwefelsäure zur aufgewickelten DNA in dem Reagenzglas wird diese für 15 Minuten in einem Wasserbad bei 60 Grad Celsius erhitzt. Anschließend lässt man das DNA-Hydrolysat abkühlen.
1. Nachweis von Phosphat:
Ein Milliliter des Hydrolysats wird so lange mit konzentrierter Salpetersäure versetzt, bis ein auftretender Niederschlag sich wieder löst. Die Lösung wird im kochenden Wasserbad für fünf Minuten erhitzt und mit fünf Tropfen Ammoniummolybdat versetzt. Dabei bildet sich ein gelber Niederschlag. Diese Gelbfärbung zeigt die Anwesenheit von Phosphat an.
In saurer Lösung bildet sich aus Ammoniummolybdat zunächst Isopolymolybdänsäure, die mit Phosphat zu Ammoniummolybdatophosphat reagiert, wobei die vier Sauerstoffatome des Phosphats durch vier Mo_3O_{10}-Gruppen ersetzt werden. Ammoniummolybdatophosphat ist das Ammoniumsalz der Phosphormolybdänsäure und verursacht die Gelbfärbung. Durch Erhitzen wird die Gelbfärbung intensiviert.
2. Nachweis von Desoxyribose:
Zu einem Milliliter des DNA-Hydrolysats werden zwei Milliliter Dische-Reagenz gegeben. Diese Lösung wird für zehn Minuten in einem Wasserbad bei 60 Grad Celsius erhitzt. Dabei bildet sich ein blauer Niederschlag. Diese Blaufärbung zeigt die Anwesenheit von Desoxyribose an.
Durch Säureeinwirkung entsteht aus Desoxyribose über einen nicht exakt geklärten Mechanismus unter Wasserabspaltung ω-Hydroxylävulinaldehyd oder 4-Keto-5-Hydroxypentanal. Der Aldehyd reagiert mit Diphenylamin zu sechs chromatografisch trennbaren Produkten, von denen eines im sauren Milieu blau gefärbt ist.
***Vorsicht:** Beim Arbeiten mit konzentrierten Säuren muss auf das Tragen von Schutzbrillen und Schutzhandschuhen geachtet werden. Ebenso muss ein Spritzen der Lösungen vermieden werden. Es besteht Ätzgefahr! Dische-Reagenz enthält 0,5 Gramm Diphenylamin gelöst in 50 Millilitern Eisessig unter Zusatz von 1,5 Milliliter konzentrierter Schwefelsäure. Beim Umgang mit Dische-Reagenz ist große Vorsicht geboten. Diphenylamin ist giftig beim Einatmen, beim Verschlucken und bei Kontakt mit der Haut. Es entwickelt bei Berührung mit Wasser oder Säure giftige Gase und ist leicht entzündlich. Es muss unter einem Abzug gearbeitet werden. Diphenylamin ist sehr giftig für Wasserorganismen und kann in Gewässern längerfristig schädliche Wirkungen haben. Die Lösungen sind fachgerecht zu entsorgen!*

A2 Recherchieren Sie die Funktion der eingesetzten Chemikalien für die Deutung der Beobachtung!
Die Zugabe von Natriumchlorid erhöht die Löslichkeit der DNA, sodass dadurch die Ausbeute erhöht werden kann. Natriumzitrat hemmt DNasen, die sich im Zytoplasma der Zwiebelzellen befinden. Durch die Hemmung dieser DNA-abbauenden Enzyme wird die Ausbeute weiter gesteigert. Die Zugabe von Spülmittel führt zum Auflösen der Lipidmembranen der Zellen. Dadurch werden DNA und andere Inhaltsstoffe wie Proteine aus den Zellen freigesetzt. Das Vollwaschmittel enthält Proteasen, eiweißspaltende Enzyme, die Proteine wie DNasen abbauen und verhindern, dass die DNA-Moleküle in kleine Stücke zerlegt werden. Bei einer Ethanolkonzentration von etwa 70 Prozent wird die Struktur der DNA destabilisiert und sie fällt aus. Diese Destabilisierung erfolgt durch die Verdrängung der stabilisierenden Hydrathülle um die Phosphatreste der DNA. Je niedriger die Temperatur des Ethanols ist, umso höher ist die Ausbeute an DNA. Deshalb ist Ethanol mit einer Temperatur von -20 Grad Celsius besser geeignet als Ethanol mit Zimmertemperatur.
DNA lässt sich mit diesem Verfahren aus Zwiebelzellen isolieren und wird als weiße Fäden sichtbar.

Material B – Schmelzkurven von DNA

B1 Beschreiben Sie jeweils die Kurvenverläufe in den Abbildungen A und B!

Abbildung A: Das Diagramm zeigt die relative Absorption von UV-Licht der DNA von *Pneumococcus* und *Serratia* in Abhängigkeit von der Temperatur. Beide Kurven zeigen einen sigmoidalen Verlauf. Bei einer Temperatur von etwa 75 Grad Celsius liegt die relative Absorption beider DNA-Moleküle bei etwa 1,04. Ab 82 Grad Celsius nimmt die Absorption der *Pneumococcus*-DNA stark zu und erreicht bei etwa 92 Grad Celsius ihren maximalen Absorptionswert von 1,44. Die Absorption der *Serratia*-DNA steigt bis 88 Grad Celsius nur langsam an, zeigt dann einen steilen Verlauf und hat ihr Absorptionsmaximum bei 96 Grad Celsius mit einem Wert von 1,38.

Abbildung B: Das Diagramm zeigt die jeweilige Schmelztemperatur T_m von DNA-Molekülen sechs verschiedener Lebewesen in Bezug zum GC-Gehalt der DNA. Die Schmelztemperatur der DNA steigt mit zunehmendem GC-Gehalt geradlinig an. Die DNA von Lebewesen mit einem geringen GC-Gehalt besitzt einen niedrigen T_m-Wert. Bei einem GC-Gehalt der DNA von etwa 40 Prozent wie bei *E. coli* beträgt die Schmelztemperatur etwa 89 Grad Celsius. Bei einem GC-Gehalt der DNA von etwa 62 Prozent wie bei *Micrococcus* beträgt die Schmelztemperatur circa 96 Grad Celsius.

B2 Begründen Sie den unterschiedlichen Verlauf der beiden Kurven in Abbildung A! Ermitteln Sie T_m!

T_m ist die Temperatur, bei der die Hälfte der DNA-Moleküle als Einzelstrang vorliegt, da durch die Zunahme der Temperatur die Wasserstoffbrückenbindungen zwischen den komplementären Basen aufgebrochen werden. Dies geschieht zunächst nur vereinzelt, deshalb steigt die Absorption nur langsam an. Bei weiterer Erhöhung der Temperatur werden immer mehr Wasserstoffbrückenbindungen gelöst und die Absorption steigt rapide an. Mit Abnahme der Anzahl der noch bestehenden Wasserstoffbrückenbindungen brechen immer weniger Wasserstoffbrückenbindungen auf, sodass die Absorption nur noch ganz leicht zunimmt und dann ihr Maximum erreicht. Daraus resultiert der charakteristische S-förmige Verlauf.

Mit Zunahme der Anzahl der GC-Basenpaare wird die DNA stabiler, da dieses Basenpaar drei Wasserstoffbrückenbindungen ausbildet. Je höher der GC-Anteil in einem DNA-Molekül ist, desto höher ist auch die Schmelztemperatur. Die DNA von *Serratia* hat einen höheren GC-Gehalt als die DNA von *Pneumococcus*. Deshalb lösen sich bei der *Serratia*-DNA die Wasserstoffbrückenbindungen zwischen den Basen bei höheren Temperaturen als bei der *Pneumococcus*-DNA. Folglich nimmt die Absorption von UV-Licht bei der *Serratia*-DNA erst bei höheren Temperaturen zu als bei der *Pneumococcus*-DNA.

Die Schmelztemperatur der *Pneumococcus*-DNA beträgt etwa 86 Grad Celsius, die Schmelztemperatur der *Serratia*-DNA beträgt etwa 92 Grad Celsius.

B3 Entwickeln Sie eine Hypothese zur Erklärung der unterschiedlichen Schmelztemperatur bei verschiedenen Lebewesen!

Lebewesen unterscheiden sich in Bezug auf die Zusammensetzung ihrer DNA-Moleküle in der Häufigkeit der verschiedenen Basen. Die Zunahme des GC-Gehaltes hängt nicht mit dem Auftreten der Lebewesen im zeitlichen Ablauf der Evolution zusammen. Ein Grund für den unterschiedlichen GC-Gehalt könnte ein evolutionärer Vorteil sein. DNA mit einem höheren GC-Gehalt ist thermisch stabiler und könnte einem Lebewesen bei schwankenden oder steigenden Temperaturen das Überleben sichern.

Ein Hinweis darauf könnte der relativ geringe GC-Gehalt bei Wirbeltieren sein. Für Bakterien, die unter stark variablen Umweltbedingungen existieren, könnte ein hoher GC-Gehalt mit größerer Temperaturstabilität ein Selektionsvorteil sein.

Von der DNA zum Chromosom

Seite 72–73

1 Beschreiben Sie die unterschiedlichen Stufen der Verdichtung eukaryotischer DNA!

Die DNA-Moleküle sind im ersten Schritt der Verdichtung auf die basischen Histonproteine gewickelt. Acht Histone bilden einen Kern, um den ein 147 Basen langer DNA-Abschnitt gewunden ist. Diese Einheit wird als Nukleosom bezeichnet. Ein Nukleosom besitzt einen Durchmeser von 11 Nanometern bei einer Höhe von 6 Nanometern. Diese Nukleosomen sind wie die Perlen einer Kette aufgereiht und durch kurze DNA-Abschnitte, die Linker-DNA, miteinander verbunden. Durch diese Verdichtung wird ein DNA-Molekül auf ein Drittel seiner ursprünglichen Länge verkürzt. Diese Perlenkette verdrillt sich weiter zu 30 Nanometer dicken Filamenten. Durch eine Schleifenbildung bilden sich Rosetten mit sechs Schleifen, woraus der 300 Nanometer dicke Chromatinfaden besteht. Durch weitere Aufwindung bildet sich das 700 Nanometer dicke Chromatid. Ein Zwei-Chromatiden-Chromosom im Metaphasestadium besitzt damit einen Durchmesser von 1400 Nanometern.

2 Berechnen Sie die Gesamtlänge aller DNA-Moleküle des menschlichen Körpers hintereinandergereiht! Beachten Sie dabei, dass das menschliche Genom aus 3,2 x 10^9 Nukleotiden und der menschliche Körper aus etwa 10^{14} Zellen, ohne Erythrozythen aus 7,5 x 10^{13} Zellen besteht! Nennen Sie passende Vergleichsmaßstäbe!

Die DNA einer menschlichen Zelle enthält etwa 3,2 Milliarden, also 3,2 x 10^9, Nukleotide. Diese Nukleotide haben einen Abstand von 0,34 Nanometer, also 3,4 x 10^{-10} Meter, zueinander. Damit ergibt sich eine Gesamtlänge von etwa einem Meter. In einer diploiden Zelle ist jedes Chromosom zweimal vorhanden. Also beträgt die Länge aller DNA-Moleküle zwei Meter pro Zelle. Der menschliche Körper besteht durchschnittlich aus etwas 100 Billionen, 10^{14}, Zellen. Zieht man die 25 Billionen, 2,5 x 10^{13}, roten Blutkörperchen ohne Nukleus ab, bleiben 7,5 x 10^{13} Zellen übrig. Daraus ergibt sich eine Gesamtlänge aller DNA-Moleküle von 150 Billionen Meter, also 1,5 x 10^{14} Metern, oder 150 Milliarden Kilometern.

Eine solche Länge wird erreicht, wenn man die Erde auf Äquatorhöhe etwa vier Millionen Mal umrundet, die Strecke von der Erde zum Mond fast 40 000-mal oder die Entfernung zwischen Erde und Sonne etwa 1000-mal zurücklegt.

Zusatzinformation: Bei der Berechnung wurden die haploiden Geschlechtszellen nicht berücksichtigt.

Replikation der DNA

Seite 74–76

1 Beschreiben Sie die Durchführung des Meselson-Stahl-Experiments!

MESELSON und STAHL züchteten *E.-coli*-Bakterien in einem Medium, das als Stickstoffquelle das Stickstoffisotop ^{15}N enthielt. Nach einiger Zeit überführten sie die Bakterienzellen in ein Medium, welches das Stickstoffisotop ^{14}N enthielt. Nach 20 und nach 40 Minuten entnahmen sie Zellen, brachen sie auf, extrahierten ihre DNA und reinigten diese.

Mithilfe der Dichtegradientenzentrifugation ist es möglich, Moleküle unterschiedlicher Dichte voneinander zu trennen und damit zu unterscheiden. Lösungen geeigneter Salze wie Cäsiumchlorid bilden durch Zentrifugation Dichtegradienten aus. Das heißt, ihre Dichte nimmt innerhalb des Zentrifugenröhrchens von der Oberfläche zum Boden kontinuierlich zu. Moleküle sammeln sich an der Position in der Lösung an, die ihrer eigenen Dichte entspricht.

MESELSON und STAHL gaben die DNA der Bakterienzellen, die sie nach 20 und nach 40 Minuten entnommen hatten, auf einen solchen Dichtegradienten. Mithilfe von UV-Strahlung machten sie die Ansammlungen von DNA-Molekülen derselben Dichte als Banden im Gradienten sichtbar.

2 Erläutern Sie, inwiefern das Experiment die Hypothese der semikonservativen Replikation bestätigt!

DNA aus Bakterien, die über längere Zeit in einem Medium mit ^{15}N als Stickstoffquelle gewachsen sind, enthält ausschließlich das ^{15}N-Isotop in den stickstoffhaltigen Nukleotiden. Diese ^{15}N-haltige DNA hat eine höhere Dichte als ^{14}N-haltige DNA und wandert in einem Gradienten weiter in Richtung Röhrchenboden.

Da alle Bakterien zunächst in einem Medium mit dem ^{15}N-Isotop gezüchtet wurden, haben alle DNA-Moleküle dieselbe Dichte und es ergibt sich nach der Dichtegradientenzentrifugation eine im UV-Licht sichtbare Bande im Gradienten, die im unteren Bereich des Zentrifugenröhrchens zu finden ist.

Nach einer Zellteilung in einem Medium mit dem ^{14}N-Isotop wird dieses Isotop in die DNA eingebaut und es ergibt sich nach der Dichtegradientenzentrifugation wieder eine Bande. Diese befindet sich aber nicht so weit unten im Gradienten. Diese DNA muss also eine geringere Dichte haben als ^{15}N-haltige DNA.

Nach einer zweiten Zellteilung in dem Medium mit dem ^{14}N-Isotop ergeben sich zwei Banden nach der Dichtegradientenzentrifugation. Eine Bande befindet sich auf der gleichen Höhe wie nach der ersten Zellteilung. Die zweite Bande befindet sich oberhalb davon. Die DNA der zweiten Bande muss also eine geringere Dichte haben als die DNA nach der ersten Zellteilung. Demnach können die DNA-Moleküle der zweiten Bande lediglich das ^{14}N-Isotop enthalten.

Diese Ergebnisse können nur mit der Hypothese der semikonservativen Replikation widerspruchsfrei begründet werden.

3 Stellen Sie den Ablauf der DNA-Replikation in einem Flussdiagramm dar!

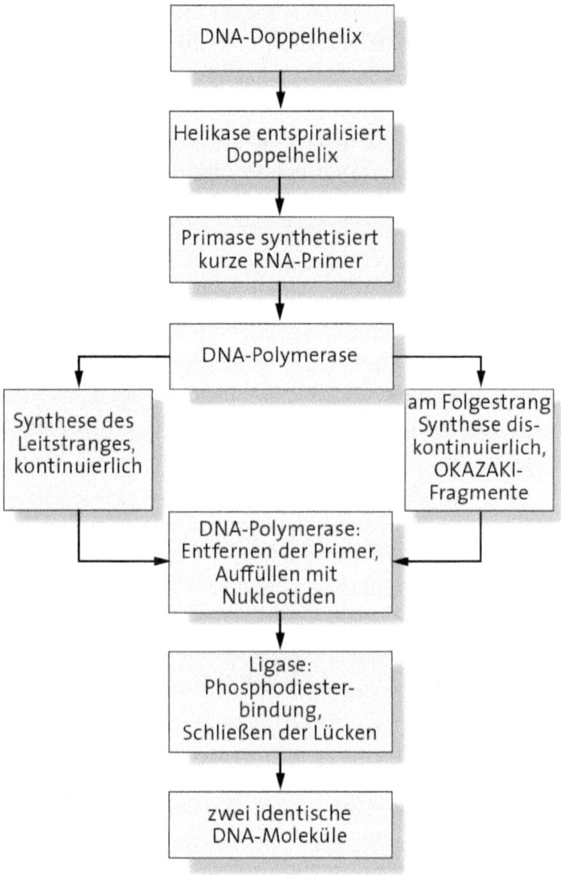

Zusatzinformation: E. coli besitzt mindestens fünf verschiedene DNA-Polymerasen, die an der Replikation beziehungsweise an der Reparatur von DNA-Schäden beteiligt sind. Die DNA-Polymerase Pol III übernimmt die Hauptaufgabe der eigentlichen Replikation. Sie baut etwa 1000 Nukleotide in einer Sekunde in ein neu entstehendes DNA-Molekül ein. Pol I besitzt zusätzlich eine Endonuklease-Akitivität. Sie entfernt die kurzen RNA-Primersequenzen und füllt dann die entstandenen Lücken mit DNA-Nukleotiden auf. Pol II ist an der Reparatur von DNA-Schäden beteiligt. Beide Enzyme arbeiten mit einer Geschwindigkeit von etwa 50 Nukleotiden pro Sekunde.
In eukaryotischen Zellen kommen mehr als 15 verschiedene DNA-Polymerasen vor, die an der fehlerfreien Synthese der neuen DNA-Moleküle beteiligt sind.

Seite 77 (Material)

Material A – Replikationsmodelle

A1 Beschreiben Sie die Abbildung!

Die Abbildung zeigt vier Zentrifugenröhrchen nach einer Dichtegradientenzentrifugation. DNA aus Zellen, die in ^{15}N-Medium gewachsen sind, wandert am weitesten in den Gradienten und sammelt sich in einer Bande.
Nach einer Replikation ergibt sich wieder eine DNA-Bande, die sich aber nicht so weit unten befindet wie im ersten Röhrchen. Nach zwei Replikationen sind zwei DNA-Banden sichtbar. Die untere Bande hat dieselbe Position wie die Bande aus dem zweiten Röhrchen, während die zweite Bande oberhalb davon zu finden ist. Im vierten Röhrchen nach drei Replikationen ist in Bezug auf Position und Anzahl der Banden das gleiche Ergebnis wie im dritten Röhrchen zu finden. Dagegen unterscheidet sich die Stärke der Banden. Die obere Bande ist doppelt so stark wie die untere Bande.

A2 Skizzieren Sie die theoretisch zu erwartenden Ergebnisse für die konservative und disperse Modellvorstellung bis zur dritten Bakteriengeneration!

konservative Modellvorstellung

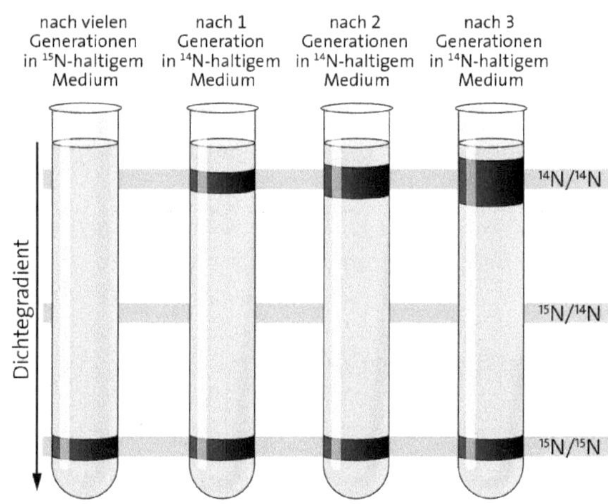

disperse Modellvorstellung

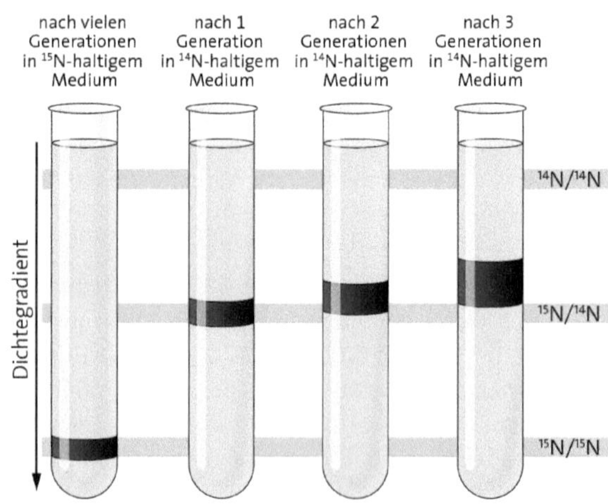

A3 Erläutern Sie Ihre Vorhersagen!
Prognose für die konservative Replikation: Nach der ersten Replikation ergeben sich zwei Banden. Eine DNA-Bande entspricht der ursprünglichen Bande mit ^{15}N-haltiger DNA. Die zweite Bande ist weiter oben angesiedelt und besteht aus ^{14}N-haltiger DNA. Diese beiden Banden treten auch nach einer zweiten und dritten Replikation auf. Es verbreitert sich lediglich die obere Bande aus ^{14}N-haltiger DNA, da bei diesen Replikationen nur DNA-Moleküle entstehen, die ausschließlich das ^{14}N-Isotop in den stickstoffhaltigen Nukleotiden enthalten.
Prognose für die disperse Replikation: Nach dieser Hypothese entstehen DNA-Moleküle, die das ^{15}N- und das ^{14}N-Isotop enthalten, wobei der Anteil des ^{14}N-Isotops immer mehr zunimmt. Dies hätte zur Folge, dass immer nur eine Bande auftritt, die sich nach jeder Replikation weiter oben im Röhrchen befindet, da sie eine immer geringere Dichte aufweist.

A4 Begründen Sie, weshalb durch das in der Abbildung dargestellte Ergebnis das semikonservative Modell bestätigt wird!
Nach der ersten Replikation kann die Hypothese der konservativen Replikation bereits ausgeschlossen werden. Es tritt lediglich eine DNA-Bande nach der Dichtegradientenzentrifugation auf. Laut der Hypothese der konservativen Replikation hätten aber zwei Banden auftreten müssen.
Laut der Hypothese der dispersen Replikation ist stets nur eine Bande zu erwarten, die nach jeder Zellteilung aufgrund der abnehmenden Dichte der DNA-Moleküle immer höher im Röhrchen positioniert ist. Da aber nach der zweiten Replikation zwei Banden auftreten, kann jetzt auch diese Hypothese falsifiziert werden. Die DNA-Replikation erfolgt also entsprechend dem semikonservativen Modell.

Material B – Telomere und Tod

B1 Beschreiben Sie die Abbildungen A und B!
An dem grün gefärbten Chromosom der mikroskopischen Aufnahme in Abbildung A sind deutlich die blau gefärbten Telomere an den Enden des Chromosoms zu erkennen. In dem Schema der Abbildung B wird deutlich, dass das Telomer eines Chromosoms aufgrund von Zellteilungen immer kürzer wird.

B2 Erläutern Sie den Zusammenhang zwischen den Abbildungen B und C!
In Abbildung C sind drei Alpenstrandläufer unterschiedlichen Alters dargestellt. Diesen einzelnen Altersstufen können die drei Chromosomendarstellungen zugeordnet werden, die sich in der Länge des Telomers unterscheiden. Das Chromosom des jüngsten Alpenstrandläufers hat das längste Telomer. Mit zunehmendem Alter haben bereits viele Zellteilungen stattgefunden. Bei jeder Zellteilung wird die DNA repliziert. Dabei geht ein Stück des Telomers verloren, da die DNA-Polymerase am 3′-Ende des Folgestrangs die Lücke, die der RNA-Primer hinterlässt, nicht füllen kann. Beim ausgewachsenen Vogel, bei dem die meisten Zellteilungen und somit die meisten DNA-Replikationen stattgefunden haben, hat sich das Telomer am stärksten verkürzt.

B3 Erläutern Sie an diesem Beispiel das Basiskonzept Struktur und Funktion!
Da die Telomere keine entscheidende genetische Information tragen, sondern nur aus bis zu 1000-fachen Wiederholungen der Basensequenz TTAGGG bestehen, gehen bei der Zellteilung keine genetischen Informationen verloren, sondern es werden nur die Telomere verkürzt. Die Telomere haben also die Funktion, die Zellen vor dem Verlust genetischer Information zu schützen. Mit jeder Replikation geht ein Stück des Telomers verloren. Wird durch diese Verluste das Telomer aufgebraucht, verliert die Zelle ihre Teilungsfähigkeit und die Zelle stirbt ab. Wenn das Telomer als Struktur nicht mehr vorhanden ist, wird dessen Funktion nicht mehr erfüllt.

3 Vom Gen zum Genprodukt

Die Funktion von Genen

Seite 78–80

1 Beschreiben Sie die Durchführung des Versuchs, mit dem BEADLE und TATUM Mangelmutanten identifizierten!
BEADLE und TATUM bestrahlten Sporen des Schimmelpilzes *Neurospora crassa* mit Röntgenstrahlung. Die so behandelten Sporen kultivierten sie auf einem Vollmedium, das alle für den Pilz überlebenswichtigen Stoffe enthielt. Auf diesem Medium konnten alle Zellen wachsen und sich vermehren. Anschließend übertrugen die beiden Forscher Zellen aus jeder Kultur auf ein Medium, dass nur eine organische Kohlenstoffquelle sowie alle notwendigen anorganischen Substanzen enthielt. Auf diesem Minimalmedium konnten nur Zellen wachsen, die keine Mutation aufwiesen. Alle Zellen, die nicht wachsen konnten, besaßen eine Mutation. Es mangelte ihnen an der Fähigkeit, einen oder mehrere Stoffe selbst zu syn-

thetisieren. Diese Zellen heißen deshalb Mangelmutanten.
Zur Identifizierung des Stoffes, den die Zellen nicht selbst herstellen konnten, gab man zum Minimalmedium immer nur eine bestimmte Substanz, zum Beispiel die Aminosäure Leucin. Konnten die Mangelmutanten unter diesen Bedingungen wachsen, fehlte ihnen also die Fähigkeit, die Aminosäure Leucin zu synthetisieren.

2 Erläutern Sie die Ein-Gen-ein-Enzym-Hypothese!
BEADLE und TATUM isolierten auf diesem Weg auch viele Arginin-Mangelmutanten. Sie stellten fest, dass nicht alle Mangelmutanten Arginin benötigten, um wachsen zu können. Einige konnten auch wachsen, wenn ihnen Zwischenprodukte aus dem Argininsyntheseweg in das Minimalmedium gegeben wurden. Einige Mutanten wuchsen bereits, wenn in das Minimalmedium Ornithin gegeben wurde, andere benötigten Citrullin. Eine dritte Gruppe benötigte dagegen Arginin. Es war in den 1940er-Jahren bereits bekannt, dass die Synthese des Arginins aus einer Vorstufe über die Zwischenprodukte Ornithin und Citrullin zum Endprodukt Arginin verläuft. BEADLE und TATUM schlussfolgerten, dass bei diesen unterschiedlichen Mutantentypen jeweils ein anderes Enzym nicht funktionierte. Aus diesem Ergebnis konnten sie die Ein-Gen-ein-Enzym-Hypothese ableiten. Sie besagt, dass ein Gen nicht zwingend für die Ausbildung eines Merkmals, zum Beispiel die Synthese der Aminosäure Arginin, codiert, sondern für die Synthese eines Enzyms, das einen Zwischenschritt in der Arginin-Synthese katalysiert.

3 Stellen Sie die historische Entwicklung des Genbegriffs in einem Flussdiagramm dar und erläutern Sie diese!

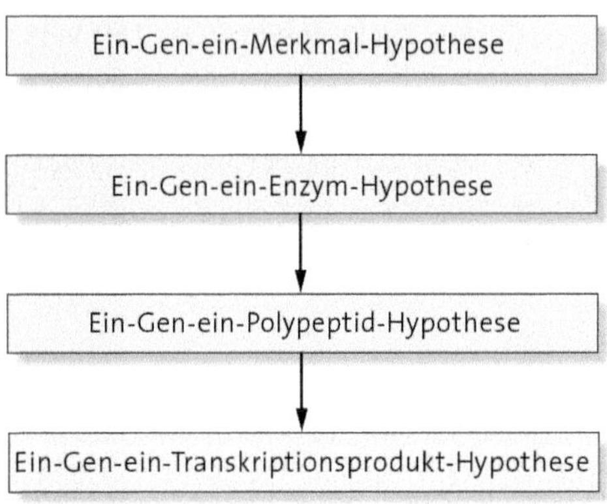

MENDELS Kreuzungsergebnisse führten dazu, dass er einen Erbfaktor postulierte, der für die Ausprägung eines Merkmals wie „runzelige Samenschale“ verantwortlich sein sollte. Durch die Ergebnisse der Untersuchungen von BEADLE und TATUM wurde deutlich, dass diese Definition nicht länger gültig sein konnte. Aus diesen Ergebnissen ergab sich, dass ein Gen für ein Enzym codierte. Die Untersuchungen an komplexen Proteinen wie dem Hämoglobin ergaben, dass große Proteinmoleküle häufig aus mehreren Polypeptidketten zusammengesetzt sind. Jeder Polypeptidkettentyp wird dabei von einem eigenen Gen codiert. Diese Erkenntnis führte zur erneuten Erweiterung des Genbegriffs, zur Ein-Gen-ein-Polypeptid-Hypothese. Die Entdeckung von RNA-Molekülen, die nicht in Proteine umgesetzt werden, wie zum Beispiel tRNA oder rRNA, aber durch Transkriptionsprozesse entstehen, führte zu der zur Zeit akzeptierten Formulierung des Genbegriffs, nach der ein Gen ein Transkriptionsprodukt darstellt.
Zusatzinformation: Neben den drei RNA-Typen mRNA, tRNA und rRNA gibt es noch weitere RNA-Typen, die wichtige Aufgaben bei der Regulation der Transkription und Translation übernehmen, so zum Beispiel die microRNA und siRNA.

Seite 81 (Material)

Material A – Augenfarbe von Drosophila melanogaster

A1 Erläutern Sie, weshalb die Mutanten in Abbildung B rote Augen besitzen!
Die Augenfarbe wird bei *Drosophila melanogaster* durch das Zusammenwirken zweier Farbstoffe ausgeprägt. Der rote Farbstoff Pteridin und der braune Farbstoff Ommochrom werden in die Ommatidien eingelagert und es entsteht die Augenfarbe des Wildtyps. Durch die Mutationen vermillion und cinnabar ist der Syntheseweg des braunen Farbstoffs unterbrochen. Es wird also nur der rote Farbstoff vollständig gebildet. Deshalb sind bei diesen Mutanten die Augen rot.

A2 Begründen Sie die unterschiedlich starke Ausprägung der roten Augenfarbe!
Die endgültige Färbung der Augen ist davon abhängig, bei welchem Schritt der Syntheseweg des braunen Farbstoffs unterbrochen ist. Wenn der Syntheseweg bereits bei Schritt 1 unterbrochen ist, da die Mutation vermillion die Blockade der Umwandlung von Tryptophan in Formylkynurenin bewirkt, sind die Augen leuchtend rot gefärbt. Die Mutation cinnabar bewirkt die Blockade des zweiten Syntheseschritts, der Umwandlung von Formylkynurenin in Hydroxykynurenin. Es wird also eine Vorstufe des braunen Farbstoffs zusammen mit dem roten Farbstoff in die Augen dieser Mutanten eingelagert. Dadurch sind deren Augen hellrot gefärbt. Beim Wildtyp entsteht das Endprodukt des Synthesewegs, das braune Pigment. Aufgrund der Einlagerung des braunen und des roten Pigments ist die Augenfarbe rot.

A3 Überprüfen Sie die unterschiedlichen Hypothesen zum Genbegriff und begründen Sie, welche Definition hier zutrifft!

Die ursprüngliche Hypothese für den Genbegriff, die Ein-Gen-ein-Merkmal-Hypothese, trifft hier nicht zu, da mehrere Gene an der Ausprägung eines Augenfarbstoffs beteiligt sind. Außerdem sind zwei Farbstoffe für die Augenfarbe verantwortlich.

Die Ein-Gen-ein-Enzym-Hypothese trifft auf dieses Beispiel zu. Durch eine bestimmte Mutation kann das zugehörige Enzym nicht mehr seine Funktion erfüllen, das Genprodukt wird nicht mehr produziert.

Da alle Enzyme Proteine und damit Polypeptide sind, trifft sowohl die Ein-Gen-ein-Protein- als auch die Ein-Gen-ein-Polypeptid-Hypothese zu. Auch die Ein-Gen-ein-Transkriptionsprodukt-Hypothese trifft auf dieses Beispiel zu, da jedes Protein in der DNA codiert ist und durch einen Transkriptions- und Translationsprozess in eine Aminosäuresequenz realisiert wird.

Material B – Analyse eines Synthesewegs

B1 Ermitteln und begründen Sie die Reihenfolge der einzelnen Zwischenprodukte und ordnen Sie die entsprechenden Enzyme den fünf Reaktionen zu!

Alle Mutanten können nach Zugabe von Tryptophan, dem Endprodukt der Synthesekette, auf dem Minimalmedium wachsen. Aus dem Wachstum von Mutante 1 wird deutlich, dass ausschließlich die Zugabe der Zwischenstufe G ebenfalls das Wachstum ermöglicht. Daraus folgt, dass G die direkte Vorstufe von T sein muss. Da Mutante 2 auch durch Zugabe der Zwischenstufen D beziehungsweise E wächst, sind zwei Synthesewege möglich: Ein Weg lautet D → E → G → T, der zweite E → D → G → T. Eine Entscheidung, welche Reihenfolge zutreffend ist, ergibt sich aus der Analyse von Mutante 3. Diese wächst durch Zugabe der Zwischenstufe D, aber nicht E. Die Reihenfolge der Zwischenstufen muss E → D → G → T sein. Mutante 4 zeigt nur dann kein Wachstum, wenn die Vorstufe C im Minimalmedium fehlt. Daraus ergibt sich die Reihenfolge C → E → D → G → T. Da C die Vorstufe aller weiteren Zwischenstufen ist, lautet der Syntheseweg von Tryptophan: C → F → E → D → G → T.

Mutante 1 kann den Syntheseschritt 4 nicht durchführen; das Enzym 1 katalysiert also Schritt 4. Mutante 2 kann den Syntheseschritt 2 nicht durchführen; das Enzym 2 katalysiert also Schritt 2. Mutante 3 kann den Syntheseschritt 3 nicht durchführen; das Enzym 3 katalysiert also Schritt 3. Mutante 4 kann den Syntheseschritt 1 nicht durchführen; das Enzym 4 katalysiert also Schritt 1. Mutante 5 kann den Syntheseschritt 5 nicht durchführen; das Enzym 5 katalysiert also Schritt 5. Daraus ergibt sich folgende Zuordnung der Enzyme:

C → F → E → D → G → T
E4 E2 E3 E1 E5

Transkription und der genetische Code

Seite 84–86

1 Stellen Sie den Ablauf der Transkription in einem Flussdiagramm dar!

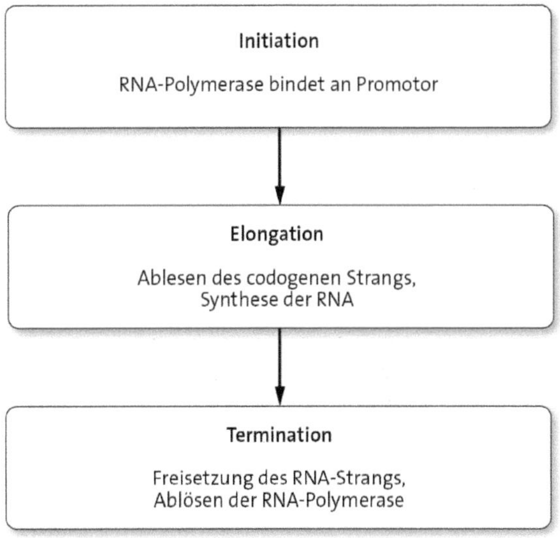

2 Erläutern Sie Ihre grafische Darstellung!

Im ersten Schritt der Transkription, der Initiation, bindet die RNA-Polymerase an eine spezifische Basensequenz, den Promotor. Der Promotor enthält eine charakteristi-sche 5'-TATAAT-3'-Sequenz, die vom σ-Faktor erkannt wird. Im folgenden Schritt, der Elongation, entwindet die RNA-Polymerase die DNA-Doppelhelix und liest den codogenen Strang, der als Matrize dient, in 3'-5'-Richtung ab. Sie verknüpft zum codogenen Strang komplementäre RNA-Nukleotide miteinander. Dadurch wird der sich bildende RNA-Strang in 5'-3'-Richtung verlängert. Die Orientierung des neu synthetisierten RNA-Moleküls verläuft also antiparallel zum Matrizenstrang. An einer besonderen Basensequenz, dem Terminator, wird die Bindung der RNA-Polymerase an die DNA gelöst und der synthetisierte RNA-Strang wird freigesetzt. Damit ist die Transkription des DNA-Abschnitts beendet. Diesen letzten Schritt bezeichnet man als Termination.

Zusatzinformation: Einzelne Promotoren unterscheiden sich stark in ihrer Effizienz. So kann die Initiation einmal in ein bis zwei Sekunden erfolgen, bei anderen Promotorsequenzen erfolgt die Initiation einmal in 10 bis 20 Minuten. Dadurch wird die besondere Rolle der Promotoren in der Regulation der Transkription verdeutlicht.

3 Erläutern Sie die Eigenschaften des genetischen Codes!

Eine Informationseinheit aus drei Basen, ein Triplett oder Codon, codiert eine spezifische Aminosäure. Die Tripletts sind eindeutig. Keine Base gehört gleichzeitig zwei verschiedenen Tripletts an. Der Code ist also überlappungsfrei. Die Tripletts werden lückenlos abgelesen. Der genetische Code ist somit kommafrei.

Da in der DNA vier verschiedene Basen vorkommen, sind insgesamt 64 unterschiedliche Tripletts möglich. Es gibt jedoch lediglich 20 Aminosäuren. Da jedes Triplett eine Bedeutung besitzt, ergibt sich, dass verschiedene Tripletts die gleiche Aminosäure codieren. Der genetische Code wird daher als degeneriert bezeichnet. Bei fast allen Lebewesen codieren die gleichen Tripletts für die gleiche Aminosäure. Der genetische Code ist nahezu universell.

Es gibt Basentripletts, die nicht für eine Aminosäure codieren, sondern eine andere Funktion erfüllen. Der Start der Translation erfolgt an dem Codon AUG oder seltener auch am Codon GUG. Die Translation wird durch ein Stoppcodon der mRNA beendet. Dies kann das Codon UAA, UAG oder UGA sein.

Zusatzinformation: Die Wobble-Hypothese gibt einen Erklärungsansatz, weshalb die dritte Base eines Tripletts variieren kann und dennoch die gleiche Aminosäure in das Polypeptid eingebaut wird. Die Base am 5'-Ende des Anticodons ist im Ribosom sterisch nicht so eingeengt wie die beiden anderen Basen und kann deshalb mit verschiedenen Basen am 3'-Ende des Codons Wasserstoffbrückenbindungen eingehen. Diese entsprechen nicht den üblichen Basenpaarregeln. Ein Uracil im Anticodon kann sich mit Adenin oder Guanin paaren, ein Inosin mit Uracil, Cytosin oder Adenin. Diese Paarungen sind möglich, da die Werte für die Abstände zwischen den Zuckerresten nahe den Werten für übliche A-U- und G-C-Basenpaarungen liegen.

Seite 87 (Material)

Material A – Dechiffrierung des genetischen Codes

A1 Geben Sie für die Versuche 1 und 2 die möglichen Tripletts an!

Bei Versuch 1 treten zwei verschiedene Tripletts auf: UGU und GUG.

Bei Versuch 2 sind die folgenden Tripletts möglich: UUG, UGU und GUU.

A2 Bestimmen Sie die entsprechende Aminosäuresequenz der Peptide in den Versuchen 1 und 2!

In Versuch 1 entsteht ein Polypeptid mit zwei alternierend auftretenden Aminosäuren: Cystein und Valin.

In Versuch 2 können drei Polypeptide entstehen: Poly-Leucin, Poly-Cystein oder Poly-Valin.

A3 Erläutern Sie, welche Ergebnisse zu erwarten wären, wenn Sie diesen Versuch mit dem Tetranukleotid UAUC durchführen würden! Begründen Sie Ihre Aussage!

In diesem Versuch entstehen Polypeptide aus den Aminosäuren Tyrosin, Leucin, Serin und Isoleucin.

Die Translation kann in diesem zellfreien System an jeder Base beginnen, es ist kein Startcodon notwendig. Da die Wahrscheinlichkeit für einen Start an jeder Position in dieser künstlichen mRNA gleich hoch ist, entstehen Polypeptide aus den genannten Aminosäuren in alternierender Reihenfolge, die jeweils mit einer anderen Aminosäure beginnen.

A4 Begründen Sie die Zusammensetzung des zellfreien Systems für diesen Versuchsansatz!

In einem zellfreien System sind alle Inhaltsstoffe einer Zelle enthalten. Dieses zellfreie System wird gewonnen, indem die Zellwände aufgebrochen und die Zelltrümmer zentrifugiert werden. Im Überstand, dem Lysat, befinden sich alle Inhaltsstoffe einer Zelle.

Da mit diesem System die Translation künstlicher mRNA-Moleküle untersucht werden soll, müssen Bestandteile wie DNA und natürliche mRNA-Moleküle entfernt werden. Dies geschieht durch Zugabe von geeigneten Enzymen wie RNasen und DNasen. Nach dieser Behandlung wird lediglich die zugegebene künstliche mRNA translatiert.

Material B Konzept der überlappenden Gene

B1 Erläutern Sie die Abbildung A!

Die Basensequenz eines mRNA-Abschnitts des Phagen φ X 174 enthält zwei Startcodons AUG. Beide Tripletts ermöglichen die Initiation der Translation, sodass zwei unterschiedliche Polypeptide synthetisiert werden können.

B2 Erklären Sie das Konzept der überlappenden Gene aus Abbildung B!

Aufgrund des Vorkommens mehrerer Startcodons innerhalb der mRNA beginnt die Translation an verschiede-nen Positionen. Dadurch ist es möglich, eine höhere Anzahl von Polypeptiden zu synthetisieren, als es bei einem überlappungsfreien genetischen Code möglich wäre.

Zusatzinformation: Der Vorteil überlappender Gene liegt in einem kleineren DNA-Molekül, als es sonst notwendig wäre. Dies könnte die Infektion von Bakterien erleichtern. Überlappende Gene wurden auch bei anderen Viren entdeckt. Mutationen haben jedoch eine größere Auswirkung als bei DNA-Molekülen ohne überlappende Gene, da dann gleichzeitig mehrere Genprodukte betroffen sind. Dies könnte ein Grund sein, dass dieses Konzept nur bei wenigen Phagen vorkommt.

B3 Vergleichen Sie dieses Konzept mit dem Konzept des überlappungsfreien genetischen Codes!

Gemeinsamkeiten: Die DNA enthält genetische Informationen, die in die Basensequenz von mRNA-Molekülen transkribiert und nach einem genetischen Code in die Aminosäuresequenz von Peptiden translatiert wird.

Unterschiede: Der genetische Code der mRNA von Lebewesen ist überlappungsfrei. Das bedeutet, dass eine Base ausschließlich zu einem Triplett gehört. Anderenfalls besteht das Problem, wie der Translationsapparat erkennen kann, zu welchem Triplett eine Base gehört. Hierzu wären zum Beispiel Satzzeichen oder andere Bedeutungsinhalte notwendig, die aber im genetischen Code nicht vorkommen.

Das Konzept der überlappenden Gene einiger Viren beruht auf dem Vorkommen von Startcodons für die Translation an unterschiedlichen Stellen der mRNA. An jedem Startcodon beginnt die Translation zur Bildung eines Peptids. Da vor dem Startcodon kein Stoppcodon platziert ist, kann ohne Komplikationen eine größere Anzahl von Peptiden auf diese Weise in einem kleinen DNA-Molekül codiert werden.

Zusatzinformation: Von E. coli sind zum Beispiel Stämme bekannt, bei denen durch eine Mutation auf der mRNA ein zusätzliches, ursprünglich nicht vorhandenes Startcodon entsteht. An dieser Stelle beginnt ebenfalls die Translation. Allerdings entsteht kein sinnvolles Produkt. Dies führt aber nicht zu einer Beeinträchtigung der Zelle.

Translation bei Prokaryoten

Seite 88–90

1 Beschreiben Sie den Aufbau eines prokaryotischen Ribosoms!

Ein Ribosom der Prokaryoten besteht aus zwei unterschiedlich großen Untereinheiten. Die kleinere der beiden wird als 30S-Untereinheit bezeichnet, die größere als 50S-Untereinheit. Jede Untereinheit besteht aus ribosomalen Proteinen und ribosomaler RNA, kurz rRNA. Lagern sich die beiden Untereinheiten zusammen, entsteht ein 70S-Ribosom.

2 Erläutern Sie die Beladung einer tRNA mit ihrer spezifischen Aminosäure!

Die Beladung einer tRNA mit ihrer spezifischen Aminosäure erfolgt durch das Enzym Aminoacyl-tRNA-Synthetase. Dieses Enzym besitzt ein aktives Zentrum, das drei unterschiedliche Moleküle erkennen kann: ATP als Energielieferant für die Reaktion, ein tRNA-Molekül und die dazu passende Aminosäure.

Vom ATP-Molekül wird Pyrophosphat abgespalten. Die dabei freiwerdende Energie wird genutzt, um AMP mit der Aminosäure, die an das aktive Zentrum gebunden hat, zu verknüpfen. Anschließend erfolgt die Bindung der so aktivierten Aminosäure an das endständige Adenosin am 3'-Ende der tRNA. Zum Schluss löst sich die Aminoacyl-tRNA von der Synthetase.

Die Auswahl und Bindung einer spezifischen Aminosäure an die tRNA stellt den entscheidenden Schritt in dieser Reaktion dar. Würde das Enzym eine falsche Aminosäure binden und diese mit der tRNA verknüpfen, würde eine falsche Aminosäure an der entsprechenden Stelle in das Polypeptid eingebaut werden. Dies könnte schwerwiegende Folgen für die Funktionsweise des synthetisierten Polypeptids haben.

3 Stellen Sie den Ablauf der Translation in einem Flussdiagramm dar und erläutern Sie Ihre Darstellung!

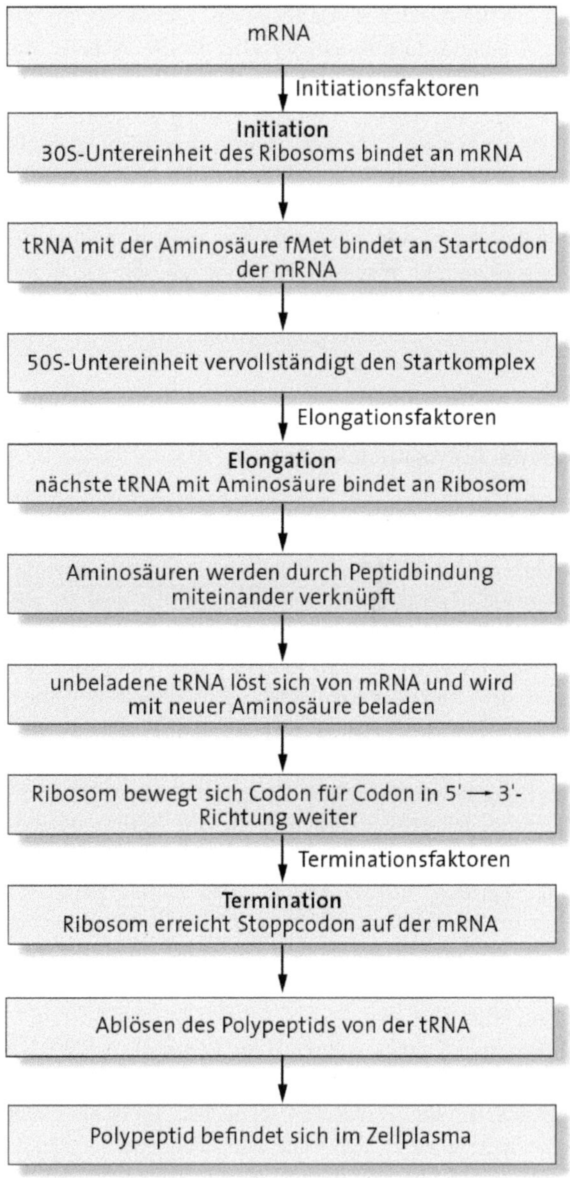

Im ersten Schritt der Translation, der Initiation, bindet die kleinere 30S-Untereinheit eines Ribosoms an die mRNA. Diese Bindung wird durch Initiationsfaktoren unterstützt und erfolgt in der Nähe des Startcodons AUG. An dieses Codon bindet zuerst eine mit fMet beladene tRNA und danach die größere 50S-Untereinheit. Damit ist der Startkomplex für die Translation gebildet. Die erste tRNA liegt in der P-Stelle, in der A-Stelle befindet sich das zweite Codon der mRNA. In der folgenden Elongation bindet eine beladene tRNA mit ihrem komplementären Anticodon an das freie Codon der mRNA. Die Aminosäure, die sich noch an der tRNA in der P-Stelle befindet, wird nun enzymatisch mit der Aminosäure der in der A-Stelle liegenden tRNA zu einem Dipeptid verknüpft. Die unbeladene tRNA wandert in die E-Stelle des Ribosoms. Die Bindung an die mRNA wird gelöst und die tRNA verlässt das Ribosom. Die tRNA, die mit dem Dipeptid beladen ist, wandert in die P-Stelle, das Ribosom bewegt sich um ein Triplett weiter in 3'-Richtung. Bei diesem Vorgang werden zwei Moleküle GTP verbraucht. Wenn ein Stoppcodon in die A-Stelle gelangt, bricht die Translation ab. Es existiert keine tRNA mit einem komplementären Anticodon. Das fertig gestellte Polypeptid wird von der mRNA gelöst, das Ribosom zerfällt in seine Untereinheiten und trennt sich von der mRNA. Diese Prozesse werden von Proteinen, den Terminationsfaktoren, unterstützt.

Seite 91 (Material)

Material A Proteinbiosynthese

A1 Beschreiben Sie die beiden Schritte der Proteinbiosynthese: Transkription und Translation!

Transkription: Die RNA-Polymerase bindet im ersten Schritt der Transkription, der Initiation, an eine spezifische Region der DNA, den Promoter. Dieser enthält die typische Sequenz 5'-TATAAT-3', die vom σ-Faktor, einer der fünf Untereinheiten der RNA-Polymerase, erkannt wird. Im zweiten Schritt, der Elongation, wird die DNA-Doppelhelix ein kleines Stück entspiralisiert. Die RNA-Polymerase liest den Matrizenstrang in 3'-5'-Richtung ab. Dabei verknüpft sie die zum gelesenen Strang komplementären Ribonukleosidtriphosphate. Der sich bildende mRNA-Strang wird damit in 5'-3'-Richtung synthetisiert. Er ist antiparallel zum gelesenen Strang orientiert. Gelangt die Polymerase an eine Terminationssequenz, löst sie sich von der DNA. Die Transkription ist beendet.

Translation: Bereits während der Synthese der mRNA binden Ribosomenuntereinheiten an die mRNA und beginnen mit der Translation. Zunächst bindet die kleine 30S-Untereinheit in der Nähe eines Startcodons. Dieser Prozess wird von Initiationsfaktoren unterstützt. An das Startcodon bindet ein besonderes tRNA-Molekül, das mit einem modifizierten Methionin, dem Formyl-Methionin, beladen ist. Jetzt bindet die größere 50S-Untereinheit. Damit ist der Initiationskomplex komplett und die Initiation abgeschlossen.

Das zweite Codon der mRNA befindet sich jetzt in der A-Stelle des Ribosoms. Ein weiteres beladenes tRNA-Molekül bindet mit seinem komplementären Anticodon an das Codon in der A-Stelle. Die Aminosäure der tRNA in der P-Stelle wird mit der zweiten Aminosäure durch eine Peptidbindung verknüpft. Die jetzt unbeladene tRNA wandert in die E-Stelle und verlässt das Ribosom. Dieses bewegt sich um ein Codon weiter in 3'-Richtung. Dadurch befindet sich die tRNA mit dem Dipeptid jetzt in der P-Stelle des Ribosoms. An die freie A-Stelle bindet das nächste beladene tRNA-Molekül. Die für diesen Prozess notwendige Energie wird durch die Spaltung von zwei Molekülen GTP gewonnen.

Dieser Elongationsvorgang setzt sich fort, bis in der A-Stelle ein Stoppcodon erscheint. Zu diesem Codon gibt es keine tRNA mit einem komplementären Anticodon. Die A-Stelle wird nicht besetzt, das Ribosom dissoziiert in seine beiden Untereinheiten und löst sich dabei von der mRNA. Die Translation ist beendet. Dieser Vorgang wird als Termination bezeichnet.

A2 Erläutern Sie die Funktionsweise der Aminoacyl-tRNA-Synthetase!

Die Aminoacyl-tRNA-Synthetase ist das Enzym, das die Bindung einer Aminosäure an deren spezifische tRNA katalysiert. Dieses Enzym besitzt ein aktives Zentrum, das drei verschiedene Moleküle identifizieren kann: die spezifische tRNA, die dazugehörige Aminosäure und ATP. Durch die Hydrolyse von ATP zu AMP wird die Energie frei, die für die Verknüpfung der Aminosäure mit dem 3'-Hydroxyl-Ende des endständigen Adenosinnukleotids benötigt wird.

A3 Begründen Sie die Bedeutung der Synthetasen für einen fehlerfreien Ablauf der Translation!

Die Spezifität der Synthetasen liegt in der korrekten Erkennung der beteiligten Komponenten. Lediglich bei einer von 1000 Reaktionen kommt es zu einem Fehler. Für jede der 20 verwendeten Aminosäuren gibt es ein spezielles Enzym, das die Verknüpfung zwischen Aminosäure und tRNA-Molekül katalysiert.

Bei einer höheren Fehlerrate der Synthetase käme es häufiger zu Genprodukten, die nicht in der DNA codiert waren. Solche fehlerhaften Polypeptide hätten eine geringere Effektivität oder wären sogar funktionslos. In beiden Fällen wäre dies für das betroffene Lebewesen von Nachteil. Ein Totalausfall des Genproduktes könnte zum Tod des Lebewesens führen.

Proteinbiosynthese bei Eukaryoten

Seite 92 – 94

1 Beschreiben Sie den Vorgang der Transkription bis zur Bildung der reifen mRNA!

Das Enzym RNA-Polymerase II führt die Transkription von Bereichen der DNA durch, die für Polypeptide codieren. Andere Polymerasen transkribieren Gene, die für verschiedene RNA-Typen codieren.

Zunächst wird die Promotorregion durch Transkriptionsfaktoren für eine Bindung der RNA-Polymerase vorbereitet. Diese Region enthält zahlreiche alternierende Adenin- und Thyminnukleotide, die TATA-Box. An eine regulatorische Einheit, den Verstärker oder Enhancer, binden Aktivatorproteine, wodurch die Transkription zell-, gewebe- und entwicklungsspezifisch erfolgen kann. Nach dieser Initiation liest die RNA-Polymerase II den Matrizenstrang der DNA in 3'→5'-Richtung ab. Die Elongation erfolgt durch Verknüpfung der komplementä-ren Ribonukleosidtriphosphate in 5'→3'-Richtung. Nach Beendigung der Transkription, der Termination, ist eine Prä-mRNA entstanden, die vor der Translation weiter modifiziert wird.

An das 5'-Ende der mRNA wird ein methylierter Guanosylrest angeknüpft, die 5'-Cap-Struktur. An das 3'-Hydroxyl-Ende werden bis zu 250 Adeninnukleotide angehängt, der Poly-A-Schwanz. Diese beiden Modifizierungen sind für ein späteres Ausschleusen der reifen mRNA in das Zytoplasma notwendig. Außerdem verhindern diese Modifizierungen einen vorzeitigen Abbau der mRNA durch Nukleasen.

In der mRNA gibt es viele Bereiche, die nicht für Polypeptide codieren. Sie liegen eingestreut in die Bereiche, die für Peptide codieren. Diese werden als Exons bezeichnet, während die Abschnitte ohne Bedeutung für eine Peptidsynthese als Introns bezeichnet werden. Die Introns werden durch den Prozess des Spleißens aus der Prä-mRNA herausgeschnitten, die Exons werden miteinander zur reifen mRNA verknüpft. Die Gesamtheit der Vorgänge zur Bildung der reifen mRNA aus der Prä-mRNA wird als Processing bezeichnet.

Seite 95 (Material)

Material A – Vergleich der Proteinbiosynthese bei Pro- und Eukaryoten

A1 Übertragen Sie die Tabelle in Ihre Mappe und ergänzen Sie die Aussagen für Eukaryoten!

	Eukaryoten
Aufbau der DNA	DNA ist linear; in Chromosomen um Histone gewickelt
räumliche Organisation (Kompartimentierung)	Transkription und Processing finden im Zellkern statt, Translation findet im Zytoplasma statt
zeitliche Organisation	Translation beginnt erst nach Beendigung der Transkription
Aufbau der Gene	Gene enthalten codierende und nicht codierende Sequenzen, die Introns und Exons
Reifung der mRNA	Modifizierungen der Prä-mRNA zur Bildung der reifen mRNA notwendig
Aufbau der Ribosomen	80S-Ribosomen bestehen aus einer 40S- und einer 60S-Untereinheit

Material B – Bestimmungsorte der Polypeptide in einer eukaryotischen Zelle

B1 Beschreiben Sie die Abbildung!

Die Abbildung zeigt einen Ausschnitt einer eukaryotischen Zelle mit verschiedenen Zellbestandteilen. Dargestellt sind die Translation im Zytoplasma und die Möglichkeiten des anschließenden Transports des synthetisierten Proteins.

Die Translation beginnt immer an den freien Ribosomen im Zytoplasma. Für die Fortführung der Translation gibt es zwei Möglichkeiten. Zum einen kann die Translation gestoppt werden und die Ribosomen wandern zum Endoplasmatischen Retikulum, kurz ER. Dort wird die Translation abgeschlossen und das fertiggestellte Protein gelangt in den Innenraum des ER. Entweder wird es in die Membran des ER eingebaut oder in den Golgiapparat eingeschleust. Dort wird das Protein in Lysosomen überführt, wo es seine Funktion erfüllt. Das Protein kann aber auch über Transportvesikel zur Plasmamembran transportiert und durch Exozytose aus der Zelle geschleust werden. Zum anderen können die neu synthetisierten Peptide im Zytoplasma verbleiben oder zu unterschiedlichen Zellorganellen wie den Mitochondrien, Plastiden, Peroxisomen oder dem Zellkern gelangen.

B2 Erläutern Sie, auf welche Weise Proteine in die entsprechenden Zellorganellen gelangen!

Proteine, die in bestimmten Zellorganellen ihre Funktion entfalten, müssen vom Syntheseort im Zytoplasma zielgerichtet zu diesen Organellen gelangen. Dies geschieht über eine Signalsequenz, die sich bei Proteinen, die Bestandteil von Membranen sind oder durch Membranen hindurchgeschleust werden müssen, am N-Terminus befindet. Die Signalsequenz bindet am Zielort an die äußere Membran der Zellorganelle und das Protein gelangt in das Innere der Zellorganelle.

Veränderungen der DNA

Seite 96–98

1 Beschreiben Sie die Ursache und die Auswirkungen der APC-Resistenz!
Die Ursache der APC-Resistenz besteht in einer Punktmutation: Auf dem Chromosom 1 ist im Gen für das Protein Faktor V ein Codon verändert. Statt des Codons CGG findet sich das Codon CAG. Aufgrund dieser Veränderung wird an der Position 506 des Proteins Faktor V statt der Aminosäure Arginin Glutamin in die Peptidkette eingebaut.

Als Folge dieser Veränderung kann das Aktivierte Protein C, kurz APC, weniger gut an den Faktor V binden und ihn spalten. Das bedeutet, dass das Beenden der Blutgerinnungsreaktion verzögert wird. Damit steigt die Gefahr, dass Teile des Blutpfropfes, der zum Verschluss einer Wunde gebildet wird, abgerissen werden und kleine Adern verstopfen. Dieses Thrombose-Risiko steigt also bei einer APC-Resistenz.

2 Gegeben sei folgende DNA-Basensequenz: GCTTTATTCGAC. Fügen Sie willkürlich jeweils eine Punktmutation, eine Insertion sowie eine Deletion ein und erläutern Sie die Auswirkungen auf die Aminosäuresequenz!

Ursprünglicher Zustand:

DNA:	GCT	TTA	TTC	GAC
RNA:	CGA	AAU	AAG	CUG
Aminosäure:	Arg	Asn	Lys	Leu

Punktmutation:

DNA:	GCT	TTA	TAC	GAC
RNA:	CGA	AAU	AUG	CUG
Aminosäure:	Arg	Asn	Met	Leu

In diesem Fall entsteht eine Missense-Mutation, weil eine veränderte Aminosäure in die Peptidkette eingebaut wird. Weitere Auswirkungen von Punktmutationen können stumme Mutationen, ohne Auswirkungen auf die Aminosäuresequenz, oder Nonsense-Mutationen, Entstehung eines Stopp-Codons, sein.

Insertion

DNA:	GCT	ATT	ATT	CGA	C
RNA:	CGA	UAA	UAA	GCU	G
Aminosäure:	Arg	Stopp	Stopp	Ala	

Durch die Insertion einer Base entsteht eine Leserasterverschiebung, die die Bildung von Stoppcodons zur Folge hat. Bei der Translation werden funktionslose Peptidstücke gebildet. Andere Folgen einer Leserasterverschiebung können in der Entstehung veränderter Codons bestehen, sodass andere Aminosäuren in die Peptidkette eingebaut werden.

Deletion:

DNA:	GCT ↓	TAT	TCG	AC
RNA:	CGA	AUA	AGC	TG
Aminosäure:	Arg	Ile	Gly	?

Durch die Deletion entsteht ebenfalls eine Leserasterverschiebung, die die Entstehung neuer Codons zur Folge hat. Die bei der Translation gebildete Peptidkette besteht aus anderen Aminosäuren als im ursprünglichen Zustand.

3 Beschreiben Sie die beiden Versuchsreihen mit *Arabidopsis thaliana*!
Arabidopsis thaliana wurde in Petrischalen gezogen und mit UV-Licht bestrahlt. UV-Licht bewirkt die Entstehung von Thymindimeren in der DNA, sodass die Replikation und die Transkription behindert werden. Unbehandelte *Arabidopsis*-Pflanzen zeigten nach der Bestrahlung mit UV-Licht keine Schädigungen. *Arabidopsis*-Pflanzen, bei denen die Bildung DNA-reparierender Enzyme unterdrückt wurde, zeigten nach der Bestrahlung mit UV-Licht starke Schädigungen.

4 Erläutern Sie die Bedeutung der DNA-Reparaturmechanismen für die Evolution der Lebewesen!
Mehr als 99 Prozent der DNA-Schäden, die durch verschiedene Einflüsse wie zum Beispiel UV-Licht entstehen, werden durch die unterschiedlichen Reparaturmechanismen beseitigt. Würden die DNA-Schäden bestehen bleiben, so zeigten alle Lebewesen ähnliche Schädigungen, wie sie bei *Arabidopsis thaliana* nach dem Ausschalten der DNA-reparierenden Enzyme zu beobachten sind. Das Leben auf der Erde wäre ohne DNA-Reparaturmechanismen deutlich beeinträchtigt.

Seite 99 (Material)

Material A – Spontane Mutationen

A1 Erläutern Sie, weshalb die veränderten Formen des Cytosins und des Thymins Mutationen auslösen!
Das Prinzip der komplementären Basenpaarung beruht auf der Ausbildung von Wasserstoffbrückenbindungen zwischen den Basen. Im Normalfall werden zwischen Adenin und Thymin zwei Wasserstoffbrückenbindungen und zwischen Guanin und Cytosin drei Wasserstoffbrückenbindungen ausgebildet. Aufgrund der chemischen Umlagerungen verändern sich die Möglichkeiten, Wasserstoffbrückenbindungen auszubilden: Cytosin bildet nun zwei Wasserstoffbrückenbindungen aus und paart sich deshalb mit Adenin, Thymin bildet nun drei Wasserstoffbrückenbindungen aus und paart sich deshalb mit Guanin. Bei den nachfolgenden Replikationen bleiben diese Fehlpaarungen stabil und sorgen auch in den Tochterzellen für eine gegenüber dem Ursprungszustand veränderte Basenabfolge.

A2 Ermitteln Sie die RNA-Basensequenz für die mutierte und für die nicht mutierte Form der abgebildeten DNA-Sequenz!

Nicht mutierte Form:

DNA: GCT AAC CTG

RNA: CGA UUG GAC

Mutierte Form:

DNA: GC*T AAC* CT*G

RNA: CAA UUA GGC

A3 Bestimmen Sie die Abfolge der Aminosäuren für die drei Tripletts der beiden RNA-Stränge! Benutzen Sie dazu die Codesonne im Anhang!

In diesem Beispiel sind in allen drei Tripletts Sequenzveränderungen gegenüber dem ursprünglichen Zustand aufgetreten. Jedoch ergibt sich nur bei zwei veränderten Tripletts eine veränderte Aminosäure. Die dritte bleibt bestehen, es handelt sich hier um eine stumme Mutation. Die beiden anderen Mutationen sind Missense-Mutationen, weil eine veränderte Aminosäure in die Peptidkette eingebaut wird. Dies kann zu einer veränderten Funktion des betreffenden Proteins führen.

A4 Erläutern Sie die Folgen der mutierten DNA-Sequenz für die gebildeten Aminosäuresequenzen!

In diesem Beispiel sind in allen drei Tripletts Sequenzveränderungen gegenüber dem ursprünglichen Zustand aufgetreten. Jedoch ergibt sich nur bei zwei veränderten Tripletts eine veränderte Aminosäure. Die dritte bleibt bestehen, es handelt sich hier um eine stumme Mutation. Die beiden anderen Mutationen sind Missense-Mutationen, weil eine veränderte Aminosäure in die Peptidkette eingebaut wird. Dies kann zu einer veränderten Funktion des betreffenden Proteins führen.

Material B – Mukoviszidose

B1 Ermitteln Sie die Auswirkung der Mutation auf den gebildeten Chlorid-Ionen-Transporter!

Aus den Schemazeichnungen geht hervor, dass der Chlorid-Ionen-Transporter im mutierten Zustand im Lumen des Endoplasmatischen Retikulums angereichert wird. Wahrscheinlich hat die fehlende Aminosäure Phenylalanin eine wichtige Funktion beim Transport des Membranproteins vom Endoplasmatischen Retikulum zur Zellmembran der Lungenepithelzelle.

B2 Erstellen Sie einen Stammbaum der Krankheit und erläutern Sie den Erbgang! Begründen Sie, dass eine 25-prozentige Wahrscheinlichkeit für die Ausbildung des Merkmals besteht, wenn beide Eltern Überträger sind!

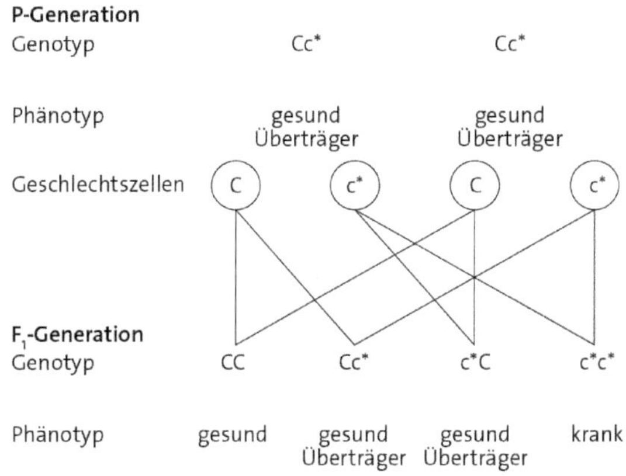

C: nicht mutiertes Allel
c*: mutiertes Allel

Es handelt sich um einen autosomal rezessiven Erbgang. Das bedeutet, dass das mutierte Allel nicht im Zusammenhang mit dem Geschlecht vererbt wird und homozygot vorliegen muss, wenn es zur Ausprägung kommt. Wenn beide Eltern Überträger sind, so ist ihr Genotyp bezüglich der Merkmalsausprägung heterozygot. Sie erzeugen jeweils zur Hälfte Geschlechtszellen mit dem mutierten Allel. In einem von vier möglichen Fällen kommen bei der Befruchtung die Geschlechtszellen zusammen, die ein mutiertes Allel tragen. Diese Wahrscheinlichkeit beträgt also 25 Prozent.

B3 Erläutern Sie die physiologischen Ursachen der Entstehung des zähen Schleims!

Im Verlauf der Mukoviszidose wird ein zäher Schleim gebildet, der nicht abtransportiert werden kann und deshalb in der Lunge verbleibt. Er behindert die Atmung. Der Schleim wird durch die Lungenepithelzellen gebildet. Bei Mukoviszidosepatienten unterbleibt ein Chlorid-Ionen-Auswärtstransport, weil der Chlorid-Ionen-Transporter funktionsunfähig ist. Damit fehlt dem Schleim in der Lunge das mit den Chlorid-Ionen zusammen transportierte Wasser. Seine Zähigkeit nimmt zu.

B4 Ermitteln Sie die Art des häufigsten genetischen Defekts unter Verwendung der Fachbegriffe!

An der Position 508 des Membranproteins fehlt die Aminosäure Phenylalanin. Dieses Fehlen kann nur durch das Fehlen des für die Codierung zuständigen Tripletts in der DNA erklärt werden. Es handelt sich um eine Deletion.

B5 Erläutern Sie den Zusammenhang zwischen diesem Beispiel und dem Basiskonzept Reproduktion!

Bei der geschlechtlichen Fortpflanzung werden Geschlechtszellen gebildet, die Erbmaterial der Mutter beziehungsweise des Vaters tragen. Bei der Befruchtung verschmelzen der Zellkern der Eizelle und der Zellkern der Spermienzelle miteinander. Während der Entwicklung des Kindes werden die Erbanlagen ausgeprägt. Durch die Kombination der mütterlichen und väterlichen Erbanlagen können Merkmalsausprägungen wie in diesem Beispiel die Mukoviszidose entstehen, die bei den Eltern nicht auftreten.

Ursachen und Folgen von Genmutationen

Seite 100–103

1 Beschreiben Sie die Ursache und Folgen der Sichelzellenanämie!

Aufgrund einer Mutation im β-Globin-Gen bildet das Hämoglobin unter Sauerstoffmangel stäbchenförmige Aggregate. Die Form der Erythrozyten verändert sich und es entstehen Sichelzellen. Die Sichelzellen können kaum noch Sauerstoff transportieren, sodass die betroffenen Personen körperlich nur noch wenig belastbar sind. Die Sichelzellen können sich miteinander verhaken und Kapillaren unpassierbar machen. Dies ist besonders in den Kapillaren des Herzens, was zur Steigerung des Herzinfarktrisikos führt, und des Gehirns, was zur Steigerung des Schlaganfallrisikos führt, gefährlich. Die Sichelzellen werden im Körper rasch abgebaut, deshalb weist das Blut eine unterdurchschnittliche Anzahl von Erythrozyten auf. Dieses Blutbild wird als Anämie bezeichnet.

2 Erläutern Sie, wie Fehlpaarungen von Basen zu einer veränderten Information in der DNA-Sequenz führen können!

Bei Fehlpaarungen von Basen wird das Prinzip der komplementären Basenpaarung von Adenin mit Thymin und Cytosin mit Guanin unterbrochen. Als Folge davon entsteht im Zusammenhang mit einer Meiose oder Mitose ein DNA-Strang mit einer fehlerhaften Base. Wenn diese Base zu einem Basentriplett gehört, das für eine Aminosäure in einem Protein codiert, so kann dies zum Einbau einer fehlerhaften Aminosäure in das Protein und zum Funktionsverlust des Proteins führen. Tritt dieser Fehler im Laufe einer Meiose auf, so sind Geschlechtszellen von dieser Mutation betroffen und es kann eine genetisch bedingte Krankheit wie die Sichelzellenanämie entstehen. Tritt dieser Fehler im Laufe einer Mitose auf, so sind Körperzellen betroffen und es kann zum Beispiel eine Krebserkrankung auftreten.

3 Beschreiben Sie die Entstehung von Darmkrebs!

Bei der Entstehung von Darmkrebs können drei Schritte unterschieden werden. Durch Mutationen in einem Tumorsuppressorgen wird die Blockade der Zellteilung aufgehoben, sodass die betroffenen Darmzellen beginnen sich zu teilen. Es entsteht ein Polyp, der bei Untersuchungen sichtbar wird und entfernt werden kann. Bei weiterem Wachstum entsteht aus dem Polypen ein gutartiger Tumor. Im zweiten Schritt initiiert der Tumor seine Versorgung mit Blutgefäßen und greift umliegendes Gewebe an. Der dritte Schritt besteht aus einer Mutation, die den Verlust von Zellkontakten der Tumorzellen untereinander bewirkt. Die Tumorzellen sind nun frei beweglich und werden mit dem Blutstrom im Körper verteilt, sodass Metastasen entstehen.

4 Beschreiben Sie natürliche und künstliche Strahlungsquellen!

Die alltägliche Belastung beträgt etwa vier Millisievert und wird ungefähr zu gleichen Anteilen durch natürliche und künstliche Strahlungsquellen verursacht. Bei den natürlichen Strahlungsquellen nimmt die Belastung durch radioaktives Radon, ein Zerfallsprodukt radioaktiver Elemente in der Erdkruste, die erste Position ein. Es folgen die kosmische Strahlung sowie die durch sie hervorgerufene Sekundärstrahlung.
Die künstliche Strahlungsbelastung stammt in erster Linie aus medizinischen Anwendungen. Global schlagen die Auswirkungen von Atombombenversuchen oder von Kraftwerksunfällen kaum zu Buche.

5 Recherchieren Sie die höchste bei den Kraftwerksunfällen in Tschernobyl und Fukushima im Umland gemessene Strahlungsdosis und nehmen Sie Stellung!

Beim Reaktorunfall in Tschernobyl 1986 explodierte ein Kernkraftwerk, das keinen Reaktorsicherheitsbehälter besaß. Dieser metallene Behälter, das Containment, schützt die eigentliche Reaktorkammer. Als Folge der Explosion und des nachfolgenden Brandes wurden große Mengen radioaktiven Materials in die Luft geschleudert und sanken in der näheren und weiteren Umgebung des Gebäudes zu Boden. Direkt nach dem Unfall wurde am Kraftwerksgebäude eine Strahlungsbelastung von 20 Sievert gemessen. Dieser Wert ist für Menschen in kurzer Zeit tödlich. Bei den Aufräumungsarbeiten waren die beteiligten Arbeiter, die Liquidatoren, einer Strahlungsbelastung von mindestens 500 Millisievert ausgesetzt. Sie durften deshalb jeweils nur wenige Minuten im strahlungsverseuchten Bereich arbeiten. Man schätzt, dass etwa 500 000 Liquidatoren an den Aufräumungsarbeiten beteiligt waren, von denen viele in der Folgezeit starben. In der 30-Kilometer-Zone um das Kraftwerk liegt die Stadt Pripjat. Sie wurde evakuiert und ist bis heute unbewohnbar. Die Strahlungsbelastung beträgt noch heute 400 Millisievert.
Beim Reaktorunfall von Fukushima 2011 wurden ebenfalls Reaktorgebäude durch Explosionen zerstört, es gelangte jedoch weniger radioaktives Material in die Atmosphäre, weil die Reaktoren mit einem Containment gebaut worden waren. Direkt nach den Explosionen war unmittelbar neben den Kraftwerksblöcken eine Belastung

von 10 Sievert messbar, in der 30-Kilometer-Zone eine Belastung von 400 Millisievert. Ende 2011 ist diese Belastung auf 250 Millisievert gesunken. Auch dieser Wert macht die 30-Kilometer-Zone bis auf Weiteres unbewohnbar.

Zusatzinformation: Die von der Regierung der damaligen Sowjetunion zum Unfall von Tschernobyl veröffentlichten Zahlen und die Zahlen aus wissenschaftlichen Untersuchungen unterscheiden sich teilweise drastisch. Auch die japanischen Verantwortlichen haben noch nicht alle Daten zum Unfall von Fukushima veröffentlicht. Die hier verwendeten Zahlen stammen vom Umweltinstitut München e. V.

Seite 104 (Im Blickpunkt Evolution: Mutation)

1 Erläutern Sie Vorteile und Nachteile von Mutationen!

Nachteile von Mutationen sind ihre schädlichen Auswirkungen. Durch Mutationen können Genprodukte entstehen, die funktionsunfähig sind und die deshalb das betroffene Lebewesen beeinträchtigen oder zum Tod führen können.

Vorteile von Mutationen können darin bestehen, dass Genprodukte entstehen, die verantwortlich für neue Merkmale sind, die für die betroffenen Lebewesen von Vorteil sind. Durch Duplikationen können sich andere Mutationen in den Genen anhäufen, ohne zur Ausprägung zu kommen. Durch Polyploidisierung kann die Konkurrenzfähigkeit von Lebewesen wie bei dem tetraploiden Hybriden des nordamerikanischen Wiesen-Bockbarts erhöht sein.

Seite 105 (Material)

Material A – Blutgerinnungsfaktoren

A1 Beschreiben Sie den Aufbau und die Funktionsweise der Gerinnungsfaktoren!

Die dargestellten Gerinnungsfaktoren besitzen untereinander einen ähnlichen Aufbau. Sie bestehen aus Peptidabschnitten mit ähnlichen Aminosäuresequenzen und ähnlichen Funktionen. Die Gerinnungsfaktoren reagieren während der Blutgerinnung kaskadenartig miteinander und bewirken den Verschluss der aufgetretenen Wunde. Die Reaktion zweier Gerinnungsfaktoren in der Kaskade verläuft folgendermaßen: Faktor IX heftet sich mit seinem Signalpeptid an den in der Kaskade vor ihm stehenden Faktor VIII. Faktor VIII verbindet sich mit seiner katalytischen Domäne mit der Proenzym-Aktivierungsregion des Faktors IX und aktiviert so den katalytischen Bereich. Die katalytische Domäne des Faktors IX ist nun ebenfalls aktiviert und kann mit dem nächsten Faktor in der Kaskade reagieren.

A2 Erläutern Sie den genetischen Entstehungsmechanismus, mit dem man die Ähnlichkeiten der Proteinfaktoren erklären kann!

Die großen Ähnlichkeiten in der Aminosäuresequenz der Gerinnungsfaktoren kommen durch ähnliche DNA-Sequenzen zustande. Diese DNA-Sequenzen können durch Duplikationen entstanden sein. In den duplizierten DNA-Abschnitten könnten stattgefundene Mutationen für die geringfügigen Unterschiede zwischen den Gerinnungsfaktoren verantwortlich sein.

A3 Erläutern Sie die Bedeutung von Mutationen für den Evolutionsprozess!

Die meisten Mutationen haben schädliche Auswirkungen und sind deshalb oft für den Tod des betroffenen Lebewesens verantwortlich. Mutationen in diploiden Lebewesen, in duplizierten Genabschnitten oder in polyploiden Lebewesen können jedoch ohne schädliche Auswirkungen überdauern und unter Umständen zu vorteilhaften Merkmalsausprägungen führen.

Material B – Familiäre Hypercholesterinämie

B1 Beschreiben Sie das Krankheitsbild der Hypercholesterinämie!

Patienten mit Hypercholesterinämie besitzen einen erhöhten Cholesterinspiegel im Blut. Das Cholesterin lagert sich in den Blutgefäßen ab. Diese Arteriosklerose behindert den Blutfluss besonders in den Kapillaren, sodass das Herzinfarkt- und Schlaganfallrisiko erhöht ist. Die Lebenserwartung beträgt etwa 45 Jahre.

B2 Erläutern Sie die molekularen Ursachen der Krankheit!

Cholesterin ist wasserunlöslich und wird zum Transport im Blut an besondere Transportproteine gebunden, die low-density-lipoproteins, kurz LDL. Überschüssige, mit Cholesterin beladene LDL-Partikel werden an der Zellmembran von Leberzellen an einen Rezeptor gebunden, in das Innere der Zellen aufgenommen und abgebaut. Patienten mit Hypercholesterinämie besitzen fehlerhafte Rezeptoren, die die LDL-Partikel nicht binden können. Mit Cholesterin beladene LDL-Partikel reichern sich daher im Blut an und werden an den Wänden der Blutgefäße abgelagert.

B3 Ermitteln Sie, welche Gendefekte die Krankheit auslösen können!

Die Position und die Art von Aminosäuren in einem Peptid werden durch Basentripletts der DNA festgelegt. Wenn eine Aminosäure in einer Sequenz ausgetauscht wird, muss dafür ein verändertes Triplett verantwortlich sein. Triplettveränderungen können durch den Austausch einer oder mehrerer Basen zustande kommen. Auch Leseraster-Mutationen, die durch Insertionen oder Deletionen eine veränderte Triplettabfolge der Basen bewirken, können für veränderte Aminosäuresequenzen verantwortlich sein.

4 Regulation der Genaktivität

Genregulation bei Prokaryoten

Seite 106–107

1 Beschreiben Sie den Verlauf der Substratinduktion und der Endproduktrepression! Erstellen Sie an einem Beispiel eine Concept-Map!

Bei der Substratinduktion, zum Beispiel beim lac-Operon, wird das Ablesen der Strukturgene für die laktoseabbauenden Enzyme durch einen Repressor verhindert. Dieser heftet sich bei Abwesenheit von Laktose an den Operator, der den Strukturgenen vorgeschaltet ist. Gelangt Laktose in die Bakterienzellen, heftet sie sich an den Repressor und inaktiviert ihn. Er kann nun nicht mehr an den Operator binden. Die RNA-Polymerase bindet an die DNA und liest die Strukturgene für den Laktoseabbau ab. Die Blockierung des Repressors hält solange an, wie eine ausreichende Menge an Laktose in der Zelle vorhanden ist. Sinkt die Laktosekonzentration in der Zelle stark ab, löst sich die Bindung zwischen Repressor und Laktose. Der Repressor kann nun wieder an den Operator der DNA binden und das Andocken der RNA-Polymerase verhindern.

Bei der Endproduktrepression wie beim trp-Operon wird über eine Synthesekette, an der mehrere Enzyme beteiligt sind, ein bestimmtes Produkt, in diesem Fall die Aminosäure Tryptophan, hergestellt. Steigt die Menge an freiem Tryptophan in der Zelle stark an, bindet Tryptophan an einen zunächst inaktiven Repressor und aktiviert ihn durch diese Bindung. Der aktive Repressor bindet an den Operator der DNA und verhindert so, dass sich die RNA-Polymerase an den Promotor binden kann. Es werden nun keine weiteren Enzyme zur Synthese von Tryptophan gebildet. Sinkt in der Folge dieser Vorgänge die Menge an Tryptophan in der Zelle, löst sich Tryptophan vom Repressor und inaktiviert ihn auf diese Weise. Die Gene für die Tryptophansynthese werden wieder abgelesen.

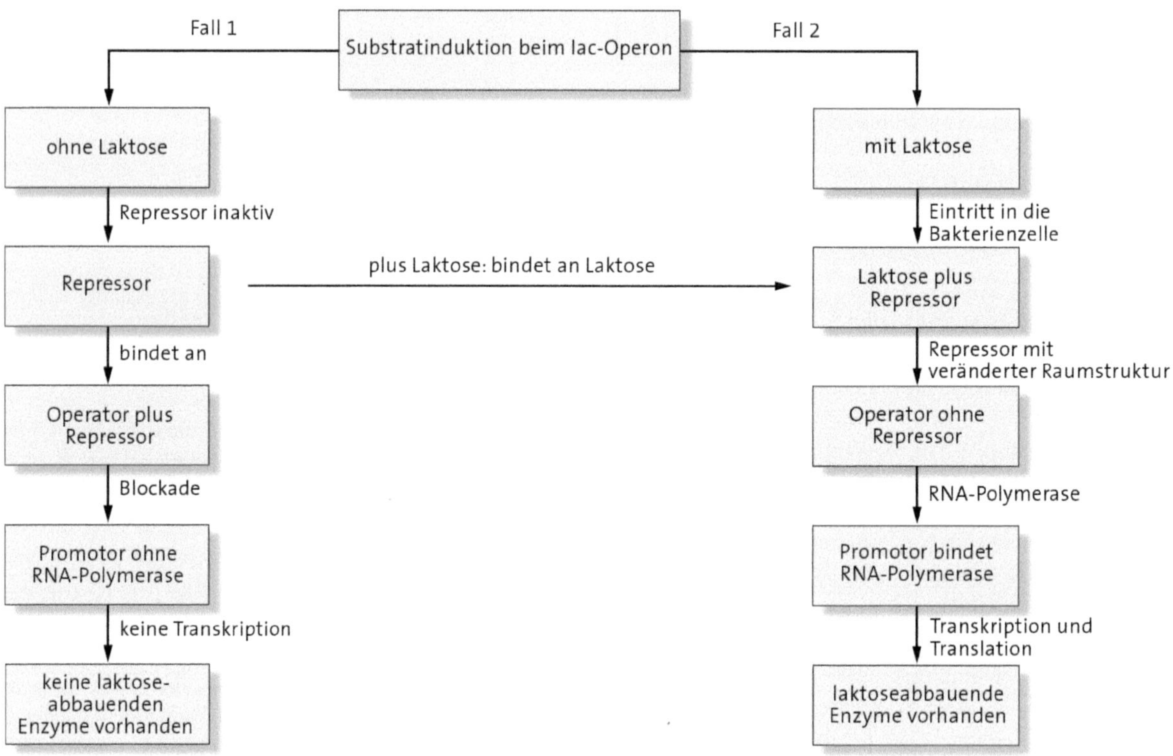

Zusatzinformation: Concept-Maps stellen grafische Strukturierungen von Sachverhalten dar. Zentrale Begriffe werden in Kästchen geschrieben. Die Kästchen werden durch Pfeile verbunden, die die Beziehungen zwischen den Begriffen darstellen. Die Bedeutung der Pfeile wird beschriftet. Folgendes Vorgehen bietet sich nach dem Verfahren des Kooperativen Lernens an:

1. *Schüler bekommen Arbeitsmaterial mit der Aufgabe, eine Concept-Map zu erstellen.*
2. *Jeder Schüler erstellt für sich eine Concept-Map (Think-Phase).*
3. *Paarweise werden die Concept-Maps verglichen. Die Schüler einigen sich auf eine Darstellung (Pair).*
4. *Am Gruppentisch werden die Concept-Maps verglichen. Alle Schüler einigen sich auf eine Darstellung im A3-Format (Share).*
5. *Die Ergebnisse der Gruppen werden präsentiert und im Plenum besprochen.*

Hinweis: Bei der Einführung der Methode können Teilaspekte vorgeben werden, zum Beispiel Anzahl der Kästchen, zentrale Begriffe oder Begriffsbeziehungen.

2 Erläutern Sie den biologischen Nutzen der beiden Regulationstypen!

In beiden Fällen wird durch die Regulation ein bedarfsgerechter Enzymbesatz in der Zelle sichergestellt: Die Enzyme für den Laktoseabbau werden nur gebildet, wenn Laktose im Kulturmedium in großer Menge vorhanden ist. Die Enzyme für die Tryptophansynthese werden nicht mehr gebildet, wenn Tryptophan in der Zelle in ausreichendem Maße frei vorliegt. Aufgrund des bedarfsgerechten Enzymbesatzes spart die Zelle Energie.

Genregulation bei Eukaryoten

Seite 108–111

1 Beschreiben Sie die Verteilung der Chromosomen im Zellkern und die Folgen dieser Verteilung!

Durch die Anfärbung von für jedes Chromosom charakteristischen DNA-Sequenzen lässt sich erkennen, dass jedes Chromosom im Interphase-Zellkern abgegrenzte Regionen, die Chromosomenterritorien, belegt. Untersuchungen ergaben, dass an der Peripherie des Zellkerns gelagerte Chromosomen zumeist genetisch inaktiv sind, während sich im Zentrum des Zellkerns die Enzyme des Transkriptionsapparats befinden. Verändert sich die genetische Aktivität eines Chromosomenabschnitts, so wird er entweder zum Zentrum des Zellkerns hin oder von ihm weg transportiert.

2 Beschreiben Sie Regulationsmechanismen, durch die in verschiedenen Zellen eine unterschiedliche RNA- und Proteinausstattung zustande kommen kann!

Die RNA- und Proteinausstattung einer Zelle kann durch verschiedene Regulationsmechanismen beeinflusst werden:

- Die Menge der zu transkribierenden Gene der DNA kann durch Genamplifikation vermehrt werden.
- Die Transkription wird durch mehrere Mechanismen reguliert: Die Lage der DNA im Zellkern bestimmt, ob Gene eines Chromosoms abgelesen werden. Durch die Methylierung von Cytosinbasen oder Histonschwänzen sowie durch Deacetylierung von Histonschwänzen wird eine Inaktivierung der DNA ausgelöst, sodass sie in die dichte Packung der Heterochromatinstruktur übergeht. Die umgekehrten Vorgänge sorgen für eine Aktivierung der DNA, sodass sie in die lockere Packung der Euchromatinstruktur übergeht. Die Transkription selbst wird durch eine Reihe von Transkriptionsfaktoren reguliert, die die Anheftung der RNA-Polymerase an den Promotor der DNA sowie die Geschwindigkeit der Transkription kontrollieren.
- Die durch die Transkription entstandene RNA unterliegt im Rahmen des RNA-Processing verschiedenen Modifikationen, zum Beispiel dem Spleißen der Introns. Durch das RNA-Editing, bei dem in die RNA mithilfe von anderen RNA-Vorlagen weitere Basen eingefügt werden können, verändert sich der Informationsgehalt der RNA-Basensequenz. RNA-Moleküle besitzen eine unterschiedlich lange Lebensdauer bis zu ihrem Abbau. Ihre Genprodukte kommen deshalb in den Zellen verschieden häufig vor.
- Auch Proteine, die Produkte der Translation, besitzen eine unterschiedlich lange Lebensdauer. Dieser Umsatz bestimmt das Ausmaß ihrer Wirkung. Darüber hinaus können auch Aminosäuresequenzen nach der Translation modifiziert werden. Enzyme liegen oft im inaktiven Zustand in der Zelle vor und werden bei Bedarf aktiviert.

3 Erläutern Sie den Zusammenhang zwischen den Mechanismen der Regulation und der Zelldifferenzierung!

Im Laufe der Entwicklung durchlaufen die Zellen eines Lebewesens ausgehend von der befruchteten Eizelle viele unterschiedliche Entwicklungsstadien. Bestimmte Gene werden im Verlauf dieser Differenzierung dauerhaft inaktiviert, indem die zugehörige DNA als Heterochromatin dicht gepackt und an der Peripherie des Zellkerns gelagert wird. Andere Gene werden abgelesen, weil ihre Genprodukte in den entstehenden differenzierten Zellen vermehrt benötigt werden, zum Beispiel Muskelproteine in den Muskelzellen.

Seite 112–113 (Material)

Material A – Regulation der Tryptophansynthese

A1 Beschreiben Sie die Ergebnisse der beiden Versuchsreihen A und B!
Bei der Versuchsreihe A wurde über 70 Minuten ohne den Zusatz von Tryptophan eine konstant hohe Menge von Enzymen für die Synthese von Tryptophan gemessen. Bei der Versuchsreihe B wurde ab 20 Minuten nach dem Zusatz von Tryptophan eine starke Abnahme der Menge der Enzyme für die Tryptophansynthese gemessen.

A2 Erläutern Sie die Ergebnisse anhand des Operon-Modells!
Nach dem Operon-Modell werden die Enzyme für die Tryptophansynthese in den Zellen von *Escherichia coli* gebildet, wenn die Tryptophankonzentration niedrig ist. In diesem Fall bindet die RNA-Polymerase an den Promotor der Bakterien-DNA und transkribiert die Strukturgene, die für verschiedene Enzyme der Tryptophansynthese codieren. In der Versuchsreihe A kann deshalb eine konstant hohe Menge dieser Enzyme gemessen werden. Steigt die Trypotophankonzentration in der Zelle an, zum Beispiel weil wie in der Versuchsreihe B Tryptophan dem Medium von außen zugesetzt wird, so bindet überschüssiges Tryptophan an einen Repressor und aktiviert ihn auf diese Weise. Der aktive Repressor bindet an den Operator der Bakterien-DNA, der den Strukturgenen für die Enzyme der Tryptophansynthese vorgelagert ist. Somit wird die Bindung der RNA-Polymerase an die DNA und eine Transkription der Strukturgene unterbunden.

Material B – Forschungen zum Operon-Modell

B1 Geben Sie für jede Beobachtung an, in welchem DNA-Bereich, der mit dem Laktoseabbau im Zusammenhang steht, eine Mutation stattgefunden hat!
1. Es fand eine Mutation im Repressor statt.
2. Es fand eine Mutation im Operator statt.
3. Es fand eine Mutation im Repressor, im Operator, im Promotor oder in den Strukturgenen statt.

B2 Begründen Sie Ihre Angabe!
Die Beobachtungen lassen sich folgendermaßen erklären:
1. Die Bakterien bilden einen defekten Repressor. Alle anderen Bestandteile des lac-Operons sind intakt. Diese Schlussfolgerung lässt sich ziehen, weil allein die Zugabe des Repressors die Reaktion nicht mutierter Zellen auslöst.
2. Der Operator des lac-Operons ist defekt, sodass der Repressor nicht an die DNA binden kann. Daher werden die Enzyme für den Laktoseabbau dauerhaft transkribiert.
3. Für dieses Ergebnis sind mehrere Erklärungen möglich: Einerseits könnte der Repressor aufgrund einer Mutation im Regulatorgen defekt sein, sodass er sich trotz der Bindung an Laktose an den Operator der DNA heftet und die Transkription der Strukturgene verhindert. Andererseits könnte eine Mutation im Operator dafür verantwortlich sein, dass die Bindung zum Repressor nicht mehr gelöst werden kann. Als weitere Möglichkeit könnten Mutationen im Promotor oder in den Strukturgenen die Transkription durch die RNA-Polymerase verhindern.

Material C – Wachstum von Escherichia coli auf verschiedenen Kulturmedien

C1 Beschreiben Sie den dargestellten Versuch und sein Ergebnis!
Eine Kultur von *Escherichia coli* wurde in einem Medium mit Glukose gehalten. Nach 200 Minuten wurde die Glukose aus dem Medium entfernt und Laktose hinzugefügt. Der Durchmesser der Bakterienkolonien wurde ständig gemessen.
Der Durchmesser der Kolonien stieg 200 Minuten lang konstant, wenn Glukose im Kulturmedium vorhanden war. Nach der Entfernung der Glukose und dem Zusatz von Laktose blieb der Durchmesser der Kolonien eine kurze Zeit unverändert. Anschließend stieg der Durchmesser bis zum Zeitpunkt von etwa 500 Minuten wieder konstant an.

C2 Erläutern Sie das Ergebnis mithilfe des Operon-Modells!
Wenn Glukose im Kulturmedium vorhanden ist, so nutzen die Bakterien diesen Zucker als Energielieferanten. Die Zellen enthalten Enzyme für den Glukoseabbau, aber keine Enzyme für den Laktoseabbau. Wird die Glukose entfernt, so kommt das Wachstum der Kolonie zum Stillstand. Die im Medium vorhandene Laktose kann von den Zellen nicht genutzt werden, weil die Enzyme zu ihrem Abbau erst gebildet werden müssen. Dieser Vorgang dauert einige Minuten. Danach können die Zellen die Laktose als Energielieferanten nutzen. Der Durchmesser der Kolonien wächst.

Material D – Autoradiografie

D1 Beschreiben Sie die Methode der Autoradiografie sowie das in der Abbildung dargestellte Versuchsergebnis!
Dem Kulturmedium einer wachsenden Bakterienkultur wurde radioaktiv markiertes Uridin zugegeben, sodass bei der Transkription mRNA-Moleküle mit radioaktivem Uracil entstanden. Die Nukleinsäuren von Zellproben wurden isoliert und auf Filmmaterial übertragen. Die Strahlung schwärzt den Film.
Zu beobachten ist eine tannenbaumartige Struktur mit einer zentralen Achse und seitlichen Abzweigungen unterschiedlicher Länge.

D2 Erläutern Sie das Ergebnis!
Die zentrale Achse im Foto ist die DNA der Bakterienzelle. Die seitlichen Abzweigungen stellen mehrere mRNA-Moleküle dar. Ihre unterschiedliche Länge steht für die zeitliche Dauer der Transkription: Je länger die Transkription anhält, desto länger ist das gebildete mRNA-Molekül.

D3 Geben Sie an, in welche Richung die in der Abbildung gezeigte Transkription verläuft!
Die Transkription verläuft von links nach rechts. An der linken Stelle bindet die RNA-Polymerase an die DNA und mit ihrem Fortschreiten nach rechts nimmt die mRNA an Länge zu.

Material E – Polytänchromosomen und Puffs

E1 Beschreiben Sie die Entstehung von Polytänchromosomen!
Polytänchromosomen entstehen, wenn DNA-Replikationen, aber keine Zellteilungen stattfinden. Sie bestehen aus vielen parallel zueinander gelagerten homologen Chromosomen.

E2 Erläutern Sie die Beobachtung von Banden und Interbanden mithilfe Ihrer Kenntnisse zur Regulation der Genaktivität!
Banden enthalten bis zu 200 000 Nukleotidpaare in dichter Packung. Diese Heterochromatinstruktur kommt zustande, wenn Cytosinbasen und Histonschwänze in dem betreffenden DNA-Bereich methyliert sind und wenn Histonschwänze keine Acetylgruppen enthalten.
Interbanden enthalten lediglich 3000 Basen. Diese aufgelockerte Struktur wird Euchromatin genannt. Sie kommt durch Demethylierungen von Cytosinbasen und Histonschwänzen sowie durch Acetylierungen von Histonschwänzen zustande.

E3 Analysieren Sie das Auftreten unterschiedlicher Puffmuster an Polytänchromosomen während der Entwicklungszeit von Insekten!
Die Puffs stellen lichtmikroskopisch sichtbare DNA-Bereiche besonders großer Aktivität dar. Im Laufe der Entwicklung von Insekten werden im Larvenstadium, bei der Verpuppung sowie im Puppenstadium unterschiedliche Genprodukte benötigt. Das veränderte Bandenmuster steht für die Synthese unterschiedlicher Genprodukte.

E4 Erläutern Sie die Bedeutung des Vorkommens von Polytänchromosomen in den Speicheldrüsenzellen von *Drosophila*!
Speicheldrüsenzellen haben die Aufgabe, Speichel zu bilden. Neben Wasser als Lösemittel enthält der Speichel eine Vielzahl von Proteinen in jeweils großer Anzahl. Die Vervielfachung der DNA in den Polytänchromosomen erlaubt die Synthese dieser großen Proteinmenge in kurzer Zeit.

Epigenetik und Zellgedächtnis

Seite 114–116

1 Beschreiben Sie die Mechanismen der epigenetischen Vererbung!
Unter epigenetischer Vererbung versteht man eine Informationsweitergabe ohne eine Veränderung der Nukleotidsequenz der DNA. Die Information wird durch die Methylierung bestimmter Basen sowie die Methylierung und Acetylierung von Histonen verschlüsselt. Diese Informationen bleiben bei der Replikation am Matrizenstrang erhalten und werden am neu synthetisierten Strang ergänzt.
Zusatzinformation: Die im Eingangsbeispiel genannten Schildpatt-Katzen weisen Fellbereiche auf, die unterschiedlich gefärbt sind. Dieses Phänomen ist scharf zu trennen von dem Auftreten weißer Fellbereiche bei gescheckten Katzen. Die Fellfärbung ist auf die Bildung von Pigmenten in den Melanozyten der Haut zurückzuführen. Während der Embryonalentwicklung wandern Neuralleistenzellen, aus denen später Melanozyten hervorgehen, in alle Hautbereiche ein. Aufgrund einer Mutation ist bei gescheckten Katzen die Wanderungsfähigkeit der Neuralleistenzellen eingeschränkt. Sie erreichen nicht alle Hautbereiche. Diese Bereiche bleiben weiß.

2 Erläutern Sie am Beispiel der Honigbiene den Begriff Zellgedächnis!
Während der Larvalentwicklung entwickeln sich bestimmte Larven zu Königinnen, aus allen anderen entstehen Arbeiterinnen. Diese Entwicklung zur Königin wird durch ein bestimmtes Futter, das Gelee Royale, ausgelöst. Es sorgt für ein unterschiedliches Methylierungsmuster von etwa 550 Genen bei Arbeiterinnen und Königinnen. Sobald dieses Methylierungsmuster in den larvalen Zellen entstanden ist, wird es an alle durch Zellteilung entstehenden Tochterzellen der Folgegenerationen weitergegeben. Dies wird als Zellgedächtnis bezeichnet.

3 Beschreiben Sie die Untersuchungen zur epigenetischen Vererbung bei Agouti-Mäusen!
Agouti-Mäuse sind homozygote Träger des Agouti-Gens, sie besitzen eine gelbe Fellfarbe und neigen zur Ausbildung von Übergewicht, Diabetes und Krebs. Füttert man weibliche Agouti-Mäuse vor und während einer Schwangerschaft mit einer an Methylgruppendonatoren reichen Nahrung, so sind bei den Nachkommen neben den gelben auch braun gefärbte und gelb-braune Mäuse zu beobachten. Diese Phänotypen treten in Abhängigkeit vom Methylierungsgrad des Agouti-Gens auf: Ein geringer Methylierungsgrad wurde bei gelb gefärbten Mäusen gefunden, ein mittlerer bei gelb-braunen und ein hoher bei braunen Tieren.

4 Ziehen Sie eine Schlussfolgerung aus der möglichen epigenetischen Vererbung beim Menschen!

Die Forschungsergebnisse aus Överkalix legen nahe, dass der Ernährungszustand der Großelterngeneration Einfluss auf den Gesundheitszustand der Enkelgeneration hat. Die generationsübergreifende Informationsübermittlung erfolgt möglicherweise durch die Weitergabe von Methylierungsmustern der DNA der Geschlechtszellen. Damit wird jeder Generation eine besondere Verantwortung für ihre Nachkommen bezüglich der gesundheitsbewussten Ausrichtung ihres Lebenswandels auferlegt.

Zusatzinformation: Die ursprünglichen Untersuchungen aus Överkalix [Kaati, G., Bygren, L.O., Edvinsson, S.: Cardiovascular and diabetes mortality determined by nutrition during parents and grandparents slow growth period. European Journal of Human Genetics (2002) 10, 682–688] belegten zunächst nur eine erhöhte Sterblichkeit von Enkelsöhnen, die mit einer guten Ernährungssituation für die Großväter dieser Enkel korrelierte. Diese Daten wurden anhand der Sterblichkeit der Alterskohorten der Geburtsjahrgänge von 1890, 1905 und 1920 gewonnen. Die Todesursachen wurden mithilfe des ausführlich geführten Sterberegisters anhand der Internationalen Klassifikation von Krankheiten, kurz ICD, ermittelt. Demnach ging die gute Ernährungssituation der Großväter während ihrer präpubertären Phase mit einer durch Diabetes und Herz-Kreislauf-Erkrankungen verursachten erhöhten Sterblichkeit einher. Für die weibliche Linie ergaben sich bei diesem Untersuchungsdesign keine statistisch signifikanten Ergebnisse.

Eine erneute Auswertung der Daten aus Överkalix mit einer veränderten Kohorteneinteilung [Prembrey, M. E. et al: Sexspecific, maleline transgenerational responses in humans, European Journal of Human Genetics (2006) 14, 159-166], bei der auch die Zeiten der frühen Embryonalentwicklung einbezogen wurden, lieferte dann auch Ergebnisse für die weibliche Linie: Waren die Großmütter während der Zeit ihrer eigenen frühen Embryonalentwicklung einem Überfluss an Nahrung ausgesetzt, so wiesen ihre Enkelinnen eine erhöhte Sterblichkeit aufgrund von Diabetes und Herz-Kreislauf-Erkrankungen auf. Für die Elterngeneration ergaben sich keine statistisch relevanten Ergebnisse. Weshalb diese Daten Großeltern und Enkel betreffen und nicht die Elterngeneration, konnte nicht geklärt werden.

In dieser Studie wird auch darüber berichtet, dass männliche Jugendliche, die in der präpubertären Zeit zu Rauchern wurden, später vermehrt Eltern von Kindern wurden, die einen erhöhten Body-Maß-Index aufwiesen.

Aus diesen Ergebnissen wird die These abgeleitet, dass die Lebensumstände während sensibler Perioden der Geschlechtszellreifung – bei Frauen ist dies die Zeit der frühen Embryonalentwicklung, bei Männern die Zeit kurz vor dem Einsetzen der Pubertät – auf epigenetischem Wege Einfluss auf das Genexpressionsmuster der Nachkommen haben. Entsprechende genetische Untersuchungen liegen jedoch weder im Zusammenhang mit der ersten noch mit der zweiten genannten Studie vor, sodass diesen Interpretationen nicht weiter nachgegangen werden kann.

Eine Untersuchung, bei der neben bevölkerungsstatistischen Auswertungen auch genetische Analysen durchgeführt werden [Heijmans, B. T. et al: Persistent epigenetic difference associated with prenatal exposure to famine in humans, Proccedings of the National Academy of Sciences of the USA (2008) 105, 17046–17049], betrifft 60 während des Hungerwinters 1944/1945 in den Niederlanden neugeborene Babys. Trotz der Hungersnot blieb die medizinische Versorgung intakt, sodass umfangreiche Daten ausgewertet werden konnten. Wenn diese Babys innerhalb der ersten zehn Wochen der Schwangerschaft von der Hungersnot betroffen waren, so konnte bei den späteren Erwachsenen im IGF2-Gen eine verringerte Anzahl von Methylgruppen nachgewiesen werden. Das IGF2-Gen codiert für den Insulin-Like Growth-Factor, der an der Steuerung des embryonalen Wachstums beteiligt ist. Eine verringerte Anzahl von Methylgruppen an der DNA des Gens führt zu einer erhöhten Konzentration dieses Wachstumsfaktors. Dies ist offenbar eine Reaktion auf die Nahrungsknappheit, die Körpermasse dieser Babys zum Zeitpunkt der Geburt lag exakt im Durchschnitt. Wenn die Hungersnot erst innerhalb der letzten zehn Wochen der Schwangerschaft auftrat, änderte sich der Methylierungsgrad gegenüber dem Durchschnitt der Bevölkerung nicht mehr. Die Babys wurden mit einer signifikant geringeren durchschnittlichen Körpermasse geboren. Ob das veränderte Methylierungsmuster an die Nachkommen der untersuchten Personen weitergegeben worden ist, wurde nicht untersucht.

Die Frage, ob auf epigenetischem Wege generationsübergreifend eine Informationsweitergabe stattfindet, kann also nicht abschließend beantwortet werden.

Seite 117 (Material)

Material A – Bau und Funktion des Zentromers

A1 Beschreiben Sie anhand der Abbildungen A bis C den Bau des Kontaktbereichs zwischen Chromosom und Spindelfaser!

Besondere Bindungsproteine sind mit dem Ende eines Mikrotubulus verbunden. In einer bestimmten Region des Chromosoms, dem Zentromer, finden sich spezialisierte, zentromerspezifische Nukleosomen. Sie sind mit zentromerspezischen DNA-Bindungsproteinen verbunden, die ihrerseits die Mikrotubuli-Bindungsproteine binden können. Somit entsteht eine Kette miteinander verbundener Substanzen: Mikrotubulus → Mikrotubuli-Bindungsprotein → zentromerspezische DNA-Bindungsproteine → zentromerspezifisches Nukleosom.

A2 Erläutern Sie die Bedeutung des Histons H3-CENPA!

Das zentromerspezifische Histon H3-CENPA ist in der Lage, das zentromerspezifische DNA-Bindungsprotein zu binden und damit den Zusammenhalt von Mikrotubulus und Chromatid am Zentromer sicherzustellen. So kann das Chromatid während der Mitose sicher zu einem Zellpol transportiert werden und geht nicht verloren. Andere Nukleosomen ohne Histon H3-CEPNA können das zentromerspezifische DNA-Bindungsprotein nicht binden.

A3 Beschreiben Sie die Abbildung D!

Die Abbildung D zeigt, dass an vielen Aminosäuren des freien Histonschwanzes H4 Methylierungen und/oder Acetylierungen erfolgen.

A4 Erläutern Sie, weshalb sich die Aminosäuresequenz der Histone im Laufe der Evolution kaum geändert hat!

Die Histone der Nukleosomen sind Zielorte vielfältiger Regulationen: Das Histon H3-CENPA ermöglicht den korrekten Transport von Chromatiden durch die Spindelfasern während der Mitose. Eine veränderte Aminosäure in der Sequenz dieses Histons könnte diesen Transport unmöglich machen. Solche Zellen sterben ab.

Am Aminosäureschwanz des Histons H4 setzen häufig Regulationsmechanismen an, wie die hohe Anzahl an Methylierungen und Acetylierungen zeigt. Auch hier könnte eine veränderte Aminosäurezusammensetzung des Schwanzes diese Regulationen unterbinden und so zum Tod der Zelle führen.

In beiden Fällen besitzen die Zellen mit unveränderter Aminosäuresequenz die höchste Überlebenschance.

A5 Erläutern Sie die Bedeutung der in den Abbildungen A bis D dargestellten Sachverhalte für das Zellgedächtnis!

Das Zellgedächtnis entsteht durch die Synthese eines bestimmten Methylierungsmusters der DNA sowie durch die Synthese eines bestimmten Methylierungs- und Acetylierungsmusters der Histone der Nukleosomen. Sie erzeugen ein bestimmtes Genexpressionsmuster. Diese Muster werden an Tochterzellen weitergegeben. Dazu ist es notwendig, dass die Histone unverändert bleiben, weil sonst der Transport der Chromatiden und/oder die Weitergabe des Genexpressionsmusters unmöglich wird.

Material B – Stress bei Ratten

B1 Beschreiben Sie die dargestellten Untersuchungsergebnisse!

Neugeborene Ratten werden mit teils methylierten Stressreaktionsgenen geboren. Betreibt das Muttertier die Aufzucht nur nachlässig, so verstärkt sich die Methylierung in den Stressreaktionsgenen und so entstehen ängstliche und zurückgezogene Tiere. Diese Tiere werden ihre eigenen Jungtiere später wiederum nachlässig behandeln. Handelt es sich jedoch um ein fürsorgliches Muttertier, so werden die Methylgruppen in den Stressreaktionsgenen abgebaut. Diese Tiere entwickeln sich selbst zu fürsorglichen Elterntieren.

B2 Begründen Sie, dass es sich hier um einen Fall von generationsübergreifender epigenetischer Vererbung handelt!

Durch die fürsorgliche beziehungsweise nachlässige Aufzucht des Nachwuchses wird der ursprüngliche Methylierungsgrad in den Stressreaktionsgenen der Jungtiere entweder verstärkt oder abgebaut. Diese Tiere entwickeln sich selbst zu fürsorglichen beziehungsweise nachlässigen Elterntieren und vermitteln diesen Effekt an ihren eigenen Nachwuchs. So entsteht durch epigenetische Vererbung ein generationsübergreifendes einheitliches Verhaltensmuster.

B3 Methylierungsmuster sind flexibel. Erläutern Sie diese Aussage anhand des dargestellten Beispiels!

Das Methylierungsmuster, das in den Stressreaktionsgenen der Rattenjungtiere entsteht, ist abhängig von dem Verhalten der Elterntiere. Es kann verstärkt oder abgeschwächt werden. Das Methylierungsmuster spiegelt die Aufzuchterfahrungen der Jungtiere wider.

5 Entwicklungsgenetik

Entwicklung von Tieren

Seite 118–120

1 Beschreiben Sie einen der vier Vorgänge Furchung, Gastrulation, Bildung der Körpergrundgestalt oder Organbildung!

Furchung: Als Furchung wird die schnelle Folge von Zellteilungen nach einer Befruchtung bezeichnet. Je nach Dottermenge und Dotterlage im Ei lassen sich mehrere Formen der Furchung unterscheiden: Bei der totalen Furchung wird das gesamte Ei von den Zellteilungen erfasst, zum Beispiel bei Amphibien und Seeigeln. Bei der partiellen Furchung, zum Beispiel bei Vögeln, und bei der superfiziellen Furchung, zum Beispiel bei Insekten, ist nur ein Teil des Eies an den Zellteilungen beteiligt. Ergebnis der Furchung ist die Blastula, eine von einer Zellschicht bedeckte Hohlkugel. Die entstandenen Zellen heißen Blastomeren.
Gastrulation: Als Gastrulation werden Wanderungsbewegungen von Zellen im sich entwickelnden Keim bezeichnet, die dazu führen, dass ein mehrschichtiger Keim mit unterscheidbaren Körperachsen entsteht. Die drei Zellschichten oder Keimblätter werden von innen nach außen Entoderm, Mesoderm und Ektoderm genannt.
Bildung der Körpergrundgestalt: Im Anschluss an die Gastrulation entsteht durch Wachstumsprozesse die spätere Körperform. Die Zellen der Keimblätter differenzieren sich entsprechend ihrer Keimblattzugehörigkeit zu Vorläuferzellen der späteren Organe.
Organbildung: Während dieses Stadiums der Embryonalentwicklung entstehen die späteren Organsysteme.

2 Ziehen Sie eine Schlussfolgerung aus der Beobachtung, dass die drei Keimblätter bei Wirbeltieren und Wirbellosen vergleichbare Organsysteme hervorbringen!

Die große Ähnlichkeit der aus den Keimblättern hervorgehenden Organsysteme lässt den Schluss zu, dass alle vielzelligen Tiere einen gemeinsamen stammesgeschichtlichen Ursprung haben.

Seite 121 (Material)

Material A – Entwicklung eines Huhns im Ei

A1 Beschreiben Sie die Entstehung der extraembryonalen Membranen im Hühnerei!

Während der Furchung des Hühnerembryos entsteht durch Zellteilungen auf dem Dotter eine Keimscheibe. Die entstehenden Zellen bilden ektodermales Material und umwachsen den Dotter. Anschließend wandern Zellen nach unten und umwachsen ebenfalls den Dotter, es handelt sich um entodermales Material. Nun wird der Embryo von einer zweischichten Zelllage überwachsen. Die innere bildet eine Höhle mit Flüssigkeit, in der der Embryo schwimmt, das Amnion. Die äußere Schicht, das Chorion, legt sich eng an die Schalenhaut des Eies an und dient als Atmungsorgan. Eine dritte Membran entsteht später an der Verbindungsstelle zwischen Dotter und Embryo, die Allantois. In ihr werden Stoffwechselendprodukte gesammelt.

A2 Erläutern Sie die dargestellten Entwicklungsvorgänge!

Die Furchung beim Huhn ist eine partielle Furchung. Nur Teilbereiche des Eies nehmen an den Furchungsteilungen teil, weil im Ei eine große Dottermenge gespeichert wird. An der Bildung des späteren Embryos nehmen nicht alle Blastomeren teil, weil einige Zellen als extraembryonales Entoderm den Dotter umwachsen. Sie schließen die Reservestoffe auf. Einige Zellen bilden die extraembryonalen Membranen Amnion, Chorion und Allantois. Diese Zellen werden als extraembryonales Entoderm, Mesoderm und Ektoderm bezeichnet. Dies ist an den Darstellungen des einen Tag alten und des fünf Tage alten Hühnerembryos zu erkennen.
Während der Gastrulation gelangen Zellen entlang einer Rinne ins Innere des Keims, sodass die embryonalen Keimblätter entstehen. Der Embryo streckt sich auf dem Dotter und hebt sich von ihm ab. Er schwimmt im Amnion. Dies ist an der Darstellung des fünf Tage alten Hühnerembryos zu erkennen. Beim neun Tage alten Embryo ist die Körpergrundgestalt zu erkennen, die durch Wachstumsprozesse entsteht. Der Darm ist mit dem Nabelstrang verbunden, durch den die aufgeschlossenen Reservestoffe zum Embryo gelangen. Die Allantois bildet sich. Sie entspringt nahe dem Nabelstrang.

A3 Stellen Sie Vermutungen über die evolutionäre Bedeutung der extraembryonalen Membranen an, indem Sie Unterschiede zwischen der Huhnentwicklung und der Amphibienentwicklung aufzeigen!

Die Entwicklung der Amphibien findet bis zum Entwicklungsstadium der Kaulquappe im Wasser statt. Vogeleier werden jedoch an Land abgelegt. Im Laufe der Stammesgeschichte entstanden morphologische und physiologische Umstrukturierungen, die ein Überdauern der abgelegten Eier an Land sicherstellten. Die Embryonalhüllen beim Vogelei müssen damit alle Funktionen erfüllen, die bei Amphibien die wässrige Umgebung übernimmt: Amnion – Sicherstellung einer wässrigen Umgebung, sodass der Embryo nicht austrocknet; Chorion – Atmungsorgan zur Sicherstellung der Sauerstoffversorgung des Embryos; Allantois – Speicherorgan für Stoffwech-

selendprodukte zur Verhinderung einer Vergiftung des Embryos.
Die extraembryonalen Membranen des Hühnereies stellen eine Angepasstheit an das Leben der Vögel an Land dar.

Entwicklungssteuerung durch Gene

Seite 122–124

1 Erläutern Sie die Entstehung einer Taufliege, bei der als Ergebnis eines Experiments ein Bein am Kopf der Fliege ausgebildet ist!
In einem Experiment wurde eine Imaginalscheibe in der Larve an eine andere Stelle verpflanzt. Imaginalscheiben bestehen aus larvalen Zellen, aus denen im Zuge der Umwandlung der Larve zum adulten Insekt bestimmte Körperstrukturen der Fliege, zum Beispiel Beine, entstehen. Während der Larvalentwicklung werden diese Zellen durch Regulationsfaktoren dazu veranlasst, die für die Ausbildung dieser Körperstrukturen codierenden Gene zu aktivieren, andere dagegen zu deaktivieren. Diese Determination ist auf das Zusammenspiel vieler Regulationsfaktoren zurückzuführen, die während der Entwicklung der Larve die Genexpression steuern. Die Gene, die für diese Regulationsfaktoren codieren, heißen homöotische Gene. Der einmal erreichte Determinationszustand bleibt in den Zellen der Imaginalscheiben bestehen. Verpflanzt man also eine Imaginalscheibe, die ein Bein hervorbringt, an eine andere Körperstelle der Larve, so entsteht das Bein herkunftsmäßig an einer „unpassenden“ Stelle der Fliege.

2 Beschreiben Sie die Wirkungsweise der Hox-Gene!
Die Hox-Gene lassen sich in zwei Gencluster gliedern, die Antennapedia und Bithorax genannt werden. Sie liegen hintereinander auf einem Chromosom. Ihre Abfolge entspricht der Abfolge der Segmente, in denen sie aktiviert werden. Sie codieren für Regulationsfaktoren, die segmentspezifische Merkmalsausprägungen initiieren.

3 Ziehen Sie eine Schlussfolgerung aus der Beobachtung, dass in allen untersuchten Tierarten Varianten der Hox-Gene gefunden wurden!
Die Ähnlichkeit der Hox-Gene lässt den Schluss zu, dass alle untersuchten Tierarten miteinander verwandt sind. Das bedeutet, dass sie von einem gemeinsamen Vorfahren abstammen. Alle vielzelligen Tiere mit mittlerem Keimblatt besitzen eine Körpergliederung, deren Ausbildung durch Hox-Gene gesteuert wird.

Seite 125 (Material)

Material A – Der Fadenwurm als Modellorganismus

A1 Beschreiben Sie die Entwicklung von *C. elegans* von der Befruchtung bis zum erwachsenen Wurm!
Nach der Befruchtung finden Furchungsteilungen statt, die das gesamte Zellplasma der befruchteten Eizelle erfassen. Es handelt sich also um eine totale Furchung. Die Embryonalentwicklung findet im Uterus des Zwitters statt, bis der schlupfreife Wurm entstanden ist. Er besteht aus 558 Zellen und verlässt über die Vulva den elterlichen Körper. Während der späten Larvalphase werden Spermienzellen gebildet, die in einer Spermathek gespeichert werden. Während der weiteren Entwicklung entsteht ein Hermaphrodit, der die gespeicherten Spermienzellen zur Selbstbefruchtung nutzt. Jeder ausgewachsene Wurm weist eine konstante Anzahl von 959 Zellen auf. Während der Entwicklung entstehen 1090 Zellen, von denen 131 durch Apoptose wieder absterben. Außerdem werden etwa 2000 Geschlechtszellen gebildet. *C. elegans* wird etwa einen Millimeter lang und lebt etwa drei Wochen.
Zusatzinformation: Neben den Hermaphroditen kommen bei C. elegans zu etwa 0,2 Prozent in der Population auch reine Männchen vor. Sie besitzen 1031 Zellen. C. elegans besitzt fünf Autosomen und ein X-Chromosom im einfachen Chromosomensatz. Die Männchen entstehen aufgrund von Nondisjunktion während der Bildung der Geschlechtszellen. Männchen sind also durch eine XO-Konstellation gekennzeichnet. Sobald Männchen vorhanden sind, entstehen durch Kreuzung in der Population weitere.

A2 Stellen Sie die genetischen Grundlagen der Entwicklung detailliert dar! Berücksichtigen Sie dabei Ihre Kenntnisse zur Entwicklungsgenetik und zum Zellgedächtnis!
Die reife Eizelle von *C. elegans* enthält Signalstoffe, zum Beispiel Par-Proteine, die die Polarität des späteren Keims festlegen. Diese Signalstoffe werden im Ovar während der Eizellreifung gebildet und durch Gene des erwachsenen Wurms codiert. Es handelt sich also um Maternaleffektgene. Durch die Signalstoffe werden die durch Furchung entstehenden Blastomeren determiniert. Aus jeder dieser Zellen entstehen bestimmte Organsysteme, zum Beispiel bildet die Blastomere E den Darm. Das durch die Aktivität der Regulationsfaktoren entstandene Genexpressionsmuster wird bei weiteren Teilungen an die Tochterzellen weitergegeben, sodass jedes Organ oder Organsystem auf bestimmte Zellen des Keims zurückgeführt werden kann. Die Lage der Organsysteme zueinander im Körper des Wurms wird durch Signalsysteme zwischen benachbarten Zellen festgelegt.

Training A – Das zentrale Dogma der Molekularbiologie

a Erläutern Sie das zentrale Dogma der Molekularbiologie und beschreiben Sie die damit verbundenen Prozesse!

Das zentrale Dogma macht eine Aussage über die Richtung des Informationsflusses bei der Realisierung der genetischen Information. Danach ist ausschließlich die DNA der Träger der genetischen Information. Die DNA verlässt bei Eukaryoten den Zellkern nicht. Kopien der DNA, die mRNA-Moleküle, werden im Zellplasma in eine Abfolge von Aminosäuren übersetzt. Weder die RNA noch die entstandenen Proteine fungieren als Informationsträger.

Bei der *Replikation* wird der DNA-Doppelstrang enzymatisch entwunden und in zwei Einzelstränge aufgespalten. An jedem Einzelstrang werden nach dem Prinzip der komplementären Basenpaarung die fehlenden Nukleotide ergänzt. Das ausführende Enzym ist die DNA-Polymerase, die die neuen Stränge in 5'→3'-Richtung synthetisiert. So entsteht ein kontinuierlicher Strang sowie ein Strang, der aus vielen Einzelstücken besteht, die später zu einem kontinuierlichen Strang verknüpft werden. Die DNA-Polymerase benötigt für den Start ihrer Synthese einen Primer aus RNA.

Bei der *Transkription* wird der DNA-Strang entwunden und in zwei Einzelstränge aufgespalten. An einem der Einzelstränge, dem codogenen Strang, synthetisiert die RNA-Polymerase nach dem Prinzip der komplementären Basenpaarung einen Strang aus RNA-Nukleotiden. Diese Synthese erfolgt in 5'→3'-Richtung. Der Start der Synthese erfolgt an bestimmten DNA-Sequenzen, den Promotoren. An Stoppsequenzen wird die RNA-Synthese beendet.

Die *Translation* erfolgt im Zellplasma an den Ribosomen. Die mRNA wird im Ribosom gebunden. Dort lagern sich passende tRNA-Moleküle an. Die Bindung zwischen mRNA und tRNA wird durch ein Basentriplett der mRNA, das Codon, und das komplementäre Anticodon der tRNA festgelegt. Jede tRNA trägt eine bestimmte Aminosäure, deren chemische Natur durch deren Anticodon bestimmt wird. Nach der Bindung der beiden RNA-Moleküle rückt das Ribosom auf der mRNA ein Triplett weiter, wobei die von der tRNA gebundene Aminosäure mit einer bereits am Ribosom synthetisierten Peptidkette verbunden wird. Das Ribosom rückt ein weiteres Triplett weiter, wobei die erste gebundene tRNA in die Exit-Stelle gelangt und anschließend das Ribosom verlässt. Mit jedem Vorrücken des Ribosoms um ein Triplett wächst die synthetisierte Peptidkette um eine weitere Aminosäure. Die Information der DNA wird durch diese Prozesse in eine Abfolge von Aminosäuren umgesetzt.

b Benennen Sie die Strukturen und Prozesse 1 bis 9 mit den Fachbegriffen!

1 = Transkription
2 = Syntheseleistung der Reversen Transkriptase, die die RNA als Vorlage benutzt und einen komplementären DNA-Strang synthetisiert
3 = Ein Transposon oder springendes Gen hat seinen Platz gewechselt.
4, 5 = Aus der Prä-mRNA werden sinnfreie Abschnitte, die Introns, herausgeschnitten. Bei diesem Spleißvorgang können unterschiedliche reife mRNA-Moleküle entstehen.
6 = Beim RNA-Editing können weitere Basen in die mRNA eingefügt werden, sodass eine gegenüber der reifen mRNA veränderte mRNA entsteht.
7 = Exon
8 = Intron
9 = Translation

c Erläutern Sie für jedes der neueren Forschungsergebnisse, weshalb es sich um eine Verletzung des zentralen Dogmas handelt!

- Transposons können bei jeder Replikation ihren Platz im Genom verändern und dabei zum Beispiel andere Gene abschalten. Der Informationsgehalt der DNA wird also nicht nur durch Mutation und Rekombination verändert.
- Für das zentrale Dogma der Molekulargenetik tritt ausschließlich DNA als Informationsspeicher auf. RNA tritt nach dieser Sichtweise ausschließlich als Transkript der DNA auf. Bestimmte Viren besitzen jedoch RNA als Informationsspeicher, die als Vorlage zur Synthese von DNA benutzt wird. In diesem Fall verläuft der Informationsfluss also genau umgekehrt als vom zentralen Dogma postuliert.
- Die Prä-mRNA stellt zwar ein exaktes Transkript der DNA dar, sie ist jedoch häufig keine funktionierende Translationsvorlage. Der Informationsgehalt der RNA wird durch mehrere Prozesse verändert:
  - Es werden beim Spleißen Introns entfernt.
  - Aus einer Prä-mRNA können durch alternatives Spleißen mehrere unterschiedliche reife mRNA-Moleküle gebildet werden.
  - Beim RNA-Editing können Basen hinzugefügt, umgewandelt oder entfernt werden.
  - Bestimmte Proteine schneiden selbst kleinere Peptidketten aus einem größeren Protein heraus. Erst dann entsteht ein Molekül mit biologischer Aktivität. Die Struktur dieser Moleküle wird also nicht vollständig von dem Informationsgehalt der DNA bestimmt. Auch diese Beobachtung widerspricht den Postulaten des zentralen Dogmas der Molekulargenetik.

Training B – Genetischer Code

a Erläutern Sie, welche Faktoren eines Translationssystems sich im Reagenzglas befinden müssen, und beschreiben Sie den Vorgang der Translation!

Bei der Translation bindet das Ribosom an die mRNA. In der A-Stelle des Ribosoms wird eine passende tRNA mit der zugehörigen Aminosäure gebunden. Welche Aminosäure gebunden wird, ergibt sich aus der komplementären Basenpaarung zwischen Codon und Anticodon. Das Ribosom rückt ein Triplett auf der mRNA weiter. Dabei wird die Aminosäurekette auf die Aminosäure der tRNA in der P-Stelle des Ribosoms übertragen. Die nun freie tRNA gelangt in die E-Stelle des Ribosoms und wird ins Zellplasma abgegeben. Diese Vorgänge werden so oft wiederholt, bis ein Stoppcodon auf der mRNA erreicht wird.

Neben den im Materialteil genannten Substanzen werden in dem Reagenzglas daher noch intakte Ribosomenuntereinheiten und passende tRNA-Moleküle benötigt. Für die Bindung der passenden Aminosäure an das jeweilige tRNA-Molekül werden eine spezifische Aminoacyl-tRNA-Synthetase sowie ein ATP-Molekül als Energielieferant benötigt.

b Nennen Sie die entstehenden radioaktiv markierten Aminosäuresequenzen in den Ansätzen der beiden Versuchsreihen und begründen Sie Ihre Antwort! Nehmen Sie dazu die Codesonne im Anhang zu Hilfe!

Eine fortlaufende mRNA-Sequenz von Poly-UC enthält abwechselnd zwei unterschiedliche Tripletts: UCU und CUC. Das bedeutet, dass zwei Aminosäuren, Serin und Leucin, durch diese Sequenz codiert werden. In dem entstehenden Polypeptid werden Serin und Leucin immer abwechselnd auftreten.

Im Ansatz I beider Versuchsreihen wird eine Polypeptidkette, die abwechselnd aus Serin und Leucin besteht, entstehen, da alle notwendigen Bestandteile in den Ansätzen enthalten sind. Wenn eine der beiden Aminosäuren im Ansatz fehlt, kann keine Polypeptidkette entstehen. Dies gilt für den Ansatz II beider Versuchsreihen. Auch wenn das mRNA-Molekül wie in Ansatz III beider Versuchsreihen fehlt, kann keine Polypeptidkette entstehen.

c Ermitteln Sie, inwieweit das beschriebene Experiment den Triplettcharakter des genetischen Codes bestätigen kann!

Aus diesem Experiment könnte auch geschlossen werden, dass Aminosäuren nur durch eine einzige Base codiert werden: Es existiert nur mRNA mit regelmäßigem Wechsel von C und U und eine Polypeptidkette mit regelmäßigem Wechsel von Serin und Leucin. Eine eindeutige Bestätigung des Triplettcharakters des genetischen Codes stellt das Experiment daher nicht dar.

d Entwerfen Sie ein Experiment, mit dem man den Triplettcharakter des genetischen Codes eindeutig belegen kann!

Man könnte eine mRNA synthetisieren, die aus drei regelmäßig wiederkehrenden Basen besteht, zum Beispiel Poly-CAU. Wenn Aminosäuren nur durch eine Base codiert werden, dann müsste das entstehende Polypeptid eine regelmäßige Abfolge dreier verschiedener Aminosäuren aufweisen. Tatsächlich aber findet man ein Polypeptid, das nur aus einer Aminosäure besteht, hier Poly-Histidin. Dies ist ein Beleg für den Triplettcharakter des genetischen Codes.

e Erläutern Sie, weshalb der Versuchsansatz III in die beiden Versuchsreihen aufgenommen wurde!

Der Ansatz III wurde in die Versuchsreihe aufgenommen, um zu zeigen, dass ohne die mRNA-Vorlage kein Polypeptid entstehen kann. Das Auftreten eines radioaktiv markierten Polypeptids ist nicht zu erwarten. Daher sind die Ergebnisse in den Ansätzen I und II der beiden Versuchsreihen nicht auf einen Zufall zurückzuführen, sondern beruhen auf der durch die mRNA codierten Information.

Training C – Mutationen

a Ergänzen Sie anhand der Basensequenzen der DNA die komplementären mRNA-Abschnitte und erstellen Sie die resultierenden Aminosäureketten! Nehmen Sie dazu die Codesonne im Anhang zu Hilfe!

Basensequenz 1

DNA:	GAA	TCA	CTG	ATG	CCA	TTT
mRNA:	CUU	AGU	GAC	UAC	GGU	AAA
Aminosäurekette:	Leu	Ser	Asp	Tyr	Gly	Lys

Basensequenz 2

DNA:	GAA	TCG	CTG	ATG	CCA	TTC
mRNA:	CUU	AGC	GAC	UAC	GGU	AAG
Aminosäurekette:	Leu	Ser	Asp	Tyr	Gly	Lys

Basensequenz 3

DNA:	GGA	TCA	CTT	ATG	CCA	TTT
mRNA:	CCU	AGU	GAA	UAC	GGU	AAA
Aminosäurekette:	Pro	Ser	Glu	Tyr	Gly	Lys

Basensequenz 4

DNA:	GAA	TCA	CTG	ATC	CCA	TTT
mRNA:	CUU	AGU	GAC	UAG	GGU	AAA
Aminosäurekette:	Leu	Ser	Asp	Stopp	---	---

Basensequenz 5

DNA:	GAT	CAC	TGA	TGC	CAT	TT
mRNA:	CUA	GUG	ACU	ACG	GUA	AA
Amino-säurekette:	Leu	Val	Thr	Thr	Val	---

b Benennen Sie die dargestellten Mutationen und erläutern Sie anhand der Transkription und der Translation ihre Auswirkungen auf die entstehende Polypeptidkette!

Bei der Translation wird am codogenen Strang der DNA durch die RNA-Polymerase nach dem Prinzip der komplementären Basenpaarung eine einzelsträngige mRNA gebildet. Diese dient im Ribosom als Vorlage für die Translation. Dabei werden tRNA-Moleküle, die jeweils eine bestimmte Aminosäure tragen, nach dem Prinzip der komplementären Basenpaarung mit der mRNA verknüpft. Ausschlaggebend für die Abfolge der Aminosäuren ist die Abfolge der Basentripletts auf der mRNA. Die Sequenz der Basen gibt damit die Aminosäuresequenz im späteren Protein wieder.

In der zweiten DNA-Sequenz finden sich zwei Punktmutationen, die jeweils die dritte Base eines Tripletts betreffen. Dadurch verändert sich bei der Transkription die Basensequenz der mRNA. Die veränderten Tripletts codieren aber für jeweils dieselbe Aminosäure, sodass die beiden Mutationen keinen Einfluss auf die Aminosäuresequenz der entstehenden Polypeptidkette haben. Es handelt sich jeweils um eine stille Mutation.

In der dritten DNA-Sequenz finden sich zwei Punktmutationen, die die zweite beziehungsweise dritte Base des jeweiligen Tripletts betreffen und eine veränderte Basensequenz der mRNA zur Folge haben. Bei der Translation wird dadurch anstelle von Leucin die Aminosäure Prolin und anstelle von Asparaginsäure die Aminosäure Glutamin in die entstehende Polypeptidkette eingebaut. Es handelt sich um Missense-Mutationen.

In der vierten DNA-Basensequenz findet sich eine Punktmutation, die die dritte Base eines Tripletts betrifft. In der mRNA entsteht bei der Transkription ein Stoppcodon, an dem die Translation abbricht. Die entstehende Polypeptidkette ist unvollständig. Es handelt sich um eine Nonsense-Mutation.

In der fünften DNA-Basensequenz entsteht durch die Deletion einer Base eine Leserasterverschiebung. Es handelt sich um eine Leseraster-Mutation. Die daraus resultierende Basensequenz der mRNA hat eine vollkommen veränderte Aminosäuresequenz der Polypeptidkette zur Folge.

c Erläutern Sie anhand des Materials und Ihrer Auswertungen wesentliche Kennzeichen des genetischen Codes!

Anhand der vorgegebenen Basensequenz der DNA lässt sich die Aminosäuresequenz des codierten Polypeptids auf der Grundlage der Kennzeichen des genetischen Codes ermitteln: Ein Basentriplett codiert für eine bestimmte Aminosäure, wobei eine Base immer nur zu einem Triplett gehört und es keine Basen gibt, die nicht zu einem Triplett gehören. Der genetische Code ist also eindeutig, überlappungsfrei und kommafrei.

In der zweiten Basensequenz finden sich Mutationen, die trotz veränderter Tripletts nicht zu einer veränderten Aminosäuresequenz führen. Viele Aminosäuren werden durch mehrere Tripletts codiert. Man spricht vom degenerierten genetischen Code.

Der genetische Code enthält Stoppcodons, an denen die Translation abbricht. Durch Mutationen können Stoppcodons wie bei der vierten Basensequenz entstehen.

d Durch die dargestellte Basensequenz sei ein Teil eines Enzyms codiert. Erläutern Sie die möglichen Auswirkungen der Mutationen 2 bis 5 für die Enzymaktivität!

Mutation in der Basensequenz 2: Das veränderte Triplett codiert dieselbe Aminosäure, sodass sich die Aminosäuresequenz des Enzyms nicht ändert. Die Funktionsfähigkeit des Enzyms bleibt daher unverändert.

Mutation in der Basensequenz 3: Zwei Aminosäuren sind in der Polypeptidkette verändert. Dies kann zu erheblichen Veränderungen in der Raumstruktur des Enzyms und damit zum Verlust der katalytischen Aktivität führen. Möglicherweise bleibt die katalytische Aktivität des Enzyms jedoch auch unberührt.

Mutation in der Basensequenz 4: Aufgrund der Mutation entsteht ein Stoppcodon in der mRNA, an dem die Translation abbricht. Es ist wahrscheinlich, dass kein funktionsfähiges Enzym entsteht.

Mutation in der Basensequenz 5: Aufgrund einer Leseraster-Mutation entsteht eine völlig veränderte Aminosäuresequenz. Das Enzym ist somit funktionsunfähig.

Biotechnologie

1 Werkzeuge der Gentechnik

Künstliche DNA-Rekombination

Seite 132–134

1 Erklären Sie, weshalb sich Plasmide und Bakteriophagen als Vektoren eignen!
Plasmide und Bakteriophagen verfügen natürlicherweise bereits über wesentliche Eigenschaften, die für Vektoren im Rahmen gentechnischer Verfahren unerlässlich sind. So ist die zu übertragende DNA relativ klein und kann sich in der Wirtszelle replizieren, sodass viele Kopien der rekombinierten DNA hergestellt und an die Tochterzellen weitergegeben werden. Die Aufnahme der DNA-Moleküle durch Bakterienzellen geschieht in beiden Fällen ebenfalls schon auf natürliche Weise.

Seite 135 (Material)

Material A – Lambda als Klonierungsvektor

A1 Beschreiben Sie die Schritte der Klonierung mit dem Vektor λ!
Für die DNA-Klonierung mit dem Bakteriophagen λ wird die lineare Phagen-DNA mit dem Restriktionsenzym EcoRI in drei Teile geschnitten: den „linken Arm", den zentralen Gencluster und den „rechten Arm". Die isolierten „Arme" werden mit DNA-Fragmenten gemischt, die kloniert werden sollen und die zuvor ebenfalls mit EcoRI geschnitten wurden. Durch Ligation erhält man rekombinante DNA. Diese wird in vitro in λ-Virusteilchen verpackt. Die Bakteriophagen werden zu *E.-coli*-Zellen gegeben und injizieren die rekombinante DNA in die Bakterienzellen. In den Bakterien wird die rekombinante DNA repliziert, Phagenbausteine werden gebildet und neue Phagen entstehen, die bei der Lyse freigesetzt werden. Auf einem Bakterienrasen erkennt man die Stellen mit lysierten Bakterien und freigesetzten Phagen daran, dass dort durchsichtige Plaques entstanden sind. Aus diesen Plaques kann man die Phagen entnehmen und die klonierte DNA gewinnen.

A2 Erläutern Sie, inwiefern man sich die Eigenschaften des Bakteriophagen für die Klonierung zunutze macht!
Für die Klonierung mithilfe von Bakteriophagen macht man sich zunutze, dass Phagen ihre DNA in Bakterienzellen injizieren. Die DNA muss nicht aufwendig eingebracht werden. Die Phagen-DNA wird in den Bakterien repliziert, sodass zahlreiche identische Kopien entstehen. Der zentrale Gencluster des Phagen λ muss entfernt werden, damit überhaupt ein DNA-Fragment inseriert werden kann, ohne dass das DNA-Molekül für die Verpackung in Virusteilchen zu groß ist. Die Schnittstellen von *Eco*RI liegen so günstig, dass mit dem zentralen Gencluster die Informationen für das Vermehren als Prophage entfernt werden. Daher wird stets der lytische Zyklus durchlaufen. So kann man die Plaques mit lysierten Bakterien und klonierten Phagen in den Petrischalen gut erkennen. Zugleich enthalten die „Arme" die Gene für die Replikation in den Bakterienzellen, sodass die rekombinante DNA vervielfältigt werden kann. Da die „Arme" allein zu klein sind, um in Virusteilchen verpackt zu werden, ist davon auszugehen, dass nur rekombinante DNA verpackt wird. Außerdem macht man sich zunutze, dass Phagen in den Bakterienzellen mithilfe von Enzymen aus Proteinbausteinen und DNA zu neuen Phagen zusammengebaut werden. Diese Bausteine und Enzyme können aus Bakterienzellen isoliert werden, sodass Phagen in vitro erzeugt werden können, um damit Bakterien zu infizieren.

Material B – Resistenzgene

B1 Beschreiben und erläutern Sie die dargestellten Vorgänge!
Ein Plasmid soll als Klonierungsvektor eingesetzt werden und einen DNA-Abschnitt übertragen. Zunächst wird mithilfe der Restriktionsendonuklease Pst 1 der Plasmidring innerhalb des Ampicillinresistenzgens geschnitten, sodass klebrige Enden entstehen. Der ebenfalls mit demselben Restriktionsenzym geschnittene DNA-Abschnitt wird hinzugegeben, in den Plasmidring eingefügt und mittels der Ligase verknüpft. Die rekombinante DNA soll nun in Bakterienzellen transformiert werden. Dazu wird die Bakterienzellwand mit Calciumchlorid durchlässiger gemacht.

B2 Erläutern Sie die Funktion der Resistenzgene!
Mithilfe der Resistenzgene findet man heraus, welche Bakterien das Plasmid mit der gewünschten DNA-Sequenz aufgenommen haben. Im ersten Schritt werden durch die Übertragung auf einen Tetrazyklin-Nährboden die Bakterien aussortiert, die nicht transformiert wurden, da sie wegen des fehlenden Plasmids nicht gegen Tetrazyklin resistent sind.
Allerdings wachsen auf einem Tetrazyklin-Nährboden die Bakterien, die ein Plasmid aufgenommen haben, ob mit oder ohne eingebaute DNA. Die Übertragung auf einen Ampicillin-Nährboden unterstützt die Suche nach den Bakterien mit rekombinanten Plasmiden. Denn da

die Schnittstelle für die fremde DNA-Sequenz inmitten des Ampicillin-Resistenzgens liegt, weist ein Wirtsbakterium, welches die fremde DNA aufgenommen hat, keine Resistenz gegen Ampicillin mehr auf. Also wachsen transformierte Bakterien nicht mehr auf Nährböden mit Ampicillin. Durch den Vergleich der Koloniemuster lassen sich die Kolonien ermitteln, die auf tetrazyklinhaltigem Nährboden wachsen, auf ampicillinhaltigem aber nicht. Diese Kolonien gehen auf Bakterien zurück, die das rekombinante Plasmid enthalten. Sie können dann in einer Flüssigkultur vermehrt werden.

Polymerasekettenreaktion

Seite 136–138

1 Beschreiben und erklären Sie die Abbildung 02 auf Seite 137!

Die Abbildung stellt das Prinzip der Polymerasekettenreaktion dar, die über die drei sich wiederholenden Schritte der Denaturierung, Hybridisierung und Polymerisierung zur Vervielfältigung eines DNA-Abschnitts führt.

Beim ersten Schritt, der Denaturierung, wird ein doppelsträngiges DNA-Fragment auf 90 bis 95 Grad Celsius erwärmt. Bei dieser Temperatur lösen sich die Wasserstoffbrückenbindungen, welche die beiden Stränge der DNA zusammenhalten. Das Molekül denaturiert innerhalb weniger Minuten in Einzelstränge.

Beim anschließenden Hybridisieren wird die Temperatur auf 50 bis 60 Grad Celsius gesenkt. Unter diesen Bedingungen binden Primer an die einzelsträngige DNA. Diese Moleküle sind komplementär zu den Bereichen, die die zu kopierende DNA-Sequenz auf beiden Seiten flankieren. Sie dienen als Ausgangspunkte der Synthese neuer DNA-Stränge. Damit diese Hybridisierung an beiden Strängen gleichzeitig erfolgen kann, werden gegenläufig orientierte Primer eingesetzt.

Für den dritten Schritt, die Polymerisierung, wird die Temperatur auf 70 bis 75 Grad Celsius erhöht. In diesem Bereich hat die Taq-Polymerase ihr Temperaturoptimum. Sie synthetisiert den zum ursprünglichen DNA-Abschnitt komplementären Strang nach den Regeln der Basenpaarung an das 3'-Ende der Primer. So verdoppelt sich die Anzahl der DNA-Stränge in jedem Zyklus in weniger als zehn Minuten.

2 Erklären Sie die Ableitung der Restriktionskarte aus dem Bandenmuster!

Beim Vergleich der Bande der Probe aus der ersten Tasche mit dem Größenvergleichsstandard fällt auf, dass das ungeschnittene DNA-Fragment eine Größe von sieben Kilobasenpaaren aufweist.

Wird das Fragment mit dem Restriktionsenzym BamHI behandelt, erkennt man zwei Banden. Die DNA wird in zwei Fragmente von 2,5 beziehungsweise 4,5 Kilobasenpaaren gespalten. Daraus kann man ableiten, dass die DNA eine Schnittstelle für BamHI aufweist, die 2,5 Kilobasenpaare von dem einem Ende beziehungsweise 4,5 Kilobasenpaare von dem anderen Ende entfernt ist.

Nach der Behandlung mit dem Restriktionsenzym PstI sind ebenfalls zwei Banden zu erkennen. Dieses Enzym schneidet die DNA also ebenso an einer Schnittstelle, sodass ein Fragment von 1,5 Kilobasenpaaren und eines von 5,5 Kilobasenpaaren Größe entsteht. Die Schnittstelle befindet sich also 1,5 beziehungsweise 5,5 Kilobasenpaare von dem einen oder anderen Ende entfernt.

Die gleichzeitige Behandlung der DNA mit beiden Enzymen führt zu drei Banden, also drei Fragmenten mit einer Größe von 3,0 und 2,5 und 1,5 Kilobasenpaaren. Da bei der Behandlung mit nur einem der Enzyme kein Fragment mit einer Größe von 3,0 Kilobasenbasenpaaren entsteht, muss es zwischen den Schnittstellen der beiden Enzyme liegen.

Aus diesen Befunden lässt sich ähnlich einem Puzzle die Restriktionskarte erstellen. Die Schnittstelle des Enzyms BamHI liegt 2,5 Kilobasenpaare von einem Ende entfernt, es schließt sich ein drei Kilobasenpaare langes Teilstück bis zur Schnittstelle des Enzyms PstI an, welche 1,5 Kilobasenpaare vom anderen Ende entfernt ist.

Seite 139 (Material)

Material A – Restriktionskarte

A1 Geben Sie an, welche der Restriktionskarten aus dem Bandenmuster der Gelelektrophorese abgeleitet werden kann, und begründen Sie Ihre Auswahl!

Die fünfte Restriktionskarte kann aus dem Bandenmuster abgeleitet werden. Aus der Summe der Fragmentgrößen ist abzuleiten, dass die Größe des behandelten DNA-Abschnitts zwölf Kilobasenpaare beträgt. Daher ist die letzte Karte auszuschließen. Die Enzyme ApoI und NcoI haben jeweils eine Schnittstelle, das Enzym EcoRI hat zwei Schnittstellen, da bei der Behandlung mit ApoI und NcoI jeweils zwei, mit EcoRI aber drei Fragmente entstehen. Durch das Enzym ApoI wird die DNA in ein Stück von neun und ein Stück von drei Kilobasenpaaren Größe gespalten. Damit kommen nur noch die Restriktionskarten zwei und fünf in Frage, weil die jeweilige Schnittstelle für ApoI entsprechende Fragmentgrößen erstellt. Die Spaltung mit dem Enzym NcoI führt zu zwei Teilstücken von vier beziehungsweise acht Kilobasenpaaren Größe. Dies lässt sich ebenfalls mit den Karten zwei und fünf vereinbaren. Die Doppelspaltung mit ApoI und NcoI ergibt, dass deren Schnittstellen ein Kilobasenpaar voneinander entfernt sein müssen, weil ein bei den getrennten Behandlungen nicht vorkommendes Teilstück dieser Größe abzulesen ist. Daher kommt nur noch die fünfte Restriktionskarte in Frage. Auch das Ergebnis der Spaltung mit dem Enzym *Eco*RI bestätigt diese Schlussfolgerung, denn es spaltet die DNA in Teilstücke von sechs, fünf und einem Kilobasenpaar Größe.

Material B – Glasknochenkrankheit

B1 Erläutern Sie den Unterschied in der Größe des DNA-Fragments eines normalen und mutierten Allels nach Behandlung mit einem Restriktionsenzym!
Restriktionsenzyme schneiden die DNA an spezifischen Stellen, die durch eine bestimmte Basenfolge festgelegt sind. Kommt es an der Schnittstelle zu einer Mutation zum Beispiel durch einen Basenaustausch, wird diese Stelle durch das Restriktionsenzym nicht mehr als Schnittstelle erkannt und die DNA nicht gespalten. Daher entstehen in diesem Fall der Glasknochenkrankheit nach der Mutation statt dreier Fragmente von 153, 63 und 9 Basenpaaren nur noch zwei Fragmente der Größe 153 und 72 Basenpaare. Durch die Mutation wurde eine Schnittstelle durch das Restriktionsenzym nicht mehr als solche erkannt.

B2 Werten Sie das Ergebnis der Untersuchung aus!
Das Ergebnis der Gelelektrophorese zeigt, dass das mutierte Allel bei beiden Söhnen und in den Spermienzellen des Vaters vorhanden ist. In den Proben der Tochter und der Mutter ist das mutierte Allel nicht zu finden, ebenso wenig in den Blutzellen des Vaters. Daher ist das plötzliche Auftreten der Erkrankung in der Familie durch eine Mutation in den Urgeschlechtszellen des Vaters zu erklären, die zur phänotypischen Ausprägung der Glasknochenkrankheit bei den Söhnen geführt hat.

B3 Erläutern Sie, ob das Allel für die Glasknochenkrankheit dominant oder rezessiv vererbt wird!
Da beide Söhne das normale und das mutierte Allel in gleichem Verhältnis tragen, sind sie bezüglich dieses Merkmals heterozygot. Weil sie trotz der Heterozygotie an der Glasknochenkrankheit erkrankt sind, wird das Allel für die Krankheit dominant vererbt.

DNA-Sequenzierung

Seite 140–141

1 Beschreiben Sie detailliert den Ablauf der DNA-Sequenzierung!
Bei der DNA-Sequenzierung wird die DNA zu Einzelsträngen denaturiert und mit geeigneten Primern, DNA-Polymerasemolekülen und den vier verschiedenen Desoxyribonukleosid-Triphosphaten, kurz dNTP, versetzt. Die vier Triphosphate dienen als Substrate der DNA-Replikation: dATP, dGTP, dCTP und dTTP. Außerdem werden in geringer Menge Didesoxyribonukleosid-Triphosphate, kurz ddNTP, dem Ansatz hinzugefügt. Die vier ddNTP sind jeweils mit unterschiedlichen Fluoreszenzmarkern versehen.
Mit voranschreitender Replikation enthält der Ansatz neben den Matrizenfragmenten unterschiedlich lange DNA-Fragmente, die jeweils mit einem fluoreszierenden ddNTP enden. Durch Erhitzen werden die neuen Stränge von der Matrize getrennt und mittels Elektrophorese der Länge nach sortiert. Per Laserstrahl wird die Farbe der Fluoreszenzmarker bestimmt, die angibt, welches ddNTP sich am Ende eines Fragments befindet. Aus dieser Abfolge errechnet ein Computer die Nukleotidsequenz des synthetisierten DNA-Stranges und wandelt diese in die Sequenz des Matrizenstranges um.

2 Geben Sie die Funktion der ddNTP-Moleküle an!
Diesen Molekülen fehlt am 3'-Kohlenstoffatom der Desoxyribose die Hydroxylgruppe. Das Molekül kann daher zwar in die wachsende DNA-Kette eingebaut werden, aber eine Verknüpfung mit einem nächsten Nukleotid findet nicht statt. Deshalb bricht die Synthese an der Position ab, an der eines der vier ddNTP in die DNA-Sequenz eingebaut wurde. Die ddNTP-Moleküle sind also für den Kettenabbruch verantwortlich. Zugleich tragen sie auch die Fluoreszenzmarkierung, sodass jedes Fragment in der den jeweiligen Basen entsprechenden Farbe fluoresziert.

3 Erläutern Sie, weshalb bei der Schrotschuss-Sequenzierung die Fragmente mehrerer Ansätze parallel sequenziert werden!
Die parallele Sequenzierung unterschiedlich großer Fragmente ermöglicht es, die zufällig erstellten Fragmente in die richtige Reihenfolge zu bringen. Denn Computerprogramme erkennen Überlappungsbereiche und können auf dieser Grundlage die richtige Reihenfolge der Fragmente und damit dann auch die Abfolge der Basensequenzen ermitteln.

Seite 143 (Material)

Material A – Sanger-Sequenzierung

A1 Beschreiben Sie den Ablauf der ursprünglichen Sanger-Sequenzierung!
Man gibt einen DNA-Strang unbekannter Sequenz zusammen mit radioaktiv markierten Primer-Molekülen und DNA-Polymerase-Molekülen in ein Reaktionsgefäß. Nach der Denaturierung der DNA bindet der Primer an die einzelsträngige DNA und wird zum Ansatzpunkt für die Synthese, die von der DNA-Polymerase katalysiert wird. Es gibt vier verschiedene Reaktionsgefäße, die alle die vier verschiedenen Desoxynukleosid-Triphosphate enthalten: dATP, dTTP, dGTP, dCTP. Der Inhalt der Reaktionsgefäße unterscheidet sich hinsichtlich der hinzugefügten Didesoxynukleosid-Triphosphate. Jedes Reaktionsgefäß enthält nur einen Typ ddNTP: entweder

ddATP oder ddTTP oder ddGTP oder ddCTP. In jedem Ansatz schreitet die DNA-Synthese nur so weit fort, bis ein ddNTP eingebaut wurde. In jedem Reaktionsgefäß wird also die DNA entlang des Matrizenstranges komplementär synthetisiert, sodass DNA-Fragmente unterschiedlicher Länge entstehen, die alle mit der gleichen Base enden.
Durch eine Denaturierung werden die DNA-Fragmente von der Matrize abgelöst und nebeneinander in ein Agarosegel gegeben. Über eine Gelelektrophorese werden die Fragmente jedes Ansatzes der Größe nach getrennt. Da sie durch die Primer radioaktiv markiert sind, können die Banden über eine Autoradiografie sichtbar gemacht werden. Das Ablesen der Basenfolge beginnt mit der am weitesten gelaufenen Bande, denn sie enthält das kürzeste Fragment. Die abgelesene Basensequenz ist der Matrize komplementär.

A2 Vergleichen Sie die ursprüngliche Methode mit der automatisierten Vorgehensweise! Nehmen Sie die Seiten 140 und 141 zu Hilfe!
Es werden dieselben Reagenzien benötigt: Primer, DNA-Polymerase und die vier Desoxynukleosid-Triphosphate dATP, dTTP, dGTP, dCTP.
Statt der Primer sind bei der automatisierten Vorgehensweise die ddNTP-Moleküle markiert, aber nicht radioaktiv, sondern mit vier unterschiedlichen Fluoreszenzfarbstoffen. Diese werden zusammen mit den anderen Reagenzien in ein Reaktionsgefäß gegeben, in dem Fragmente unterschiedlicher Länge entstehen. Diese werden dann wiederum ebenfalls mittels einer Gelelektrophorese der Größe nach getrennt. Statt einer Autoradiografie regt heutzutage ein Laserstrahl die Markerfarbstoffe zur Fluoreszenz an. Eine Fotozelle erfasst das Fluoreszenzlicht der unterschiedlichen Wellenlängen. Diese Daten werden von einem Computer genutzt, um zu bestimmen, welches ddNTP sich am Ende des jeweiligen Fragments befindet. Daraus errechnet der Computer die Basensequenz und wandelt sie in die Sequenz des Matrizenstrangs um.

A3 Geben Sie die Basensequenz des untersuchten DNA-Abschnitts an!
Die Basensequenz des untersuchten DNA-Abschnitts in 5'→3'-Richtung lautet: ACGTGTCGAACT.

Material B – Repetitive Sequenzen

B1 Vergleichen Sie die Effektivität beider Verfahren bei der Untersuchung repetitiver DNA-Sequenzen!
Die Abbildung zeigt die Anzahl der richtig zugeordneten Basen in Abhängigkeit vom Grad der Übereinstimmung der Basensequenzen.
Während man mit der Schrotschuss-Methode bei 96-prozentiger Übereinstimmung der Basensequenzen etwa 4000 Kilobasen sequenzieren kann, sinkt diese Anzahl mit steigendem Grad der Übereinstimmung auf weniger als 1000 Kilobasen bei 98-prozentiger Übereinstimmung. Nutzt man die Stück-für-Stück-Sequenzierung, werden hingegen bei 96-prozentiger Übereinstimmung 11 000 Kilobasen und mit steigendem Grad der Übereinstimmung bis auf 99 Prozent sogar mehr als 20 000 Kilobasen richtig zugeordnet. Selbst bei 100-prozentiger Übereinstimmung erkennt man noch 1000 Kilobasen, während die Schrotschuss-Methode keine Ergebnisse liefert.

B2 Entwickeln Sie eine Hypothese, die die unterschiedliche Effektivität beider Verfahren erklärt!
Da bei der Schrotschuss-Methode ungerichtet DNA-Fragmente erzeugt werden, werfen repetitive Sequenzen, die sich an mehreren Stellen im Genom wiederholen, Probleme auf. Denn die Zuordnung der Fragmente in diesen Bereichen ist schwierig, da falsche Überlappungen entstehen können.
Bei der Stück-für-Stück-Sequenzierung hingegen werden die Fragmente zunächst in die richtige Reihenfolge gebracht, sodass auch repetitive Bereiche eingeordnet werden können. Die anschließende Sequenzierung erfolgt entlang der zuvor festgestellten linearen Zuordnung. So werden falsche Überlappungen ausgeschlossen.

2 Anwendungsgebiete

Einzeller produzieren Medikamente

Seite 144–146

1 Erläutern Sie die Funktion der Fusionsproteine bei der Insulinherstellung!
Die Verbindung der bakterieneigenen β-Galaktosidase mit der bakterienfremden Insulinkette bezeichnet man als Fusionsprotein. Diese Verbindung verhindert, dass das rekombinante Protein durch bakterielle Proteasen zersetzt wird. Außerdem gelingt die Reinigung von den übrigen Molekülen nach der Zerstörung der Wirtszellen besser, da das Fusionsprotein größer ist als eine Insulinkette.

2 Nennen Sie mögliche Schwierigkeiten bei der Nutzung von *E. coli* als Proteinproduzent!
Da es sich bei *E. coli* um einen Prokaryoten handelt, können bei der Herstellung eukaryotischer Proteine Schwierigkeiten auftreten.
Wenn das Fremdgen beispielsweise Introns enthält, kann es nicht richtig exprimiert werden, weil Prokaryoten diese Introns nicht aus den Transkripten herausschneiden können. Des Weiteren können eukaryotische Gene Sequenzen enthalten, die bei *E. coli* als Terminationssignale wirken. Viele eukaryotische Proteine werden nach der Translation außerdem durch chemische Modifikation der Aminosäuren abgewandelt. So werden beispielsweise häufig Zuckergruppen angefügt. Eine solche Glykosylierung findet aber bei Bakterien nur in Ausnahmefällen statt. Fremde Proteine können von *E. coli* abgebaut werden. Auch bei der Faltung des Proteins und der Ausbildung von Disulfidbrücken treten in Bakterien oft Fehler auf, sodass das Protein nicht wirksam ist. Eine nachträgliche Faltung im Reagenzglas ist kaum möglich. Außerdem verklumpen solche Proteine ohne korrekte Tertiärstruktur oft, sodass sie schwer löslich sind.
E. coli bevorzugt wie andere Lebewesen auch trotz der nahezu uneingeschränkten Universalität des genetischen Codes bestimmte Codons. Enthält eine fremde DNA zu viele für *E. coli* nicht geläufige Codons, kann die Anzahl der vorhandenen spezifischen tRNAs zu gering sein. Dies führt zu Schwierigkeiten bei der Translation.

Seite 147 (Material)

Material A – Hefevirus

A1 Beschreiben Sie die Schritte von der Virusinfektion der Hefezelle bis zur Sekretion des Toxins!
Nachdem das Virus eine Hefezelle befallen hat, vermehrt es sich darin, sodass eine hohe Anzahl an Viruskopien in der Zelle vorhanden ist. Die virale RNA verlässt das Virus und wird an freien Ribosomen im Zytoplasma translatiert. Das Protein besteht aus zwei Signalsequenzen und drei Toxinanteilen. Diese drei Moleküle gelangen mithilfe der Signalsequenzen in das Endoplasmatische Retikulum. Dort spaltet das Enzym Signalpeptidase die erste Signalsequenz ab. Das entstandene Protoxin wird über ein Transportvesikel zum Golgiapparat transportiert. Dort spaltet die Endopeptidase die zweite Signalsequenz und den Toxinanteil Tγ ab, sodass das reife Toxin entsteht. Dieses gelangt vom Golgiapparat über sekretorische Vesikel zur Zellmembran und wird durch Exozytose sezerniert.

A2 Stellen Sie eine Hypothese auf, wie man die Erkenntnisse über das Hefevirus für eine vereinfachte Gewinnung rekombinanter Proteine aus Hefezellen nutzen kann!
Um den Syntheseweg für Sekretionsprodukte zu durchlaufen, sind die Signalsequenzen vermutlich von entscheidender Bedeutung. Sie sind gewissermaßen die „Eintrittskarte“ in die beiden für die Proteinprozessierung und Sekretion wichtigen Zellorganellen Endoplasmatisches Retikulum und Golgiapparat. Wenn man nun diese Signalsequenzen mit einem isolierten menschlichen Gen verknüpft und in eine Hefezelle einschleust, wird diese so programmiert, dass sie das gewünschte menschliche Protein produziert und in das Außenmedium sezerniert. Dann müssten die Hefezellen zur Gewinnung des Proteins nicht zerstört werden und ein aufwendiger Reinigungsprozess zur Trennung von anderen zellulären Proteinen und weiteren Zellbestandteilen entfiele.

Material B – Affinitätschromatografie

B1 Beschreiben Sie das Verfahren der Affinitätschromatografie!
Das Gemisch aus bakteriellem Extrakt und Insulin wird in eine Chromatografiesäule gegeben, die Antikörper gegen Insulin enthält. Die Insulinmoleküle verbinden sich mit den Antikörpern und bleiben daher in der Säule. Die übrigen Moleküle des bakteriellen Extrakts werden nicht gebunden und verlassen daher die Säule. Anschließend wird die Bindung zwischen Insulin und Antikörper mit einer schwachen Säure gelöst, sodass die Insulinmoleküle ausgewaschen werden. Das Eluat enthält nun reines Insulin.

B2 Erläutern Sie die Funktion der Insulinantikörper!
Die Insulinantikörper sind fest an das Trägermaterial der Chromatografiesäule gebunden und ermöglichen es, die Insulinmoleküle von den übrigen Zellbestandteilen des bakteriellen Extrakts zu trennen. Da Antikörper sehr spezifisch sind, gehen sie nur mit den Insulinmolekülen eine chemische Bindung ein, die reversibel ist. Die übrigen Moleküle bleiben in der Lösung.

Der genetische Fingerabdruck

Seite 148–150

1 Erläutern Sie, weshalb die DNA-Sonden ausgewählten VNTR-Sequenzen entsprechen müssen!
Wegen der speziellen Primer bei der PCR wurden aus der Menge vorliegender DNA gezielt den VNTRs komplementäre DNA-Sequenzen synthetisiert. Durch die ausgewählten VNTRs unterscheidet sich das genetische Profil zweier Menschen. Die Sonden müssen komplementär zu den synthetisierten DNA-Sequenzen sein, um mit ihnen hybridisieren zu können. Nur so wird das individuelle genetische Profil sichtbar.

2 Beurteilen Sie die Bedeutung des *Fingerprinting* für die Aufklärung von Mordfällen!
Durch die Technik des genetischen Fingerabdrucks erhielten die Ermittlungsbehörden ein neues, heute nicht wegzudenkendes forensisches Werkzeug. Denn viele Gerichtsverfahren beruhen auf einer wissenschaftlichen Beweiserhebung, die für die staatsanwaltliche Überführung von Tätern ebenso dienlich ist wie für die Entlastung Verdächtiger. Ein DNA-Profil ist für jeden Menschen, abgesehen von eineiigen Zwillingen, so einzigartig wie sein Fingerabdruck und eignet sich daher als objektiver Beweis, der zusammen mit anderen Fakten bei der Rekonstruktion des Tathergangs sehr hilfreich ist. Die Aufklärung länger zurückliegender Verbrechen befriedigt zudem das Rechtsempfinden der Hinterbliebenen und gibt ihnen Gewissheit über das Schicksal ihres Angehörigen.

3 Erläutern Sie, weshalb sich Polymorphismen für die Erstellung von DNA-Profilen eignen!
Polymorphismen sind Unterschiede in der Nukleotidsequenz der DNA in einer Population, die im Laufe der Zeit durch Mutationen entstanden sind. Sie haben sich in den Introns über Generationen angehäuft, da Mutationen in den nicht codierenden Bereichen keine Nachteile für das Individuum haben. Während sich also die Menschen einer Population in ihren genetisch aktiven Bereichen der DNA sehr ähnlich sind, weisen sie in ihren Introns deutliche Unterschiede auf. Es wäre wesentlich aufwendiger, jedes Basenpaar einer Person zu erfassen, um eine individuelles Profil zu erhalten. So kann man sich auf einen kleinen Teil des Genoms stützen und die vorliegenden Unterschiede kennzeichnen.

4 Vergleichen Sie VNTRs und STRs!
Gemeinsamkeiten: Es handelt sich um Abschnitte weniger Nukleotide, die sich mehrfach wiederholen.
Unterschiede: VNTRs umfassen 10 bis 100 Basenpaare, deren Sequenz sich 2- bis 100-mal wiederholt. STRs haben eine Länge von bis zu 10 Basenpaaren, deren Sequenz sich 5- bis 20-fach wiederholt.

Seite 151 (Material)

Material A – Vaterschaft

A1 Beschreiben Sie das Bandenmuster zu Fall 1!
Das DNA-Profil der Mutter zeigt 21 Banden, die des Kindes und des vermeintlichen Vaters jeweils 22 Banden. Von den 22 Banden des Kindes stimmen sechs nur mit dem Profil der Mutter überein, elf nur mit dem Profil des mutmaßlichen Vaters und fünf Banden finden sich sowohl bei der Mutter als auch beim mutmaßlichen Vater.

A2 Werten Sie das Bandenmuster zu Fall 1 aus und nehmen Sie Stellung zur Frage der Vaterschaft!
Da alle Banden des DNA-Profils des Kindes entweder dem der Mutter oder dem des vermeintlichen Vaters zugeordnet werden können und das Kind und der vermeintliche Vater elf Banden des genetischen Fingerabdrucks gemeinsam haben, kann mit Sicherheit gefolgert werden, dass der mutmaßliche Vater der leibliche Vater des Kindes ist.

A3 Beschreiben Sie das Bandenmuster zu Fall 2!
Das DNA-Profil der Mutter zeigt 20 Banden, das des Kindes 29 und das des vermeintlichen Vaters 30 Banden. Von den 29 Banden des Kindes stimmen acht nur mit dem Profil der Mutter überein, vierzehn nur mit dem Profil des mutmaßlichen Vaters und sechs Banden finden sich sowohl bei der Mutter als auch beim mutmaßlichen Vater. Eine Bande aus dem Profil des Kindes kommt weder im DNA-Profil der Mutter noch des mutmaßlichen Vaters vor.

A4 Werten Sie das Bandenmuster zu Fall 2 aus und nehmen Sie Stellung zur Frage der Vaterschaft!
Da eine Bande im DNA-Profil des Kindes weder der Mutter noch dem mutmaßlichen Vater zugeordnet werden kann, ist die Vaterschaft zunächst nicht eindeutig zu klären. Da das Profil des Kindes aber in vierzehn Banden mit dem des mutmaßlichen Vaters übereinstimmt, ist die Wahrscheinlichkeit sehr hoch, dass es sich um den leiblichen Vater handelt.

A5 Erläutern Sie die Möglichkeiten zur Entstehung einer nicht den Elternteilen zuzuordnenden Bande!
Neben der Möglichkeit, dass es sich nicht um den leiblichen Vater handelt, kommt eine Mutation in der DNA des Kindes in Betracht, die dazu geführt hat, dass die Sonde eine weitere komplementäre Sequenz in der DNA der untersuchten Chromosomen 1 und 7 gefunden hat. Dies hat zur Ausprägung dieser weiteren Bande geführt.

Zusatzinformation: Bei der Verwendung von Minisatellitensonden für die Chromosomen 1 und 7 wurden in 28 Prozent der Fälle Einzelbanden bei Kindern ermittelt.

Material B – Mann oder Frau

B1 Werten Sie das DNA-Profil aus!
Das Profil der aus den Hautzellen der Leiche und aus den Hautzellen des Rasierers gewonnenen DNA zeigt Übereinstimmungen an den vier untersuchten Genloci. Auffällig ist, dass das Profil der aus den Blutzellen gewonnenen DNA nicht vollständig mit den beiden anderen Profilen übereinstimmt und dass kein Ausschlag beim Y-Chromosom vorliegt. Dies bedeutet, dass das Blut von einer Frau stammen müsste. Die medizinischen Unterlagen belegen, dass der Mann eine Knochenmarkspende von einer Frau erhalten hatte. Da im Knochenmark die Blutzellen gebildet werden, enthalten diese „weibliche“ DNA, während in allen anderen Körperzellen das ursprüngliche DNA-Muster des Mannes erhalten blieb.

B2 Nehmen Sie Stellung zur Eindeutigkeit eines DNA-Profils!
Das DNA-Profil eines Menschen ist so einzigartig wie sein Fingerabdruck. Doch Fälle wie dieser zeigen, dass stets eine Art doppelter Boden eingebaut werden muss, wie zum Beispiel die Untersuchung von Blut- und Hautzellen, um eindeutige Hinweise zu bekommen.

„Grüne“ Gentechnik

Seite 152–154

1 Erläutern Sie die Funktion von *Agrobacterium tumefaciens bei* der Transfektion!
Das Bodenbakterium *Agrobacterium tumefaciens* infiziert Pflanzen an verletzten Stellen. Es ist in der Lage, einen Teil seines Genoms, die T-DNA, in die chromosomale DNA der Pflanze zu integrieren. Daher kann *A. tumefaciens* als natürlicher Vektor genutzt werden, um fremde DNA in das Pflanzengenom zu inserieren.

2 Stellen Sie Hypothesen auf, wie die Resistenzentwicklung gegen das Bt-Toxin verhindert werden kann!
Der Maiswurzelbohrer entwickelt Resistenzen gegen das gebräuchlichste Bt-Toxin, das routinemäßig verwendet wird. Um Resistenzen zu vermeiden, darf Bt-Mais nur dort angepflanzt werden, wo es aufgrund großer Ernteschäden notwendig ist. Außerdem sollte man alternierend unterschiedliche Bt-Toxine einsetzen und immer wieder nicht transgene Hybride anpflanzen. Bauern müssen mehr Alternativen bei der Auswahl des Saatguts haben.

3 Erläutern Sie die Antisense-Technik!
Das Prinzip der Antisense-Technik besteht darin, dass eine zur natürlich vorkommenden mRNA komplementäre sinnwidrige mRNA gebildet wird, damit diese mit der sinnvollen mRNA hybridisiert. So wird die sinnvolle mRNA inaktiviert, deren Translation verhindert und das Protein nicht synthetisiert.

Seite 155 (Material)

Material A – Herbizidresistenz

A1 Stellen Sie die Herstellung einer gegenüber Glyphosat resistenten Sojapflanze in einem Flussdiagramm dar!

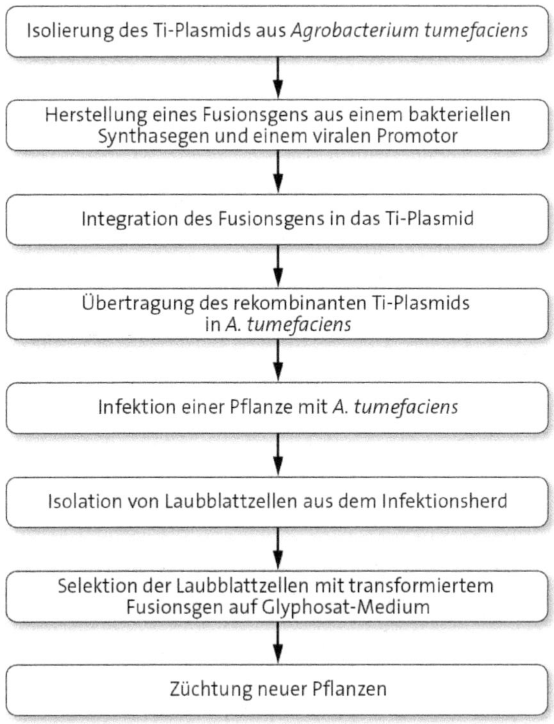

A2 Geben Sie an, welche Vorteile Glyphosat als Herbizid aufweist!
Glyphosat wirkt auf nahezu alle unerwünschten Wildkräuter gleichermaßen, indem es die für den Stoffwechsel der meisten Pflanzen notwendige EPSP-Synthase hemmt, die für die Herstellung wichtiger Aminosäuren benötigt wird. Durch den Glyphosat-Einsatz kann dieses Enzym nicht gebildet werden, das Wachstum setzt aus und die Pflanze stirbt. Eine Toleranz gegenüber diesem Herbizid wird durch Einbringung eines Gens des Bodenbakteriums *Agrobacterium tumefaciens* in die Sojapflanze erreicht. Diese produziert hierdurch die bakterielle Variante des entsprechenden Enzyms, die gegenüber Glyphosat unempfindlich ist.

Glyphosat wird im Vergleich zu anderen chemischen Herbiziden als weniger toxisch und verträglicher für die menschliche Gesundheit eingestuft. Die unkomplizierte Anwendung des Herbizids vereinfacht die Arbeitsgänge und den Arbeitsaufwand beim Sojaanbau erheblich. Der Boden wird durch Glyphosat zudem weniger belastet. Für den Landwirt sinken aufgrund der Verringerung der Herbizidmenge die Betriebskosten und es wird in einigen Fällen von höheren Erträgen berichtet.

A3 Beurteilen Sie den Anbau gentechnisch veränderter Soja aus der Sicht argentinischer Bauern, von Umweltschützern und Vertretern eines Saatgutkonzerns!
Argentinische Bauern setzen Glyphosat beim Sojaanbau ein, weil dieses Herbizid sich gegen alle unerwünschten Wildkräuter richtet. So wird der Arbeitsaufwand im Gegensatz zum Anbau konventioneller Soja verringert, da nun nicht mehr verschiedene Herbizide in bestimmten Abfolgen eingesetzt oder durch mechanische Arbeit Wildkräuter beseitigt werden müssen. Außerdem benötigen sie wegen der guten Wirkung nicht so große Mengen Herbizid, das zudem für den Menschen nicht toxisch ist und im Boden schnell abgebaut wird. Der Sojaanbau mit Glyphosat ist für sie darüber hinaus wirtschaftlich lohnenswerter als die traditionelle Viehzucht und hat ihrem Land insgesamt zu mehr Wohlstand verholfen. Während die Bauern aber zuvor wahrscheinlich selbständig waren, sind sie nun abhängig von einer großen Firma, die das Ackerland besitzt und das Saatgut sowie das Herbizid liefert.
Umweltschützer sehen den Sojaanbau und den Einsatz von Glyphosat insgesamt kritisch, auch wenn Glyphosat im Vergleich zu anderen Herbiziden Vorteile hat. Doch diese können sich bald in Luft auflösen, wenn beispielsweise wegen vermehrter Resistenzen mehr Glyphosat und auch noch andere Herbizide in Kombination ausgebracht werden müssen. Außerdem resultiert aus dem florierenden Sojaanbau ein immenser Flächenverbrauch, der auch ökologisch wertvolle Waldgebiete nicht verschont. Der Einsatz von Düngemitteln hat weiterhin negative Auswirkungen auf Böden und Gewässer.
Vertreter des Saatgutkonzerns erhoffen sich durch den Einsatz von Glyphosat und den Sojaanbau wirtschaftliche Gewinne, weil sowohl das Herbizid als auch das gentechnisch veränderte Saatgut patentiert sind und nur bei dem Konzern und ausschließlich in Kombination erworben werden können. So kann er doppelte Gewinne einfahren. Sollten wegen zunehmender Resistenzen weitere Herbizide notwendig sein, kann er auch diese anbieten.

A4 Nehmen Sie Stellung zum Anbau gentechnisch veränderter Soja!
Nur bei gentechnisch veränderten Sojapflanzen kann das Herbizid Glyphosat eingesetzt werden, ohne die Nutzpflanzen zu schädigen. Das Herbizid Glyphosat scheint zunächst für die Landwirtschaft ein Glücksfall zu sein, weil es auch bei geringer Dosis schon eine gute Wirkung erzielt, auf fast alle Wildkräuter wirkt, im Boden schnell abgebaut wird und für den Menschen nicht toxisch ist. Das Auftreten von Resistenzen und der sich in der Folge wieder vergrößernde Herbizideinsatz sowie das Kreuzen gentechnisch veränderter Soja mit konventioneller Soja bei zu geringem Abstand zwischen den Feldern mahnen jedoch zur Vorsicht. Eine unkontrollierte Verbreitung ist deshalb problematisch, weil die Folgen nicht abzusehen sind. Solange es neben Forschungsarbeiten, die eine absolute Verträglichkeit gentechnisch veränderter Lebensmittel attestieren, noch Untersuchungen gibt, die beispielsweise auf Stoffwechselveränderungen hinweisen, kann kein abschließendes Urteil gefällt werden.

A5 Beurteilen Sie, ob die gentechnische Veränderung der Sojapflanze ein Beispiel für das Basiskonzept Variabilität und Angepasstheit darstellt!
Ja, gentechnisch veränderte Sojapflanzen sind ein Beispiel für das Basiskonzept Variabilität und Angepasstheit, weil an ihnen exemplarisch festgestellt werden kann, dass Pflanzen einer Art in einer Population ein variables Allelmuster aufweisen können.
alternativ:
Nein, es ist kein Beispiel für das Basiskonzept Variabilität und Angepasstheit, weil die genetische Variation nicht auf natürliche Weise erfolgt ist und keine Angepasstheit an veränderte Umweltbedingungen zu verzeichnen ist, die zu einem höheren Fortpflanzungserfolg führt.

Anwendung in der Medizin

Seite 156–158

1 Stellen Sie die Herstellung rekombinanten Erythropoietins in einem Flussdiagramm dar!

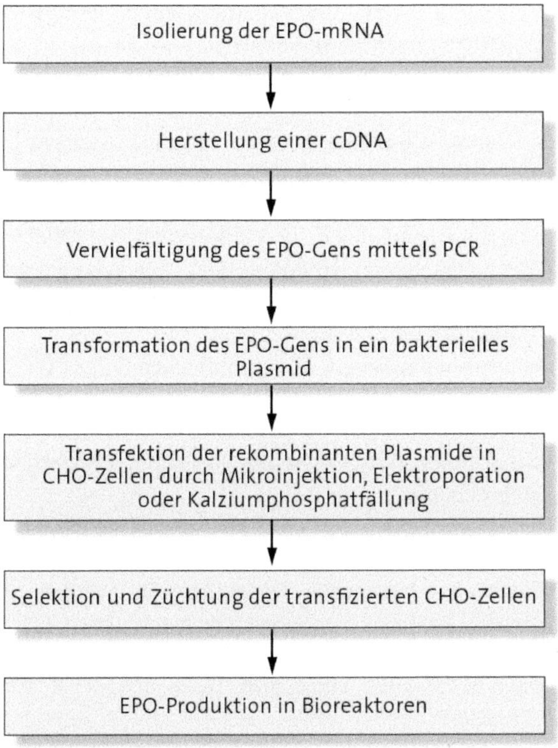

2 Beschreiben Sie den Ablauf einer somatischen Gentherapie!

Bringt man genetisches Material in den Körper eines Patienten ein, um einen Krankheitszustand zu heilen, der auf der Fehlfunktion eines Gens oder mehrerer Gene beruht, spricht man von Gentherapie. Zur Behandlung zum Beispiel des schweren, kombinierten Immundefekts, kurz SCID, wird aus dem Blut des Patienten ein bestimmter Typ von Immunzellen, die T-Zellen, isoliert. Das ADA-Gen wird kloniert und in ein Retrovirus als Vektor eingebaut. Die Viren infizieren viele T-Zellen und übertragen so das ADA-Gen in deren Genom. Da der Gentransfer außerhalb des Körpers stattfindet, spricht man von *Ex-vivo-Gentransfer*. Die transfizierten Zellen werden selektiert und vermehrt, bevor sie dem Patienten wieder in den Blutkreislauf injiziert werden. Einige T-Zellen wandern ins Rückenmark und beginnen sich zu teilen. Nach mehrfacher Wiederholung der Therapie ist etwa ein Viertel der T-Zellen transgen und produziert ausreichend ADA, sodass der Patient ein normales Leben führen kann. Da die Körperzellen des Patienten behandelt werden, spricht man von somatischer Gentherapie.

Seite 159 (Material)

Material A – Pro und kontra Gentherapie

A1 Fassen Sie die Positionen von CHARGAFF, KITCHER und SCHÄUBLE zusammen!

Chargaff gibt zu bedenken, dass DNA-Abschnitte nicht gezielt zur Kompensation eines zu einer Erkrankung führenden DNA-Abschnitts in den Körperzellen platziert werden können und dass die Folgen einer Fehlplatzierung nicht absehbar sind. Ebenso verhalte es sich mit den Folgen des Experimentierens am lebenden Menschen.

Kitcher befürchtet, dass eine gentechnisch orientierte Medizin wegen der hohen zu erwartenden Kosten nur von der privilegierten Oberschicht genutzt wird, während die weniger begüterten Menschen daran nicht teilhaben können und zudem die finanzielle Ausstattung des Gesundheitssystems nicht ausreicht, um die medizinischen Grundbedürfnisse zu befriedigen.

Schäuble stellt die Freiheit der Forschung in den Vordergrund, die seiner Meinung nach nicht im Gegensatz zur Menschenwürde steht. Er begründet den Forschungsdrang mit der besonderen Stellung des Menschen, der sich dadurch von allen anderen Lebewesen abhebt.

A2 Nennen Sie die Werte, die in den Positionen angesprochen werden, und fällen Sie Ihr eigenes Werturteil! Nehmen Sie die Seite 193 zu Hilfe!

Folgende Werte werden in den Positionen angesprochen: körperliche Unversehrtheit, Menschenwürde, medizinischer Fortschritt, Fürsorgepflicht des Staates und der Gesellschaft für alle Menschen, Gleichheitsgrundsatz, Recht auf medizinische Versorgung, Freiheit der Forschung.

Die Schülerinnen und Schüler formulieren auf dieser Basis begründete individuelle Werturteile.

Material B – Gendoping

B1 Nennen Sie zentrale Werte, die durch Doping betroffen werden, und nehmen Sie Stellung zum Doping!

Durch Doping werden Werte wie Ehrlichkeit, Gerechtigkeit, Leistung, Fairness und Achtung von Regeln und Gesetzen betroffen.

Als Pro-Argumente könnten folgende Aspekte genannt werden:

- weite Verbreitung von Doping im Spitzensport,
- ohne Doping kaum vergleichbare Spitzenleistungen möglich,
- ohne Spitzenleistungen keine Teilnahme an internationalen Wettkämpfen, keine Anerkennung.

Als Kontra-Argumente könnten folgende Aspekte genannt werden:

- Verstoß gegen sportliche Regeln,
- gesundheitliche Gefahren,

- keine faire sportliche Auseinandersetzung,
- Betrug am Konkurrenten.

B2 Nehmen Sie Stellung zu der Behauptung, dass zu viele aufgeklärte Dopingfälle dem Ansehen der Olympischen Spiele schadeten!
Die Aufklärung von Dopingfällen liegt im Interesse der fairen Sportler und der sportlichen Idee insgesamt, weil so die Missachtung der Regeln und das unsportliche Verhalten der Dopingsünder an den Pranger gestellt werden und damit ein Zeichen der Anerkennung für aufrichtige sportliche Leistungen gesetzt wird. Wer meint, die Aufklärung schade den Olympischen Spielen, hat vor allem die Spiele als Institution und Medienereignis im Blick und sorgt sich um das Image des „sauberen" Sports.

B3 Interpretieren Sie die Karikatur!
Die Karikatur zeigt drei Wesen auf der Siegertreppe nach einem Hürdenlauf bei den Olympischen Spielen im Jahr 2036. Zwei an Menschen erinnernde Wesen tragen körperliche Eigenschaften wie Froschextremitäten oder Vogelflügel, die also eine hervorragende Angepasstheit bei der Überwindung von Hürden durch Hüpfen beziehungsweise Fliegen darstellen, aber vom menschlichen Körperbau stark abweichen. Das dritte Lebewesen ist ein Känguru mit einer Gedankenblase, in der steht, dass seine Freunde erstaunt sein werden, dass niemand bemerkt hat, dass ein Känguru nicht nur am Wettbewerb teilgenommen, sondern diesen auch gewonnen hat. Im Zusammenhang mit der Bildunterschrift „Olympia 2036: Gendoping lässt Artgrenzen verschwimmen" steckt darin eine herbe Kritik an dem Missbrauch der Gentechnik durch Gendoping. Der Karikaturist warnt in überspitzter Form davor, dass sich der Mensch durch das Einbringen artfremder Gene so sehr von seinem Menschsein entfernt, dass er von Tieren nicht mehr zu unterscheiden ist. Und dies alles geschieht mit dem Ziel der sportlichen Leistungssteigerung. Außerdem wird die Aufklärungsmoral von Dopingfällen bei Olympia ebenfalls kritisiert, weil deutlich gemacht wird, dass offensichtliche Verstöße gegen das sportliche Reglement nicht erkannt werden.

Klone und transgene Tiere

Seite 162–164

1 Beschreiben und bewerten Sie das Gene-Pharming!
Als Gene-Pharming bezeichnet man die gentechnische Veränderung von Nutztieren oder -pflanzen mit dem Ziel der Produktion pharmazeutisch wirksamer Substanzen. Dazu wird in das Genom eines Nutztieres oder einer Nutzpflanze ein DNA-Abschnitt eines anderen Lebewesens eingefügt, damit in bestimmten Zellen des Nutztieres oder der Nutzpflanze spezielle Proteine hergestellt werden, die beispielsweise als Medikament oder zur Immunisierung genutzt werden können.
Als Pro-Argumente könnten folgende Aspekte genannt werden:
- Verbesserung der medizinischen Versorgung der Menschen,
- Verringerung des Infektionsrisikos durch häufige und gefährliche Infektionskrankheiten,
- Grundlagenforschung, wissenschaftliche Erkenntnisgewinnung.

Als Kontra-Argumente könnten folgende Aspekte genannt werden:
- Hinnehmen des Leidens von Tieren zum Beispiel bei Hormonbehandlungen zur Vorbereitung von Trächtigkeiten, bei häufig vorkommenden Fehlgeburten und Fehlbildungen bei Nachkommen,
- Hinnehmen eines früheren Todes,
- Eingriff in das Erbgut mit unabsehbaren Folgen für die Nutztiere und -pflanzen, für die Menschen und die Umwelt,
- Missachtung des Wertes der Tiere und Pflanzen als Mitgeschöpfe.

Zusatzinformation:
Transgene Tiere: Obwohl seit Tracys Geburt zahlreiche Versuche mit transgenen Tieren gemacht wurden, gelangte die Medikamentenentwicklung nur selten bis zu klinischen Studien. Erst 2006 wurde der erste Wirkstoff aus der Milch eines transgenen Tieres als Medikament zugelassen.
Zahlreiche Schwierigkeiten verhindern eine für Pharmakonzerne wirtschaftliche Produktion. So geben beispielsweise nur bis zu zehn Prozent der transgenen Tiere die gewünschten Substanzen beispielsweise in ihre Milch ab. Außerdem haben von 100 Nachkommen transgener Ziegen oder Schafe nur maximal 20 die Fähigkeit zur Medikamentenproduktion. Daher ist die Züchtung transgener Herden sehr kostspielig. Die Kosten für die Produktion eines transgenen Kalbs werden auf etwa 400 000 Euro geschätzt, eine ganze Herde würde vermutlich weit über zehn Milliarden Euro kosten. Um eine solche Herde unter für die Medikamentenherstellung angemessenen Hygienestandards zu halten, fallen ebenfalls hohe Kosten an.
Choleraimpfstoff: Damit die als Antigene wirkenden Polypeptide des Choleraerregers die Proteinverdauung im Magen überstehen, werden sie zusätzlich mit einem Proteinmantel umhüllt. In der Dünndarmschleimhaut wird durch die Antigene die Bildung von Antikörpern gegen den Choleraerreger induziert.

Seite 165 (Material)

Material A – Transgene Moskitos

A1 Nennen Sie Gründe, weshalb *Stegomyia aegypti* für eine transgene Veränderung ausgewählt wurde!

Diese Stechmücke ist der Hauptüberträger des Denguevirus. Dieses Virus löst weltweit bei mehr als 100 Millionen Menschen jährlich das Denguefieber aus, eine der aggressivsten Tropenkrankheiten mit seit Jahren stark ansteigenden Infektionszahlen. Hinzu kommt, dass es gegen diese Erkrankung weder Impfungen noch Medikamente gibt. Als Gegenmaßnahmen werden lediglich die Mückenbestände mit Insektiziden bekämpft und Netze oder schützende Kleidung gegen Mückenstiche empfohlen.

A2 Erläutern Sie die Funktion der transfizierten Gene!

Gen 1 ist ein Regulationsgen, dessen Transkriptionsprodukt die Transkription des zweiten Gens bewirkt. Außerdem gehört es zu einer Genregion, die nur während der Metamorphose der weiblichen Mücken genutzt wird. Dadurch wird dieses Gen nur bei weiblichen Mücken abgelesen.

Gen 2 codiert ein toxisch wirkendes Protein, welches die Entwicklung der Flugmuskulatur verhindert.

Die Gene 3 und 4 codieren rot beziehungsweise grün fluoreszierende Proteine, die als Marker für den erfolgreichen Einbau der transfizierten Gene fungieren.

Das fünfte Gen enthält die Informationen für ein Regulationsprotein, das die Bildung des Toxins blockiert, solange das Antibiotikum Tetrazyklin vorhanden ist. Die Larven werden im Labor in tetrazyklinhaltigem Wasser gehalten, damit sich auch transgene Weibchen entwickeln, die sich mit transgenen Männchen paaren. So entstehen viele transgene Nachkommen. Die transgenen Männchen werden freigelassen, damit sie sich mit normalen Weibchen fortpflanzen. Dadurch, dass die Weibchen nur in Gegenwart von Tetrazyklin überleben, wird außerdem sichergestellt, dass freikommende transgene Moskitoweibchen keine reproduktionsfähigen Nachkommen produzieren.

A3 Erläutern Sie die Folgen der gentechnischen Veränderung der Stechmückenart für den Menschen, die Mückenpopulation und die Umwelt!

Durch die gentechnische Veränderung des Genoms der Stechmücke wird erreicht, dass die weiblichen Nachkommen transgener Männchen und Wildtyp-Weibchen nicht fliegen, nicht stechen und sich nicht mehr fortpflanzen können. Da die Weibchen im Gegensatz zu den Männchen Blut beim Menschen saugen, wird durch eine fortschreitende Dezimierung der Anzahl der Weibchen in der Population erreicht, dass weniger Menschen gestochen werden und demzufolge auch weniger häufig das Denguevirus übertragen wird.

Die Mückenpopulation wird nach der Paarung transgener Männchen mit Wildtyp-Weibchen immer stärker reduziert werden. Denn die weiblichen Nachkommen sterben und männliche Nachkommen werden sich wiederum mit Wildtyp-Weibchen paaren, sodass auch die Weibchen der Folgegeneration sterben werden. Die Population wird also stark schrumpfen.

In dem Ökosystem wird durch die Dezimierung dieser Mückenpopulation eine ökologische Nische frei, die möglicherweise von einer anderen Mückenart übernommen werden kann. Für andere Tierarten entfällt möglicherweise ein Konkurrent oder eine Nahrungsquelle, sodass sich auch die Populationen anderer Lebewesen verändern können.

Zusatzinformation: Die Kreuzung transgener Stechmücken mit Individuen der Wildtyp-Population führte tatsächlich dazu, dass die Wildtyp-Population um bis zu 80 Prozent reduziert wurde.

A4 Vergleichen Sie die Vorgehensweisen der beiden Forscherteams und beurteilen Sie diese!

Gemeinsamkeiten: Beide Forscherteams haben die Absicht, die im Labor erzeugten genetisch veränderten Organismen im Hinblick auf die beabsichtigte Wirkung in Feldstudien zu testen.

Unterschiede: Das Forscherteam in Mexiko versucht durch eine aufwendige Öffentlichkeitsarbeit, Transparenz zu schaffen und den Menschen Ängste vor Studien mit gentechnisch veränderten Lebewesen zu nehmen. Dadurch, dass eine Region ausgewählt wurde, in der Menschen unter dem Denguefieber leiden, wurde ein unmittelbarer Bezug zur Forschungsarbeit hergestellt. Die Forscher verhalten sich verantwortungsbewusst im Umgang mit den genetisch veränderten Mücken, da sie diese in einem abgeschotteten Forschungszentrum und unter naturnahen Bedingungen halten.

Das Forscherteam in der Karibik setzte mit behördlicher Genehmigung Millionen Mücken in der freien Natur aus.

Die Vorgehensweise der Karibikgruppe ist wenig verantwortungsvoll, weil in diesem frühen Stadium der Forschung noch keinerlei Erfahrungen über die Auswirkungen der genetisch veränderten Mücken auf Populationen existieren. Zudem ist eine 100-prozentige Sterilität wahrscheinlich nicht gegeben und damit sind die Folgen für die Mückenpopulation und das Ökosystem nicht absehbar.

Seite 168 – 169 (Klausurtrainer)

Training A – Transgene Fische

A1 Zebrabärblinge

a Erläutern Sie die Funktion des GFP-Gens als Reportergen und seine Bedeutung bei Transfektionsexperimenten!

Das GFP-Gen codiert für das grün fluoreszierende Protein GFP der Qualle *Aequorea victoria*. GFP kann mit beliebigen anderen Proteinen fusioniert werden und daher die räumliche und zeitliche Verteilung des anderen Proteins in lebenden Zellen, Geweben und Lebewesen sichtbar machen.

Wird das GFP-Gen mit einem künstlich in fremde DNA einzubauenden Gen verknüpft, lässt sich beobachten, ob dieses Gen wie gewünscht an der richtigen Stelle in die fremde DNA eingebaut wurde.

Gene, deren Produkte sich leicht nachweisen lassen, um die Expression von Genen zu überprüfen oder nachzuweisen, bezeichnet man als Reportergene.

b Erläutern Sie, weshalb transgene Zebrabärblinge als Bioindikatoren eingesetzt werden könnten!

Bei den transgenen Zebrabärblingen wurde das GFP-Gen mit einem Stoffwechselgen gekoppelt, welches ein Enzym codiert, das über weitere Schritte im Stoffwechsel eine Stressreaktion beim Fisch hervorruft. Diese Reaktion erfolgt aber nur, wenn Moleküle bestimmter Umweltgifte im Wasser vorhanden sind. Denn ohne ein Molekül eines Umweltgiftes unterdrückt ein von einem Repressorgen codierter Repressor die Transkription des Stoffwechselgens, indem der Repressor an den Operator bindet und so die Aktivität der RNA-Polymerase verhindert. Bindet aber ein Giftmolekül an den Repressor, ändert sich dessen Konformation, sodass er nicht mehr an den Operator binden kann. So kann die RNA-Polymerase die DNA ablesen und das Stoffwechselgen transkribieren. Durch die Kopplung des GFP-Gens mit dem Stoffwechselgen erreicht man, dass gleichzeitig mit dem Stoffwechselgen auch das GFP-Gen abgelesen wird. Auf diese Weise wird die Stressreaktion bei Bestrahlung des Fisches mit UV-Licht durch die Fluoreszenz des ebenfalls synthetisierten GFP sichtbar. So kann der Zebrabärbling als Bioindikator für die Gewässerqualität genutzt werden.

c Bewerten Sie die unterschiedlichen rechtlichen Vorgaben für die Nutzung transgener Tiere als Heimtiere!

Die liberale Gesetzgebung in Asien und Amerika folgt rein marktwirtschaftlichen Prinzipien. Die Amerikaner führen als weitere Begründung an, dass Zebrabärblinge in den USA nicht als Wildpopulation existieren. Bei dieser Argumentation bleiben mögliche Risiken der Auswilderung für das betroffene Ökosystem mit Ausnahme von Kalifornien völlig unbeachtet. In der diesbezüglich restriktiven europäischen Gesetzgebung spielen derartige ökologische Bedenken eine große Rolle.

A2 Lachse

a Vergleichen Sie Größe und Wachstum der natürlichen und transgenen Lachse!

Gemeinsamkeiten: Die Körpermasse natürlicher und transgener Lachse nimmt im beobachteten Zeitraum zu.

Unterschiede: Die Körpermasse normaler Zuchtlachse steigt vom Schlüpfen Mitte Mai bis Ende September relativ stetig auf etwa 90 Gramm an. Demgegenüber erreichen die transgenen Lachse diesen Zuwachs bereits Ende Juni. Ihre Körpermasse nimmt im beobachteten Zeitraum nahezu exponentiell zu und erreicht Ende September 450 Gramm. Wegen der Kopplung der übertragenen Gene für Wachstumshormone an Gene für Gefrierschutzproteine wachsen die transgenen Lachse im Gegensatz zu den natürlichen Lachsen auch noch in Herbst und Winter weiter und verfügen bereits Mitte Oktober über eine Masse von 550 Gramm.

b Beschreiben Sie die Erzeugung transgener Lachse!

Gene für Wachstumshormone werden aus Zellen des Königslachses und Promotoren für Gefrierschutzprotein-Gene aus Zellen der Aalmutter isoliert. Gemeinsam werden sie als Fusionsgene über die PCR vervielfältigt und mithilfe von Restriktionsenzymen in bakterielle Plasmide übertragen. Die Plasmide dienen als Vektoren und werden über Mikroinjektion in die befruchteten Eizellen des Atlantischen Lachses transfiziert. Bei erfolgreicher Transfektion wachsen aus den befruchteten Eizellen transgene Atlantische Lachse.

c Erläutern Sie die Funktion des Promotors!

Der Promotor ist bei der Aalmutter mit Genen für Gefrierschutzproteine gekoppelt. Die Transkription dieser Gene wird durch niedrige Temperaturen ausgelöst, sodass bei niedrigen Temperaturen die Gefrierschutzproteine synthetisiert werden. Wird der Promotor nun mit Genen für Wachstumshormone gekoppelt, lösen niedrige Temperaturen das weitere Wachstum auch in den Wintermonaten aus.

d Nehmen Sie Stellung zu der Frage, ob die kommerzielle Züchtung transgener Lachse erlaubt werden sollte!

Die Erkenntnisse aus den Studien zur kommerziellen Zucht transgener Lachse zeigen, dass die transgenen Lachse bei einer möglichen Auswilderung deutliche Auswirkungen auf das natürliche Ökosystem und die Wildlachspopulation haben könnten. Denn die transgenen Lachse überlebten eher bei Nahrungsknappheit und

zeigten sich resistenter gegen Änderungen des abiotischen Faktors Temperatur oder gegen den Einfluss von Umweltgiften als die Tiere der Wildpopulation. Dies bedeutet, dass sie in einer Population mit den Wildformen konkurrieren können und aufgrund ihrer höheren Temperaturresistenz und ihrer Toleranz gegenüber Nahrungsengpässen Vorteile haben, sodass sie sich in freier Wildbahn sogar erfolgreicher vermehren würden und damit auf längere Sicht die Wildformen verdrängen könnten. Dies ist auch insofern problematisch, als dass die transgenen Lachse eine geringere Fortpflanzungsrate und Lebensdauer haben. So besteht die Gefahr, dass ihre Population leicht wieder zusammenbrechen könnte. Da sich die transgenen Lachse wahrscheinlich auch mit Wildformen kreuzen können, wird der Genpool der Wildpopulation unwiderruflich verändert.
Das starke Wachstum der transgenen Lachse basiert auf einer entsprechend hohen Nahrungszufuhr auch in Monaten der Nahrungsknappheit, sodass die Nahrungsnetze des Ökosystems auch stark verändert werden könnten. Dass der Verzehr als unbedenklich eingestuft wird, zeigt lediglich, dass bisher noch keine negativen Folgen auf den menschlichen Organismus zu erkennen waren oder erforscht wurden. Welche Folgen eine dauerhafte Ernährung mit hormonell veränderten Lebewesen haben kann, ist heute noch nicht abzusehen.

Humangenetische Forschungsschwerpunkte

1 Methoden der Humangenetik

Stammbaumanalyse

Seite 174–178

1 Erläutern Sie, anhand welcher Kriterien man im Stammbaum auf einen autosomal-dominanten oder -rezessiven Erbgang schließen kann!

Ein dominantes Merkmal wird ausgeprägt, wenn das dominante Allel heterozygot und wenn es homozygot vorliegt. Wenn Eltern ein Merkmal ausprägen, deren Kinder aber nicht, so ist dies ein Hinweis auf einen autosomal-dominanten Erbgang.
Ein rezessiv vererbtes Merkmal wird nur ausgeprägt, wenn das entsprechende Allel homozygot vorliegt. Wenn unter den Nachkommen in einer Familie Merkmalsträger vorkommen, obwohl beide Eltern das Merkmal nicht ausprägen, ist dies ein Hinweis auf einen rezessiven Erbgang.

2 Begründen Sie, weshalb ein Erbgang nur unter Berücksichtigung der statistischen Verteilung der Geschlechter innerhalb einer Population eindeutig bestimmt werden kann!

Genetisch bedingte Krankheiten werden innerhalb einer Population verhältnismäßig selten beobachtet. Meist ist weniger als eine Person von 1000 betroffen. Zudem ist die Nachkommenanzahl in einer Familie auf wenige Personen begrenzt. Von einer genetisch bedingten Krankheit betroffene Personen haben deshalb nur wenige oder keine Geschwister. Daher kann aus dem Stammbaum einer Familie nicht mit Bestimmtheit abgeleitet werden, ob das jeweilige Merkmal autosomal oder gonosomal vererbt wird. Eine gonosomale Vererbung liegt eindeutig dann vor, wenn innerhalb einer größeren Population das Geschlechterverhältnis der betroffenen Merkmalsträger deutlich vom Zahlenverhältnis 1:1 abweicht. Bei gonosomaler Vererbung zeigen häufig deutlich mehr männliche Individuen den betreffenden Phänotyp.
Erst durch die Auswertung des Geschlechterverhältnisses unter den Merkmalsträgern innerhalb einer größeren Population lässt sich eine zufällige Verteilung ausschließen.

3 Die Gene für die Pigmentierung werden als unvollständig dominant bezeichnet. Begründen Sie diesen Sachverhalt anhand von Abbildung 08!

Abbildung 08 zeigt ein Modell mit drei Allelen für die additiv polygene Vererbung der Hautfarbe. Die Stärke der Pigmentierung ist nach diesem Modell davon abhängig, wie viele Gene für die dunkle Färbung vorliegen. Jedes einzelne Gen verursacht nur eine geringe Pigmentierung. Bei einer vollständigen Dominanz würde ein einzelnes dieser Gene eine maximale Pigmentierung bewirken.

4 Die durchschnittliche Körpergröße der Frauen in Mitteleuropa lag im 19. Jahrhundert bei 156 und heute bei 165 Zentimetern. Erklären Sie dieses Phänomen!

Die Körpergröße wird wie die Hautfarbe polygen vererbt. Daher variiert die Körpergröße innerhalb einer Population in allen Abstufungen. Auch die Umwelt und das Verhalten haben Einfluss auf die Körpergröße. In den letzten 100 Jahren haben sich die Ernährung und die gesundheitliche Vorsorge innerhalb der europäischen Bevölkerung deutlich verbessert. Als Ergebnis stieg die durchschnittliche Körpergröße innerhalb der genetisch determinierten Variationsbreite.

Seite 179 (Material)

Material A – Phenylketonurie

A1 Leiten Sie aus dem Stammbaum den vorliegenden Erbgang ab! Begründen Sie, welche Erbgänge auszuschließen sind!

Dass beide Geschlechter Merkmalsträger sind, ist ein Hinweis auf einen autosomalen Erbgang. Bei einem gonosomalen Erbgang sind meist männliche Individuen betroffen. Weibliche Merkmalsträger sind nicht ausgeschlossen, aber nur mit sehr geringer Wahrscheinlichkeit anzutreffen.
Weiterhin haben im Stammbaum in zwei Fällen gesunde Eltern ein krankes Kind. Demnach wird PKU rezessiv vererbt. Bei einem dominanten Erbgang müsste mindestens ein Elternteil das Merkmal ebenfalls ausprägen.

A2 Ordnen Sie die Kurvenverläufe des Diagramms den Personen 12, 13 und 14 zu und erklären Sie den Zusammenhang zwischen Tyrosingehalt und Allelkombination!

Kurve I entspricht den Werten, die für eine gesunde Person zu erwarten sind. Die gemessene Tyrosinkonzentration im Blutplasma ist nach wenigen Stunden relativ hoch. Phenylalanin ist in Tyrosin umgewandelt worden.
In Kurve II steigt die Tyrosinkonzentration im Blutplasma ebenfalls deutlich an, erreicht aber geringere Werte als in Kurve I. Die betroffene Person kann Phenylalanin nur eingeschränkt in Tyrosin umwandeln.

In Kurve III zeigt sich keine Veränderung der Tyrosinkonzentration nach der Gabe von Phenylalanin. Die betroffene Person kann Phenylalanin nicht in Tyrosin umwandeln.
Kurve III lässt sich eindeutig der Person 14 zuordnen. Da Phenylketonurie rezessiv vererbt wird, ist Person 14 bezüglich des Allels homozygot.
Der Kurvenverlauf I ist bei einer homozygot gesunden Person zu erwarten, Verlauf II bei einer heterozygot gesunden Person. Nur ein Allel codiert die für den Abbau von Phenylalanin notwendigen Enzyme. Da die Personen 12 und 13 phänotypisch gesund sind, ist eine eindeutige Zuordnung der Kurven nicht möglich. Beide Personen können homozygot oder heterozygot sein.

A3 Schlussfolgern Sie den zu erwartenden Kurvenverlauf bei den Personen 6 und 7!
Da der vorliegende Stammbaum ein Beispiel für eine rezessiv vererbtes Allel ist und Person 14 an Phenylketonurie erkrankt ist, müssen die Personen 6 und 7, die Eltern von Person 14, bezüglich des Allels für Phenylketonurie heterozygot sein. Daraus lässt sich schließen, dass der Kurvenverlauf bei beiden den Werten der Kurve II entspricht.

Material B – Familiäre Hypophosphatämie

B1 Ermitteln Sie aus den Angaben zum Auftreten der familiären Hypophosphatämie den vorliegenden Erbgang!
Bei einer Erkrankung des Vaters sind alle Töchter von der Krankheit betroffen, aber kein Sohn. Dies ist ein Hinweis auf eine X-chromosomal-dominante Vererbung. Die Geschlechtszellen des Vaters enthalten entweder ein X- oder ein Y-Chromosom. Da die Söhne gesund sind, liegt das Allel für die Hypophosphatämie nicht auf dem Y-Chromosom. Die Töchter erhalten alle das die Mutation tragende X-Chromosom des Vaters. Da alle Töchter erkrankt sind, wird die Krankheit dominant vererbt. Bestätigt wird dieser Sachverhalt dadurch, dass eine erkrankte Mutter den Phosphatdiabetes sowohl an die Hälfte der Töchter als auch an die Hälfte der Söhne weitergibt. Bei der kranken Mutter trägt eins der beiden X-Chromosomen das mutierte Allel. Es wird mit einer Wahrscheinlichkeit von 50 Prozent auf die Geschlechtszellen verteilt. Da die Krankheit dominant vererbt wird, liegt die Wahrscheinlichkeit, dass die Nachkommen erkranken, daher ebenfalls bei 50 Prozent.

B2 Entwickeln Sie einen hypothetischen Stammbaum über drei Generationen für diesen Erbgang unter Berücksichtigung der Geno- und Phänotypen!

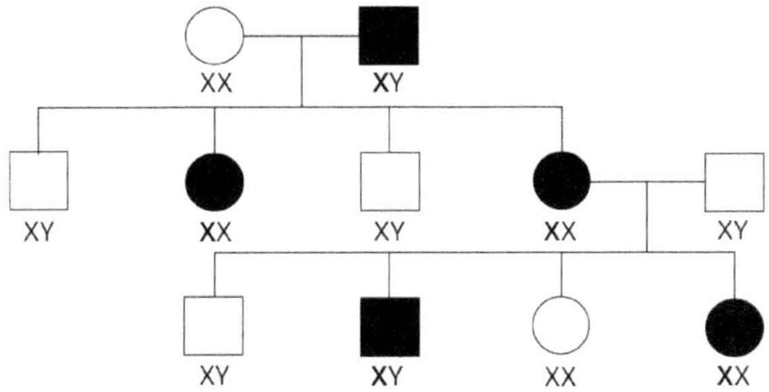

Zwillingsforschung und Epigenetik

Seite 180–181

1 Erklären Sie die unterschiedlichen Konkordanzwerte bei ein- und zweieiigen Zwillingen!
Die Konkordanzwerte geben an, wie groß die Wahrscheinlichkeit ist, dass Zwillinge dieselbe Merkmalsausprägung zeigen. Da eineiige Zwillinge aus einer einzigen Zygote hervorgehen, verfügen sie über die gleiche genetische Ausstattung. Alle ausgeprägten Merkmale, die ausschließlich genetisch bedingt sind, sind deshalb identisch. Zweieiige Zwillinge gehen aus unterschiedlichen Befruchtungsvorgängen hervor. Das genetische Material stimmt nur zu durchschnittlich 50 Prozent überein. Sie ähneln sich deshalb wie normale Geschwister. Ihre Konkordanzwerte sind niedriger als die von eineiigen Zwillingen.

2 Erläutern Sie prä- und postzygotische epigenetische Einflüsse!
Präzygotische Einflüsse betreffen die Geschlechtszellen vor der Befruchtung. Die Geschlechtszellen der Frau werden bereits während der Embryonalentwicklung angelegt, die des Mannes zu Beginn der Pubertät. In dieser Zeit sind die sich bildenden Geschlechtszellen sensibel für Umwelteinflüsse. Sowohl die Ernährung als auch der Konsum von Alkohol, Nikotin und anderen Drogen verändern die Methylierung der Chromosomen in den Geschlechtszellen.
Postzygotische Einflüsse wirken auf die Entwicklung der Zygote nach der Befruchtung bis zur Einnistung der Blastozyste in die Gebärmutter. In dieser Phase der Embryonalentwicklung wird ein Teil der elterlichen Methylierungen auf den Chromosomen entfernt und durch Neumethylierungen ersetzt. In dieser Phase ist der sich entwickelnde Keim sensibel für Umwelteinflüsse. Die Ernährung der Mutter, Alkohol, Nikotin, andere Drogen und Umwelteinflüsse können das Methylierungsmuster beeinflussen.

Molekulare Untersuchungsmethoden

Seite 182–186

1 Erläutern Sie den Begriff „zielgerichtete Genetik“!
Als zielgerichtete Genetik werden genetische Analyseverfahren bezeichnet, mit deren Hilfe bestimmt wird, welche und wie viele Gene an der Ausprägung eines bestimmten Merkmals beteiligt sind. Weiterhin wird untersucht, welche konkrete Funktion ein bestimmtes Gen im Stoffwechselprozess hat.

2 Erklären Sie, weshalb es notwendig ist, Knockout-Mäuse aus reinerbigen Mäusestämmen zu entwickeln!
Wenn man die Funktion eines bestimmten Gens sicher erkennen möchte, ist es notwendig, Knockout-Mäuse aus reinerbigen Mäusestämmen zu erzeugen. Hierdurch ist gewährleistet, dass alle Mäuse identische Gene haben und für jedes Merkmal homozygot sind. Wird bei einer Maus eines dieser Gene ausgeschaltet, so können die Veränderungen im Stoffwechsel im Vergleich zum reinerbigen Mäusestamm mit Bestimmtheit auf das ausgeschaltete Gen zurückgeführt werden.

3 Erläutern Sie am Beispiel der Knockout-Maus das Basiskonzept Struktur und Funktion!
Die Kenntnis biologischer Strukturen ermöglicht das Verständnis und die Erklärung biologischer Funktionen. Dieser Sachverhalt lässt sich auf Gene und deren Funktion im Stoffwechselprozess anwenden. Die Knockout-Maus ist ein Beispiel hierfür. Da beispielsweise Krankheiten, die auf Stoffwechseldefekte zurückzuführen sind, auf den Ausfall eines einzelnen Gens beruhen können, ermöglicht die Knockout-Maus das Verständnis der Funktion eines Gens auf den Systemebenen der Zelle und des Organismus.

4 Erklären Sie, weshalb bei Knockout-Zellen ein Northern-Blotting durchgeführt wird!
Wenn der Gen-Knockout erfolgreich war, wird vom ausgeschalteten Gen keine funktionsfähige mRNA transkribiert. Mithilfe des Northern-Blot-Verfahrens lässt sich nachweisen, dass in den behandelten Zellen keine mRNA des ausgeschalteten Gens vorliegt. Somit dient das Northern-Blotting als Nachweis des erfolgreichen Gen-Knockouts.
Zusatzinformation: Es besteht durchaus die Möglichkeit, dass nicht homologe Rekombinationen stattfinden, bei denen der Vektor mit dem Neomycinresistenzgen eingebaut wird, nicht aber das tk-Gen. Diese Zellen tragen dann das Zielgen und das Knockout-Gen. In den meisten Fällen sterben diese Zellen ab. Sollten sie nicht absterben, würden sie auch durch Neomycin nicht abgetötet. Die vom noch intakten Zielgen dieser Zellen produzierte mRNA wird durch das Northern-Blot-Verfahren nachgewiesen. Auf diesem Wege kann sichergestellt werden, dass nur Zellen mit erfolgreichem Gen-Knockout weiterverwendet werden.

Seite 187 (Material)

Material A – Reverse Genetik

A1 Ermitteln Sie die möglichen Codons der mRNA und die möglichen Sequenzen des codogenen Strangs für die dargestellte Aminosäuresequenz!
Aminosäuresequenz:
–Trp–Asp–Tyr–Gly–Met–

mögliche Codons der mRNA:

–UGG–	GAU–	UAU–	GGU–	AUG–
	GAC	UAC	GGG	
			GGC	
			GGA	

mögliche Sequenzen des codogenen Strangs der DNA:

–ACC–	CTA–	ATA–	CCA–	TAC–
	CTG	ATG	CCC	
			CCG	
			CCT	

A2 Bestimmen Sie die möglichen Antisense-Oligonukleotide zu den ermittelten DNA-Sequenzen!
mögliche Antisense-Oligonukleotide:

–TGG–	GAT–	TAT–	GGT–	ATG–
	GAC	TAC	GGG	
			GGC	
			GGA	

A3 Erklären Sie, weshalb es bei diesem Analyseverfahren notwendig ist, verschiedene Antisense-Oligonukleotide herzustellen und diese zu markieren!
Die Aminosäuresequenz als Genprodukt des mutierten Gens ist bekannt, die Basensequenz des Gens ist jedoch unbekannt. Deshalb müssen alle möglichen Antisense-Oligonukleotide hergestellt werden. Nur das zum gesuchten Gen komplementäre Oligonukleotid hybridisiert mit der Basensequenz des Gens in der Datenbank. Die Markierung des Antisense-Oligonukleotids führt dazu, dass das gesuchte Gen nach der Hybridisierung sichtbar wird.

Material B – RNA-Interferenz und Gene-Silencing

B1 Erläutern Sie, wie durch Einschleusen künstlicher RNA-Fragmente ein Gen stillgelegt werden kann!
Zunächst wird ein künstlich hergestellter kurzer RNA-Doppelstrang, eine siRNA, mithilfe eines Vektors in die Zelle eingeschleust. Die Nukleotidsequenz des einen Strangs muss komplementär zur mRNA des Zielgens sein. Die siRNA wird in der Zelle an den RNA-induced silencing complex, kurz RISC, gebunden und in Einzel-

stränge aufgetrennt. Einer der beiden Stränge der siRNA hybridisiert mit der mRNA des Zielgens. Die doppelsträngige RNA wird anschließend durch Enzyme gespalten. Durch diesen Prozess wird die Translation der mRNA verhindert. Damit findet keine Genexpression statt, das Gen ist stillgelegt.

B2 Erklären Sie, weshalb es für die Anwendung dieser Technik notwendig ist, die Basensequenz des Zielgens zu kennen!
Die Basensequenz des Zielgens muss bekannt sein, damit zur mRNA komplementäre siRNAs hergestellt und in die Zelle eingeschleust werden können. Nur komplementäre RNA-Bereiche können hybridisieren, enzymatisch gespalten und abgebaut werden.

B3 Die RNA-Interferenz-Technologie wird als „Genetik ohne Mutationen" bezeichnet. Erklären Sie diesen Sachverhalt!
Die meisten gentechnischen Verfahren basieren darauf, mutierte Gene zu lokalisieren oder die Funktion eines Gens zu erforschen, indem man das Gen durch eine Mutation verändert oder ausschaltet. Bei der RNA-Interferenz-Technologie ist es nicht notwendig, das Gen durch Mutation zu verändern, da dessen Expression durch Abbau seiner mRNA verhindert wird.

Reproduktionsmedizin

Seite 188–190

1 Beschreiben Sie die in der Reproduktionsmedizin eingesetzten Methoden!
Bei der *künstlichen Insemination* werden die Spermienzellen des Mannes mithilfe eines Katheters in den Eileiter gespült. Man unterscheidet, ob die Spermienzellen vom Partner der Frau stammen oder von einem fremden Spender. Im ersten Fall spricht man von einer homologen Insemination, im zweiten Fall von einer heterologen Insemination.
Bei der *In-vitro-Fertilisation* findet die Befruchtung im Reagenzglas statt. Die Frau spritzt sich über mehrere Tage ein follikelstimulierendes Hormon unter die Haut. Dann führt man eine Punktion durch die Bauch- oder die Scheidenwand durch und entnimmt mithilfe eines Katheters mehrere Follikel. Die Eizellen werden in eine Kulturlösung überführt und dort mit den Spermienzellen des Mannes vermischt. Anschließend inkubiert man die Zygoten zwei Tage im Brutschrank. Zuletzt erfolgt der Embryotransfer. Zwei der sich jetzt im Achtzellstadium befindenden Embryonen werden der Frau mit einem Katheter in die Gebärmutter transferiert.
Für die *intrazytoplasmatische Spermieninjektion*, kurz ICSI, werden der Frau wie bei der In-vitro-Fertilisation Follikel entnommen. Die Befruchtung erfolgt jedoch mithilfe eines Mikromanipulators. Bei diesem Verfahren wird die Eizelle mit einer dünnen Glaspipette fixiert und die Spermienzelle durch eine feine Kanüle direkt in die Eizelle injiziert. Wenn die Spermienzellen vor der Injektion auf ihr Erscheinungsbild und ihre Beweglichkeit untersucht werden, bezeichnet man die Methode als *intrazytoplasmatische morphologisch selektierte Spermieninjektion*, kurz IMSI.
Zur Gewinnung von Spermienzellen werden zwei chirurgische Verfahren durchgeführt. Bei der *testikulären Spermienextraktion*, kurz TESE, entnimmt man aus dem Hoden Spermienzellen. Bei der *minimalinvasiven Spermienzellgewinnung*, kurz MESA, werden die Spermienzellen aus dem Nebenhoden entnommen. Anschließend findet eine ICSI statt.

2 Erklären Sie, weshalb die durch TESE und MESA gewonnenen Spermienzellen zunächst eingefroren werden!
Sowohl TESE als auch MESA sind chirurgische Eingriffe. Bei beiden Verfahren kann nicht mit Sicherheit davon ausgegangen werden, dass sie erfolgreich verlaufen und dem Mann funktionsfähige, für die Befruchtung geeignete Spermienzellen entnommen wurden. Gegebenenfalls erspart man der Frau die Durchführung einer Hormonbehandlung, die für den Organismus sehr belastend ist, aber für die IMSI notwendig. Außerdem müsste die Hormonbehandlung zeitlich exakt gesteuert werden, damit die IMSI direkt nach Untersuchung der Spermienzellen des Mannes erfolgen kann.

3 Erläutern Sie, weshalb eine PID nur im Zusammenhang mit der In-vitro-Fertilisation durchgeführt werden kann!
Für die Präimplantationsdiagnostik ist es notwendig, einzelne Zellen von Embryonen zu untersuchen, die im Achtzell- oder im Blastozystenstadium sind. Dazu werden mehrere Embryonen benötigt, um eine Unterscheidung zwischen den Embryonen, die die gesuchte Mutation aufweisen, und den Embryonen, die sie nicht aufweisen, durchführen zu können. Es werden nur Embryonen eingesetzt, die die Mutation nachweislich nicht tragen.

Seite 191 (Im Blickpunkt Ethik: PID in der Wertediskussion)

1 Stellen Sie die gesetzlichen Bestimmungen zur PID in den verschiedenen Ländern tabellarisch dar!

Land	Untersuchung der Chromosomenzahl	Diagnose erblich bedingter Krankheiten	Bestimmung des Geschlechts	HLA-Typisierung
Deutschland	nein	ja	nein	nein
Italien	nein	nein	nein	nein
Schweiz	nein	nein	nein	nein
Österreich	nein	nein	nein	nein
Niederlande	nein	ja	nein	nein
Frankreich	nein	ja	nein	ja
England	ja	ja	nein	ja
Schweden	nein	ja	nein	ja
USA	ja	ja	ja	ja
Russland	ja	ja	ja	ja
Israel	ja	ja	ja	ja

Seite 192–193 (Material)

Material A – Bewertung eines Fallbeispiels für die PID

A1 Benennen Sie den Konflikt des Ehepaares Lea und Jan!

Da sowohl Lea als auch Jan als Risikopersonen hinsichtlich der Vererbung des Mukoviszidose-Gens gelten, besteht ein hohes Risiko, dass ein von ihnen gezeugtes Kind an Mukoviszidose erkranken könnte. Anhand der PID ist es möglich, bereits im Embryonalstadium das mutierte Gen nachzuweisen und einen Embryo auszuwählen, der nicht an Mukoviszidose erkranken wird. Bei der Durchführung der PID erzeugt man jedoch mehrere überzählige Embryonen. Die Entscheidung für ein gesundes Kind ist auf diesem Wege also nur möglich, indem nicht gewünschte Kinder im Embryonalstadium getötet werden.

A2 Nennen Sie die möglichen Handlungsoptionen des Ehepaares und bewerten Sie diese mit Pro- und Kontra-Argumenten!

Lea und Jan können die PID durchführen lassen. Dafür spricht, dass sie ein gesundes Kind zur Welt bringen würden. Sowohl dem Kind als auch ihnen würde das Leid erspart werden, das Jans Familie mit dem älteren Bruder erlebt hatte. Dagegen spricht, dass bei dieser Methode nicht gewünschte Kinder im Embryonalstadium getötet werden.

Das Ehepaar könnte auf natürlichem Weg ein Kind zeugen. Da beide Eltern das mutierte Gen tragen, besteht eine 25-prozentige Wahrscheinlichkeit, dass ihr Kind an Mukoviszidose erkranken wird. Bei dieser Entscheidung müssten keine Embryonen getötet werden. Demgegenüber ist die Wahrscheinlichkeit, dass das Kind ein ähnliches Leid erfährt wie Jans älterer Bruder, sehr hoch.

Lea und Jan könnten nach der natürlichen Zeugung eines Kindes eine Pränataluntersuchung durchführen lassen und das Kind, wenn es für das mutierte Gen homozygot ist, abtreiben lassen. Hierfür spricht, dass die aufwendige PID und die In-vitro-Fertilisation nicht durchgeführt werden müssen. Dagegen spricht, dass sie das Kind zu einem späteren Zeitpunkt in der Schwangerschaft töten lassen würden.

Für das Ehepaar besteht weiterhin die Möglichkeit, auf ein Kind zu verzichten. Damit würden sie der Problematik einer PID aus dem Wege gehen, hätten aber einen unerfüllten Kinderwunsch. Sie könnten außerdem ein Kind adoptieren.

A3 Ordnen Sie den jeweiligen Argumenten die zugrunde liegenden Werte zu!

Die Zuordnung der Werte aus dem Wertepool kann zu unterschiedlichen Ergebnissen führen. Daher sind die folgenden Zuordnungen nur als Beispiele zu verstehen.

Die Durchführung der PID bedeutet für das Kind von Lea und Jan, dass der Wert *Gesundheit* im Vordergrund steht. Für die Eltern spielen zudem *Sicherheit* und *Lebensqualität eine* Rolle.

Dem Verzicht auf die PID könnten die Werte *Verantwortung* und *Menschenwürde* hinsichtlich der überzähligen Embryonen zugeordnet werden.

Für eine natürliche Empfängnis könnten Werte wie *Liebe*, *Verantwortung* und *Menschenwürde* stehen. Gegen eine natürliche Empfängnis könnten *Lebensqualität*, *Gesundheit* und *Unabhängigkeit* genannt werden.

Eine Abtreibung kann mit den Werten *Lebensqualität*, *Gesundheit* und *Unabhängigkeit* begründet werden.

Dem Verzicht auf ein Kind lassen sich die Werte *Menschenwürde*, *Respekt* und *Verantwortung* zuordnen.

A4 Fällen Sie Ihr persönliches Werturteil zu diesem Konflikt und erläutern Sie die Konsequenzen!

Die Bearbeitung dieser Aufgabe lässt alternative Lösungen zu.

Ein mögliches Werteurteil zur Durchführung der PID könnte mit der Gesundheit und damit der höheren Lebensqualität des Kindes begründet werden. Daraus ergibt sich die Konsequenz, dass dem Schutz der ungeborenen Embryonen und der Verantwortung für diese ein weniger hoher Wert zugeordnet wird. Ein für die Eltern belastender Schwangerschaftsabbruch kann verhindert werden.

A5 Nennen Sie ein weiteres mögliches Werturteil und dessen Konsequenzen!

Die Bearbeitung dieser Aufgabe lässt alternative Lösungen zu.

Eine Ablehnung der PID lässt sich mit der Menschenwürde und der Schutzbedürftigkeit der ungeborenen Embryonen begründen. Die mögliche eingeschränkte Gesundheit des Kindes wird diesen Werten untergeordnet. Glück und Verantwortung für ein eventuell krankes Kind werden höher eingeschätzt. Auch ein behindertes oder gesundheitlich eingeschränktes Kind ist lebenswert.

Zusatzinformation: Die Bewertung des Fallbeispiels für die PID erlaubt verschiedene unterrichtsmethodische Herangehensweisen. So besteht die Möglichkeit, das Material im Unterricht in Form einer „strukturierten Kontroverse" zu bearbeiten: Nachdem die Schülerinnen und Schüler ihre Position vertreten haben, tauschen sie ihre Rollen und argumentieren aus einer anderen Perspektive.

Weiterhin eignet sich das Material zur Durchführung eines Rollenspiels.

2 Gentechnik beim Menschen

Stammzellforschung

Seite 194–196

1 Beschreiben Sie das Verfahren zur Erzeugung eines Gewebetransplantats mithilfe embryonaler Stammzellen!

Für die Erzeugung eines Gewebetransplantats aus embryonalen Stammzellen wird eine Blastozyste benötigt, die bei einer In-Vitro-Fertilisation nicht beansprucht wurde. Zunächst wird die Blastozyste in einem Nährmedium kultiviert und dann der Embryoblast freigesetzt. Durch bestimmte Chemikalien wird der Embryoblast in kleine Zellhaufen zerteilt. Die Zellhaufen wachsen zu Zellkolonien heran. Nach Zugabe spezifischer Differenzierungsfaktoren können sich die Zellkolonien in verschiedene Zelltypen differenzieren, die zum gewünschten Gewebetyp heranwachsen. Das so erzeugte Gewebe wird dem Patienten transplantiert.

2 Erklären Sie die unterschiedliche Immunkompatibilität der aus verschiedenen Stammzellarten gewonnenen Transplantate!

Transplantate aus embryonalen Stammzellen können zu Abstoßungsreaktionen führen, da ihre Immunverträglichkeit der eines fremden Spenderorgans entspricht. Gleiches gilt für Stammzellspenden aus Knochenmark.

Stammzellen aus Nabelschnurblut haben eine hohe Immuntoleranz, sind also für den Empfänger besser verträglich. Embryonale Stammzellen, die durch therapeutisches Klonen gewonnen wurden, sind immunkompatibel, da ihre Erbinformation einer Gewebeprobe des Patienten entstammt.

3 Beurteilen Sie die Aussage: „Unsterblichkeit ist zur Realität geworden"! Führen Sie anschließend ein Partnerinterview!

Die Stammzellforschung hat die Menschheit der Erfüllung des Wunsches nach Unsterblichkeit etwas näher gebracht. Wenn es gelingt, Gewebetransplantate aus induzierten pluripotenten Stammzellen zu erzeugen, die keine Abstoßungsreaktion hervorrufen, ist eine längere Lebensdauer wahrscheinlich. Ein Austausch verbrauchter Organe gegen neue Organe als lebensverlängernde Maßnahme ist in absehbarer Zeit jedoch nicht möglich.

Selbst wenn reproduktives Klonen technisch möglich und erlaubt wäre, würden zwar die Zellen eines Menschen in einem Klon weiterleben können, es wäre aber nicht derselbe Mensch. Unsterblichkeit ist nicht zur Realität geworden.

Seite 197 (Material)

Material A – Induzierte pluripotente Stammzellen

A1 Beschreiben Sie die Entwicklung der Zellzahlen nach den Einschleusungsexperimenten!

Bei den Einschleusungsexperimenten werden vier Ansätze miteinander verglichen:

1. die Entwicklung der Zellzahl einer unbehandelten Stammzellkolonie als Kontrollexperiment;
2. die Entwicklung der Zellzahl, nachdem die vier Transkriptionsfaktoren mithilfe eines Retrovirus als Vektor eingeschleust wurden;
3. die Entwicklung der Zellzahl nach Transfektion mit einer künstlichen RNA mit den vier Transkriptionsfaktoren;
4. die Entwicklung der Zellzahl nach Transfektion mit einer künstlichen RNA mit den vier Transkriptionsfaktoren, bei der Cytosin durch 5-Methylcytosin und Uracil durch Pseudouracil ersetzt wurde.

In allen Ansätzen werden 30 000 Zellen kultiviert und die Entwicklung der Zellzahlen innerhalb von zehn Tagen bestimmt.
Die unbehandelten Zellen wachsen innerhalb des genannten Zeitraums zu einer Kolonie von etwa 95 000 Zellen heran. Die Zellkolonie, bei denen die Transkriptionsfaktoren mit einem Retrovirus eingeschleust wurden, wächst auf etwa 85 000 Zellen an. Nach Transfektion mit modifizierter RNA entwickeln sich ungefähr 75 000 Zellen. Bei der Zellkultur, in die nicht modifizierte RNA eingeschleust wurde, kann bereits nach zwei Tagen ein Rückgang auf etwa 5000 Zellen beobachtet werden. Nach zehn Tagen leben noch etwa 1000 Zellen in der Kulturlösung.

A2 Erläutern Sie die Entwicklung der Zellzahlen anhand der Immunantwort der Zellen nach Einschleusung der Transkriptionsfaktoren!
Die Immunantwort der Kontrollzellen und der mit dem Retrovirus behandelten Zellen ist sehr gering. Das erklärt die hohen Zellzahlen von 95 000 beziehungsweise 85 000 nach zehn Tagen. Die Immunantwort auf die unbehandelte RNA ist mit etwa 60 relativen Einheiten sehr hoch. Dieser Befund ist dafür verantwortlich, dass die Zellzahl in der Kulturlösung innerhalb von zehn Tagen deutlich zurückgegangen ist. Die modifizierte RNA führt mit etwa zehn relativen Einheiten zu einer merklichen Immunreaktion der behandelten Zellen. Dies erklärt, dass die Zellzahl nach zehn Tagen geringer ist als nach Behandlung mit einem Retrovirus. Es ist aber ein deutlicher Vorteil gegenüber der nicht modifizierten RNA erkennbar.

A3 Bei der Transfektion mit künstlicher RNA wird innerhalb von zehn Tagen täglich eine bestimmte Menge mRNA eingeschleust. Begründen Sie diese Vorgehensweise anhand Abbildung C!
Die relative Wirksamkeit des Transkriptionsfaktors steigt nach der Transfektion innerhalb von 12 Stunden stetig an und erreicht nach ungefähr 16 Stunden ihr Maximum. Danach sinkt die Wirksamkeit kontinuierlich und erreicht nach 44 Stunden etwa den Ausgangswert. Innerhalb eines Zeitraums von 12 bis 24 Stunden nach der Transfektion ist die Wirksamkeit des Transfektionsfaktors relativ hoch. Danach sinkt die Wirksamkeit aufgrund des Abbaus der RNA in der Zelle. Wenn der Transkriptionsfaktor über den Zeitraum von zehn Tagen wirksam sein soll, muss deshalb täglich neue mRNA eingeschleust werden.

A4 Zur Überprüfung der Effizienz bei der Herstellung reprogrammierter Zellen werden 25 000 Zellen auf Nährböden plattiert und die Anzahl der daraus hervorgegangenen Kolonien bestimmt. Berechnen Sie anhand Abbildung D die Effizienz der beiden Verfahren!
Theoretisch könnte aus jeder Zelle eine Kolonie wachsen. 25 000 Kolonien würden also einer Erfolgsquote von 100 Prozent entsprechen. Nach Einschleusen mittels Retrovirus als Vektor entstehen aus 25 000 Zellen zehn Kolonien. Das entspricht einer Erfolgsquote von 0,04 Prozent. Nach der Transfektion mit modifizierter RNA entstehen aus 25 000 plattierten Zellen 350 Kolonien. Das entspricht einer Erfolgsquote von 1,4 Prozent.

A5 Beurteilen Sie die Vor- und Nachteile der beiden Methoden zur Herstellung pluripotenter Stammzellen mittels Transfektion und anhand von Retroviren!
Das Einschleusen der Transkriptionsfaktoren in adulte Zellen hat den Vorteil, dass keine Embryonen benötigt werden und deshalb keine Konflikte mit der gültigen Gesetzgebung bestehen. Wenn es gelingt, adulte Zellen zu reprogrammieren, kann nach Bedarf Gewebe gezüchtet werden, das immunkompatibel ist.
Beim Einschleusen der Transkriptionsfaktoren mit Retroviren hat sich im Tierexperiment jedoch gezeigt, dass sich häufiger Tumore bilden. Die Anfälligkeit der iPS-Zellen für Mutationen ist bei beiden Methoden zu beobachten. Da das Zellmaterial nicht embryonalen Ursprungs ist, haben sich unterschiedliche epigenetische Veränderungen entwickelt, die nach der Reprogrammierung Einfluss auf das Gewebe haben können.
Das Einschleusen über den Retrovirus hat eine geringere Immunantwort der Zellen zur Folge als das Einschleusen über modifizierte RNA. Dennoch ist die Erfolgsquote mit nur zehn Kolonien bei 25 000 plattierten Zellen extrem niedrig. Die Erfolgsquote nach Transfektion mit der modifizierten RNA ist zwar um den Faktor 35 höher, aber mit 1,4 Prozent trotzdem sehr niedrig. Die Werte lassen annehmen, dass beide Verfahren sehr aufwendig und damit sehr teuer sind.

Krebstherapien

Seite 198–200

1 Erklären Sie die Ursache für die Nebenwirkungen der Chemotherapie!
Die in der Chemotherapie eingesetzten Medikamente haben die Aufgabe, die Teilung der Tumorzellen zu verhindern und den Zelltod, die Apoptose, einzuleiten. Sie werden deshalb als Zytostatika bezeichnet. Da diese Krebsmedikamente auf den Spindelapparat beziehungsweise die DNA einwirken und damit die Mitose oder die Replikation der DNA verhindern, beeinflussen sie auch normale Körperzellen, die sich ebenfalls nicht mehr teilen oder die Apoptose einleiten. Insbesondere die Gewebe, die auf eine häufige Zellteilung angewiesen sind, wie Blut, Schleimhäute und Haarwurzeln werden durch eine Chemotherapie geschädigt. Dies führt zu

Störungen der Blutzellbildung, zu Haarausfall sowie zu Übelkeit und Erbrechen.

2 Erläutern Sie anhand des Basiskonzepts Information und Kommunikation die Bedeutung der Sequenzanalyse für die zielgerichtete Krebstherapie!
Tumorzellen nehmen Informationen von außen auf und besitzen typische molekulare Signal- und Informationswege. Sie unterscheiden sich deshalb hinsichtlich des Basiskonzepts Information und Kommunikation nicht von den anderen Zellen des lebenden Systems eines Organismus. Unterschiedliche Mutationen können spezifische Enzyme und damit verschiedene Orte der Signaltransduktion beeinflussen.
Die zielgerichtete Krebstherapie richtet sich gegen einen bestimmten tumorspezifischen Informationsweg in der Zelle. Mithilfe der Sequenzanalyse des Tumors kann die zugrunde liegende Mutation durch einen Vergleich mit der Sequenz einer gesunden Gewebeprobe des Patienten und einer Referenzprobe festgestellt werden. Damit lässt sich das Enzym bestimmen, das durch diese Mutation verändert worden ist. Ein zielgerichtetes Medikament kann nun den spezifischen Signalweg dieses Tumors angreifen, zum Beispiel als Hemmstoff des aktiven Zentrums des Enzyms.
Die Bekämpfung des Tumors mithilfe der zielgerichteten Krebstherapie basiert somit auf Kenntnissen des Basiskonzepts Information und Kommunikation.

Seite 201 (Material)

Material A – Zytostatika

A1 Beschreiben Sie den DNA-Gehalt der Tumorzelllinie vor und nach der Behandlung mit dem Mitosehemmer!
Beide Diagramme stellen den relativen DNA-Gehalt der Tumorzelllinien zwischen $2n$ und $4n$ in 0,1-Intervallen dar.
Vor der Behandlung mit dem Mitosehemmer haben 35 Prozent der Tumorzellen den doppelten Chromosomensatz, 15 Prozent einen 2,1- und 10 Prozent einen 2,2-fachen Chromosomensatz. Der prozentuale Anteil an Zellen mit einem höheren DNA-Gehalt sinkt kontinuierlich. In den Intervallen zwischen dem 2,5-fachen und dem 3,5-fachen DNA-Gehalt liegen jeweils etwa 2 Prozent der Zellen. Ab einem DNA-Gehalt von $n = 3{,}6$ steigt der prozentuale Anteil der Zellen bis zu einem Wert von 10 Prozent der Zellen mit einem 4-fachen Chromosomensatz.
Nach der Tumorbehandlung verteilen sich die Zellen mit einem jeweiligen Anteil von etwa 5 Prozent gleichmäßig auf die Intervalle zwischen den DNA-Gehalten $2n$ und $4n$.

A2 Erläutern Sie die Verteilung des DNA-Gehalts in der unbehandelten Tumorzelllinie!
Die Zellen mit einem Chromosomensatz zwischen 2,1 und 3,9 befinden sich in der Synthesephase. Die DNA wird repliziert. Bei den Zellen mit einem 4-fachen Chromosomensatz ist die DNA-Synthese abgeschlossen. Bei ihnen findet die Mitose statt. Nach der Mitose haben die Zellen den 2-fachen Chromosomensatz. Sie befinden sich im G_1-Stadium.

A3 Erklären Sie die Wirkung des Hemmstoffs auf die Tumorzellen anhand der Veränderung des DNA-Gehalts in Abbildung B!
In Abbildung B ist zu erkennen, dass der Anteil an Zellen, die sich im G_1-Stadium oder in der Mitosephase befinden, deutlich niedriger liegt als vor Einsatz des Tumormedikaments. Der Anteil der Zellen mit einem Chromosomensatz zwischen 2,5 und 3,5 ist gegenüber den unbehandelten Zellen deutlich erhöht. Da sich die meisten Zellen in der Synthesephase befinden und nur verhältnismäßig wenige Zellen in der Mitosephase, muss der Hemmstoff auf die Replikation der DNA einwirken, indem er diese verzögert oder blockiert.

A4 Stellen Sie eine Hypothese auf, wie sich die DNA-Verteilung in der Tumorzelllinie durch die Gabe von Taxol verändern würde!
Da Taxol den Abbau des Spindelapparates verhindert, ist davon auszugehen, dass das Medikament die Mitose blockiert. Die DNA-Replikation wird von Taxol nicht beeinflusst. Daher wird die Synthesephase nicht gestört und der Anteil an Zellen mit einem vierfachen Chromosomensatz wird sich deutlich erhöhen.

Material B – Zielgerichtete Krebstherapie

B1 Beschreiben Sie die im Diagramm dargestellten Versuchsergebnisse!
Im Diagramm wird die Überlebensrate von Krebspatienten über einen Zeitraum von 24 Monaten dargestellt. Die Patienten werden mit der Wirkstoffkombination Carboplatin/Taxol oder mit dem Medikament Gefitinib behandelt. Verglichen werden Tumore, denen eine EGF-Rezeptor-Mutation, und Tumore, denen eine anderen Mutation zugrunde liegt.
Bei einer Chemotherapie mit Carboplatin /Taxol liegt die Überlebensrate nach vier Monaten bei beiden Tumorvarianten bei etwa 80 Prozent. Sie sinkt innerhalb von acht Monaten auf etwa 35 Prozent und nach zwölf Monaten auf ungefähr 10 Prozent bei EGF-Rezeptor-Mutationen und auf unter 5 Prozent bei Tumoren, die auf eine andere Mutation zurückzuführen sind.
Bei einer Behandlung mit Gefitinib weicht die Überlebensrate beider Tumorvarianten stark voneinander ab. Sie liegt nach vier Monaten bei etwa 85 Prozent der

Patienten mit einer EGF-Rezeptor-Mutation, nach acht Monaten bei etwa 60 Prozent und nach zwölf Monaten bei über 30 Prozent. Patienten, deren Tumor auf einer anderen Mutation basiert, haben nach vier Monaten eine Überlebensrate von unter 15 Prozent, nach acht Monaten von etwa 5 Prozent und nach zwölf Monaten von etwa 1 Prozent.

B2 Begründen Sie die unterschiedlichen Kurvenverläufe anhand der Wirkungsweisen der eingesetzten Medikamente!
Die Wirkstoffkombination Carboplatin/Taxol wirkt unspezifisch auf alle sich schnell teilenden Zellen. Carboplatin macht die DNA funktionsunfähig und Taxol blockiert die Mitose. Deshalb wirken diese Medikamente gleichermaßen auf beide Tumorvarianten.
Gefitinib ist ein zielgerichtetes Therapeutikum. Es wirkt nur auf den EGF-Rezeptor und ist dann erfolgreich, wenn der Tumor auf eine Mutation des EGF-Rezeptors zurückzuführen ist. Wenn die Mutation auf einem Gen liegt, das für ein anderes Enzym der Signaltransduktion verantwortlich ist, bleibt Gefitinib wirkungslos und die Überlebensrate ist gering.

B3 Bei vielen Krebsarten führt die Chemotherapie nur zu einer geringen Erhöhung der Lebenserwartung um wenige Wochen bis Monate. Bewerten Sie diesen Befund vor dem Hintergrund der erheblichen Nebenwirkungen!
Es ist anzunehmen, dass die Schülerinnen und Schüler unterschiedliche Bewertungen vornehmen.
Auch eine geringe Erhöhung der Lebenserwartung bedeutet, dass die Lebensdauer des Patienten verlängert werden kann. Es lässt sich nicht vorhersagen, ob diese Verlängerung nur wenige Wochen beträgt oder vielleicht sogar einen längeren Zeitraum. Deshalb sollte alles medizinisch Mögliche unternommen werden, um das Leben der Patienten zu verlängern.
Beispiele für zu nennende Werte könnten Leben und Lebensdauer sein.

Eine Chemotherapie ist mit erheblichen Nebenwirkungen gekoppelt, die die Lebensqualität des Patienten verringern. Wenn ein Zeitgewinn nur mit zusätzlichen Schmerzen und körperlichen Beeinträchtigungen verbunden ist, sollte von einer Chemotherapie abgesehen werden.
Beispiele für zu nennende Werte könnten schmerzfreies Leben und würdiges Sterben sein.

Man kann davon ausgehen, dass die Chemotherapie eine sehr teure Behandlungsform ist. Wenn der Erfolg der Chemotherapie fragwürdig ist und der Patient aufgrund der Nebenwirkungen erhebliche Beeinträchtigungen erfährt, sollte das Gesundheitssystem nicht durch eine wenig erfolgreiche Therapieform zusätzlich belastet werden.
Beispiele für zu nennende Werte könnten soziale Gerechtigkeit, Wirtschaftlichkeit und ökonomische Verträglichkeit sein.

3 Antikörper, Viren und Impfung

Immunabwehr

Seite 202–206

1 Nennen und erläutern Sie die unspezifischen Abwehrmaßnahmen des Körpers!
Als unspezifisches Abwehrsystem des Körpers wird das angeborene Abwehrsystem bezeichnet. Dazu gehören die Haut der Körperoberfläche sowie die Schleimhäute des Verdauungs- und des Atmungstrakts. Das Lymphsystem mit den Lymphknoten und die in der Lymphe und im Blut vorkommenden Leukozyten stellen weitere Komponenten der Immunabwehr dar.
Haut und Hornhaut bilden eine natürliche Barriere für Krankheitserreger. Der Schleim der Bronchien hält eingedrungene Bakterien fest. Mithilfe von Flimmerhärchen werden die Bakterien aus dem Atemweg zum Rachen transportiert und anschließend verschluckt. Der stark saure und proteasehaltige Magensaft tötet die Krankheitserreger ab.
Spezielle Leukozyten, die Phagozyten, sind in Blut und Lymphe als Abwehrzellen aktiv. Zu ihnen gehören neutrophile Zellen, die in infiziertes Gewebe eindringen können und dort die Antigene phagozytieren, Makrophagen als besonders effiziente Fresszellen und eosinophile Zellen, die spezielle Enzyme zur Abwehr von Würmern produzieren.
Durch den Blutkreislauf und das Lymphsystem werden Leukozyten durch den gesamten Organismus transportiert und können somit jedes Gewebe schnell erreichen. Die Lymphknoten filtrieren Giftstoffe aus der Lymphe.

2 Erläutern Sie, weshalb bei einer Blutuntersuchung die Leukozytenanzahl bestimmt wird!

Die verschiedenen Blutzelltypen werden im Knochenmark nach Bedarf produziert. Im Fall einer Infektion werden besonders viele Leukozyten für die Abwehr der Krankheitserreger benötigt. Bei einer Blutuntersuchung ergibt sich aus der Anzahl der Leukozyten ein Hinweis auf eine Infektion des Patienten, auch wenn keine äußeren Krankheitsanzeichen auftreten.

3 Erläutern Sie die besondere Bedeutung der T-Zellen für die spezifische Immunabwehr!

T-Zellen haben mehrere Funktionen bei der spezifischen Immunabwehr. Sie bewirken die Reifung von B-Zellen zu Plasmazellen und damit die Bildung spezifischer Antikörper. Zytotoxische T-Zellen bewirken die Apoptose infizierter Zellen. Makrophagen werden durch T-Zellen angeregt, für Krankheitserreger toxische Substanzen zu produzieren. T-Zellen können als T-Suppressorzellen wirken, indem sie die Immunabwehr abschalten. Andere T-Zellen entwickeln sich zu T-Gedächtniszellen. Ohne T-Zellen wäre eine spezifische Immunabwehr gegen Krankheitserreger nicht möglich.

4 Beschreiben Sie die humorale Immunreaktion!

Als humorale Immunreaktion wird die Antikörperbildung in Blut und Lymphe bezeichnet. Wenn dendritische Zellen mit Antigenen in Kontakt kommen, werden die Antigene phagozytiert und in der Zelle abgebaut. Fragmente der Antigene werden an MHC-II-Proteine gebunden und auf der Zellmembran präsentiert. T-Zellen mit passenden Rezeptoren, dem CD4-Rezeptor und dem T-Zell-Rezeptor, binden an die präsentierten Fragmente und werden dadurch aktiviert. Sie reifen zu T-Helferzellen und regen B-Zellen an. Die B-Zellen reifen zu Plasmazellen, die bis zu 2000 auf das Antigen passende Antikörper pro Sekunde produzieren können.

Seite 207 (Material)

Material A – Immunologisches Gedächtnis

A1 Beschreiben Sie die dargestellten Messergebnisse!

Im linken Diagramm ist die relative Menge an Antikörpern innerhalb eines Zeitraums von sieben Tagen nach Infektion mit einem Antigen bei einer primären Immunantwort dargestellt. Beim ersten Kontakt mit dem Antigen liegt die Anzahl der Antikörper bei null und erreicht innerhalb von fünf Tagen ein Maximum von etwa 0,6 relativen Einheiten. Danach sinkt die Anzahl bis zum siebten Tag auf den Wert von etwa 0,2 relativen Einheiten.

Im rechten Diagramm sind zwei Kurven dargestellt. Der Kurvenverlauf der roten Linie zeigt die relative Anzahl an Antikörpern beim Erstkontakt mit einem neuen Antigen. Der Kurvenverlauf entspricht exakt dem des linken Diagramms. Die blaue Linie zeigt die relative Anzahl an Antikörpern bei einer sekundären Immunantwort, wenn der Organismus zum zweiten Mal mit dem ersten Antigen in Kontakt kommt. Zum Zeitpunkt des Zweitkontakts liegt die relative Anzahl an Antikörpern bei ungefähr 0,2. Sie steigt innerhalb von weniger als drei Tagen auf ein Maximum von etwa 2,2 und fällt dann bis zum siebten Tag auf ungefähr 0,7 relative Einheiten ab.

A2 Deuten Sie den unterschiedlichen Verlauf der Kurven in beiden Abbildungen!

Beim Erstkontakt mit einem neuen Antigen ist die Menge an produzierten Antikörpern wesentlich niedriger als bei einem Zweitkontakt. Hierfür sind die B-Gedächtniszellen und die T-Gedächtniszellen verantwortlich. Sie können sofort reagieren und die Produktion von Antikörpern veranlassen. Die schnellere Reaktion und die höhere Antikörperkonzentration sind ein Hinweis darauf, dass der Organismus bei einem wiederholten Kontakt mit dem Antigen immun dagegen ist. Die Kurven verdeutlichen auch, dass die Immunität gegen ein spezifisches Antigen keinen Einfluss auf die Immunreaktion bei einem anderen Antigen hat.

Material B – Antikörpervielfalt durch somatische Rekombination

B1 Beschreiben Sie den Ablauf der somatischen Rekombination!

Für die Codierung der Antigenbindungsstellen auf der DNA sind spezifische Gensegmente auf Chromosom 14 verantwortlich, die mit V, D und J bezeichnet werden. Es gibt 65 V-Segmente, 25 D-Segmente und 6 J-Segmente. Alle Gensegmente sind durch Introns voneinander getrennt. Während der Reifung der mRNA werden nur ein V-, ein D- und ein J- Segment miteinander verknüpft. Somit findet bei der Bildung der mRNA in einer somatischen Zelle eine Rekombination verschiedener Segmente statt.

B2 Berechnen Sie die Kombinationsmöglichkeiten bei der Synthese der variablen Region einer schweren Peptidkette!

Die variable Region der schweren Peptidketten der Antikörper wird von jeweils einer der 65 V-, 25 D- und 6 J-Segmente auf der DNA codiert. Damit ergeben sich 65 x 25 x 6 = 9750 Kombinationsmöglichkeiten für die schweren Peptidketten.

Zusatzinformation: Da die variablen Regionen der leichten Ketten ebenfalls auf somatische Rekombination zurückzuführen sind, wird angenommen, dass mehr als zehn Millionen verschiedene Antikörper gebildet werden können.

Infektionskrankheiten durch Viren

Seite 208–210

1 Beschreiben Sie den Reproduktionszyklus eines DNA-Virus!
Die Virushülle enthält Glykoproteine, mit denen das Virus an spezifische Rezeptoren der Wirtszelle andockt. Da jeder Zelltyp über andere Rezeptoren verfügt und ein Virus nur andocken kann, wenn es über die passenden Glykoproteine verfügt, bezeichnet man Viren als wirtsspezifisch.
Das Virus wird durch Verschmelzen seiner äußeren Hülle mit der Zellmembran oder durch Endozytose von der Wirtszelle aufgenommen. Danach wird das Viruskapsid enzymatisch abgebaut und die virale DNA freigesetzt. Die RNA-Polymerase der Wirtszelle liest anschließend die frühen Gene der Virus-DNA ab. Sie enthalten die Information zur Stimulation der DNA-Replikation des Virusgenoms und der Transkription der späten Virusgene. Ein weiteres frühes Gen codiert für ein Protein, dass die Transkription der Wirtsgene verhindert.
Die späten Gene werden anschließend abgelesen. Sie enthalten die Information zur Bildung von Enzymen für die Synthese der Kapsidproteine.
Nach der Produktion von Virus-DNA und Kapsidproteinen erfolgt der Zusammenbau der Virusbestandteile, das Virus-Assembly. Die fertigen Viren werden durch Lyse der Zellmembran oder durch Exozytose freigesetzt. Dabei stirbt die Wirtszelle. Wenn die Freisetzung durch Exozytose erfolgt, besteht die Hülle der neu gebildeten Viren aus Teilen der Zellmembran der Wirtszelle.

2 Erläutern Sie den Verlauf einer HIV-Infektion unter Berücksichtigung der Abbildung 06!
Ungefähr drei bis sechs Wochen nach einer HIV-Infektion beginnt die akute Phase mit grippeähnlichen Symptomen wie Fieber und Gelenkschmerzen. Sie ist gekennzeichnet durch einen starken Anstieg der Virenkonzentration im Blutplasma auf bis zu 10^6 Viren pro Mikroliter nach etwa sieben Wochen. Danach fällt die Virenkonzentration innerhalb von zwei Wochen auf ungefähr 2000 Viren pro Mikroliter Blutplasma. Während die Konzentration der HI-Viren steigt, sinkt die Anzahl der T-Zellen im Blutplasma von etwa 1000 auf 500 pro Mikroliter. Innerhalb der ersten zwölf Wochen sind keine Antikörper im Blut nachweisbar.
Nach der akuten Phase folgt die Latenzzeit. Über einen Zeitraum von durchschnittlich zehn Jahren hat der Infizierte keine akuten Beschwerden. Da in dieser Zeit die Anzahl der T-Zellen kontinuierlich bis zu einem Wert von unter 200 pro Mikroliter Blutplasma abnimmt, sinkt gleichzeitig die Abwehrkraft des Immunsystems. Die HIV-Konzentration im Blut steigt innerhalb der Latenzzeit langsam von etwa 2000 auf ungefähr 10 000 Viren pro Mikroliter Blutplasma.
Nach durchschnittlich zehn Jahren kommt es bei einem HIV-Infizierten aufgrund der geringen Anzahl der T-Zellen zu einem Immundefekt. Da er keine Abwehrkraft gegen angreifende Viren, Pilze oder Bakterien hat, leidet er an opportunistischen Infektionen wie Lungenentzündung, Tuberkulose oder dem Kaposisarkom. Der Infizierte hat nun AIDS. In dieser Zeit sinkt die Anzahl der T-Zellen auf Null, während die Konzentration der HI-Viren wieder auf über eine Million pro Mikroliter Blutplasma steigt. Ohne Behandlung stirbt der AIDS-Kranke an den opportunistischen Infektionen.

Seite 211 (Material)

Material A – Reproduktion und Bekämpfung von HIV

A1 Erläutern Sie die Besonderheiten des Vermehrungszyklus von HIV im Vergleich zu DNA-Viren!
Die ersten Schritte des Reproduktionszyklus von HIV entsprechen denen der DNA-Viren: Das HI-Virus dockt mit seinen spezifischen Hüllproteinen gp120 und gp41 an den CD4-Rezeptor der Wirtszelle an und fusioniert dann mit der Zellmembran der Wirtszelle. Nach Aufnahme in die Wirtszelle erfolgt der enzymatische Abbau des Kapsids.
Da das Virusgenom von HIV im Gegensatz zu den DNA-Viren aus einem RNA-Einzelstrang besteht, muss dieser in eine doppelsträngige DNA umgeschrieben werden. Das HI-Virus besitzt das Enzym Reverse Transkriptase, das diesen Prozess durchführt. Anschließend wird die gebildete DNA mithilfe der Integrase in das Genom der Wirtszelle eingebaut, wodurch ein Provirus entsteht.
Wie DNA-Viren nutzt HIV den Proteinsyntheseapparat der Wirtszelle für die Steuerung der weiteren Vermehrung. Bei HIV erfolgt jedoch zusätzlich die Transkription der Provirus-DNA zur Viren-RNA. Eine Unterscheidung zwischen frühen und späten Genen gibt es bei HIV nicht. Auch der Zusammenbau der HI-Viren und deren Abschnürung beziehungsweise Exozytose entspricht dem Ablauf der Reproduktion von DNA-Viren.

A2 Erklären Sie, in welcher Weise die verschiedenen Wirkstoffe die Reproduktion von HIV beeinflussen!
Ein Medikament hemmt die Funktion von gp41. Das hat zur Folge, dass das Virus nicht an die Wirtszelle andocken und damit kein Reproduktionszyklus von HIV stattfinden kann.
Der Wirkstoff, der das Enzym Reverse Transkriptase hemmt, verhindert die Umschreibung der HIV-RNA in eine Provirus-DNA. Damit wird der Reproduktionszyklus unterbrochen und HIV kann sich in der Wirtszelle nicht vermehren. Ähnlich wirken die Nukes, die einen Kettenabbruch bei der Umschreibung der RNA in die

DNA induzieren. Die entstehenden DNA-Fragmente beinhalten nicht die vollständige Information, die für die Neusynthese von Virenbestandteilen notwendig ist.
Proteasehemmer stören den Zusammenbau der HIV-Bestandteile. Die gebildeten HI-Viren sind unvollständig und nicht in der Lage, neue Wirtszellen anzugreifen.
Integrasehemmer verhindern den Einbau der von der Reversen Transkriptase gebildeten DNA in das Genom der Wirtszelle. Damit verhindern sie die Entstehung des Provirus. HIV kann sich nicht vermehren.

A3 In einigen reichen Industrieländern wird diskutiert, HIV-Medikamente von Risikogruppen vorbeugend einnehmen zu lassen. Beurteilen Sie diesen Vorschlag!
Die Kosten für eine HIV-Therapie werden mit 25 000 Euro pro Jahr angegeben. Ähnlich hoch wären die Kosten bei einer vorbeugenden Behandlung, da es sich um die gleichen Wirkstoffe handelt. Da die Krankenkassen derart hohe Kosten bei gesunden Menschen kaum übernehmen würden, wäre diese Form der Vorbeugung nur für sehr wohlhabende Menschen denkbar.
Sinnvoller ist eine Vermeidung der Infektionsrisiken beispielsweise durch ein angepasstes Sexualverhalten. Die prophylaktische Einnahme von Medikamenten könnte ein trügerisches Sicherheitsgefühl mit einer höheren Risikobereitschaft bewirken. Vor dem Hintergrund, dass in vielen Ländern mit einer hohen Infektionsrate keine Medikamente für die betroffenen Menschen zur Verfügung stehen, werden moralische Werte wie Chancengleichheit und Fairness infrage gestellt.

Immunisierung und Desensibilisierung

Seite 212–214

1 Erläutern Sie die Unterschiede zwischen aktiver und passiver Immunisierung!
Bei einer aktiven Immunisierung wird entweder ein Lebendimpfstoff oder ein Todimpfstoff gegeben. Der Lebendimpfstoff enthält abgeschwächte Viren oder Bakterien des jeweiligen Krankheitserregers, die sich noch vermehren können, aber keine Krankheit mehr auslösen. Der Organismus reagiert sowohl mit einer humoralen als auch mit einer zellulären Immunantwort. Lebendimpfstoffe führen zu einer lebenslangen Immunität. Todimpfstoffe enthalten abgetötete Krankheitserreger oder deren entgiftete Toxine. Sie lösen ebenfalls eine Immunantwort aus, diese ist aber weniger effektiv. Die Impfungen müssen regelmäßig wiederholt, also aufgefrischt werden.
Bei einer passiven Immunisierung wird ein Impfstoff injiziert, der Antikörper gegen den Krankheitserreger oder den Giftstoff enthält. Die Antikörper werden aus dem Serum eines aktiv immunisierten Tieres oder anderen Menschen gewonnen. Der Vorteil der passiven Immunisierung ist die sofortige Wirkung des Serums gegen das Antigen. Ihr Nachteil ist, dass keine Gedächtniszellen gebildet werden und der Impfschutz deshalb nur solange anhält, bis die Antikörper abgebaut sind.

2 Beschreiben Sie den Verlauf einer allergischen Reaktion!
Allergische Reaktionen werden durch körperfremde Proteine, die Allergene, ausgelöst. Sie sind Bestandteil von Hausstaub, Pollen und Tierhaaren.
Zunächst erfolgt die Sensibilisierung: Allergene, die in den Körper gelangen, kommen mit T-Helferzellen vom Typ 2 in Berührung. Die T-Helferzellen senden daraufhin Zytokine aus, die B-Zellen anregen. Wenn angeregte B-Zellen mit dem Allergen in Kontakt kommen, produzieren sie spezifische Immunglobuline des Typs IgE gegen das Allergen. Diese Immunglobuline heften sich an die Oberfläche von Mastzellen in den Schleimhäuten und von basophilen Zellen im Blut.
Wenn der so sensibilisierte Mensch wiederholt mit dem Allergen in Berührung kommt, schütten die Mastzellen sofort Histamin aus mit der Folge einer Entzündungsreaktion. Eine erhöhte Histaminausschüttung kann zu einem lebensbedrohlichen anaphylaktischen Schock führen, wenn sich die Blutgefäße weiten und der Blutdruck stark abfällt.

Seite 215 (Material)

Material A – Tollwut

A1 Beschreiben und erläutern Sie den Verlauf der Antikörperkonzentrationen in Abbildung A und B!
Dargestellt ist die Entwicklung der relativen Menge an Antikörpern im Blut über einen Zeitraum von etwa sieben Wochen nach einer Impfung.
Abbildung A: Zum Zeitpunkt der Impfung liegt die Antikörpermenge bei null. Innerhalb der ersten drei Wochen steigt die Antikörpermenge stark an und erreicht nach etwa vier Wochen den Maximalwert von 1. Dieser bleibt bis sieben Wochen nach der Impfung erhalten. Bei dieser Person wurde eine aktive Immunisierung vorgenommen, da das Immunsystem erst auf die im Impfstoff enthaltenen Antigene reagieren muss. Erst nach Klonierung der entsprechenden B-Zellen werden die Antikörper gebildet. Ab der vierten Woche bleibt die Antikörpermenge konstant, da abgebaute Antikörper durch neu produzierte ersetzt werden. Der Impfschutz bleibt bestehen.
Abbildung B: Zum Zeitpunkt der Impfung ist die Antikörpermenge mit einem relativen Wert von 1 am höchsten. Innerhalb der folgenden sieben Wochen nimmt sie kontinuierlich auf ungefähr 15 Prozent des ursprünglichen Wertes ab. Bei dieser Person wurde eine passive Immunisierung durchgeführt. Der Impfstoff enthält nur Antikörper. Das eigene Immunsystem wird nicht akti-

viert. Da die Antikörper langsam abgebaut werden, reduziert sich ihre Menge kontinuierlich. Der Impfschutz sinkt aufgrund dessen ebenfalls.

A2 Stellen Sie den Verlauf der Antikörperkonzentration nach einer Tollwutimpfung grafisch dar!

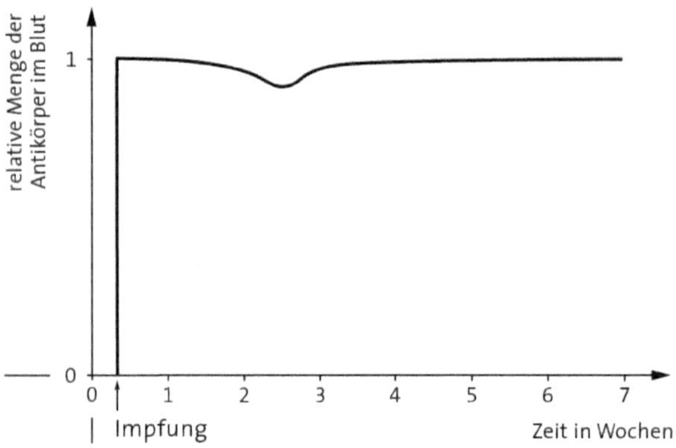

A3 Erklären Sie, weshalb nach einem Biss durch ein tollwutverdächtiges Tier eine passive und eine aktive Immunisierung gleichzeitig durchführt werden!
Nach einer Tollwutinfektion ist ein sofort wirksamer Impfschutz notwendig, um ein Ausbreiten der Infektion bis zum Gehirn zu verhindern. Dieser Effekt ist nur mithilfe einer passiven Immunisierung zu erreichen, da die notwendigen Antikörper sofort auf das Antigen reagieren können. Die aktive Immunisierung hat zur Folge, dass zusätzlich das eigene Immunsystem aktiviert wird und damit eine langanhaltende Schutzwirkung.

Material B – Diabetes – die Zuckerkrankheit

B1 Beschreiben Sie den zeitlichen Verlauf der in Abbildung A dargestellten Insulinkonzentrationen!
Dargestellt sind die Insulinkonzentrationen für vier verschiedene Personen:
Normalgewichtige mit Diabetes: Die Insulinkonzentration im Blut steigt nach der Mahlzeit von ungefähr 0,1 Nanomol pro Liter innerhalb von zwei Stunden stetig auf etwa 0,4 Nanomol pro Liter an. Bis drei Stunden nach der Mahlzeit sinkt sie auf etwa 0,25 Nanomol pro Liter.
Normalgewichtige ohne Diabetes: Die Insulinkonzentration im Blut steigt innerhalb einer Stunde von 0,1 auf 0,7 Nanomol pro Liter und fällt dann innerhalb der nächsten beiden Stunden stetig auf einen Wert von 0,4 Nanomol pro Liter.
Übergewichtige mit Diabetes: Die Insulinkonzentration im Blut steigt innerhalb von zwei Stunden von 0,4 Nanomol pro Liter auf ein Maximum von ungefähr 1,6 Nanomol pro Liter. Der Wert fällt von der zweiten zur dritten Stunde auf 1,2 Nanomol pro Liter.
Übergewichtige ohne Diabetes: Die Insulinkonzentration im Blut steigt in der ersten Stunde von 0,3 Nanomol pro Liter auf 1,7 Nanomol pro Liter. Er fällt bis 2,5 Stunden nach der Mahlzeit langsam auf etwa 1,5 Nanomol pro Liter und dann innerhalb von 30 Minuten auf 1,3 Nanomol pro Liter.

B2 Deuten Sie die Kurvenverläufe!
Bei normalgewichtigen Menschen ohne Diabetes steigt der Insulinspiegel aufgrund der aufgenommenen Kohlenhydrate nach einer Mahlzeit an und sinkt langsam wieder auf den Ausgangswert. Diabetiker Typ 1 können wenig Insulin bilden. Deshalb steigt die Insulinkonzentration nur geringfügig. Sie reicht nicht aus, um die aufgenommene Glukose in die Körperzellen aufzunehmen. Übergewichtige ohne Diabetes haben einen erheblich höheren Insulinspiegel als normalgewichtige Menschen. Die Insulinkonzentration erreicht nach einer Mahlzeit fast das Dreifache der Normalgewichtigen. Es wird deutlich, dass die Inselzellen der Bauchspeicheldrüse wesentlich aktiver sind. Übergewichtige mit Diabetes produzieren ähnlich viel Insulin wie Übergewichtige ohne Diabetes, benötigen dazu aber mehr Zeit. Daraus lässt sich schließen, dass bei Diabetes Typ 2 die Insulinmenge nicht für den Diabetes verantwortlich ist. Da beim übergewichtigen Diabetiker die Insulinmenge etwas geringer ist als beim Übergewichtigen ohne Diabetes, ist anzunehmen, dass die Inselzellen der Bauchspeicheldrüse bereits erste Anzeichen einer Erschöpfung zeigen.

B3 Bei drei Personen wird ein Glukosetoleranztest durchgeführt. Ordnen Sie die Kurven in Abbildung B einem Diabetiker Typ 2, einem gefährdeten und einem gesunden Menschen zu! Begründen Sie Ihre Zuordnung!
Die untere Kurve ist dem gesunden Menschen zuzuordnen. Innerhalb der ersten 30 Minuten nach Aufnahme der Glukoselösung steigt die Glukosekonzentration im Blut an. Danach sinkt sie wieder, da das produzierte Insulin eine Aufnahme der Glukose in die Körperzellen bewirkt.
Die obere Kurve ist dem Diabetiker Typ 2 zuzuordnen, da die Glukosekonzentration im Blut viel höhere Werte erreicht als bei der gesunden Person. Der hohe Wert ist darauf zurückzuführen, dass die Körperzellen keine Glukose aufnehmen trotz Insulin.
Die mittlere Kurve ist dem Prädiabetiker zuzuordnen. Die Glukosekonzentration im Blut steigt fast genau so stark an wie beim Diabetiker, sinkt aber nach 60 Minuten deutlich. Er hat erhöhte Glukosewerte, das Insulin ist aber noch in der Lage, den Blutzuckergehalt zu senken.

Seite 216–217 (Klausurtrainer)

Training A – Bluttest statt Fruchtwasseruntersuchung

a Beschreiben Sie die Durchführung des Shotgun Sequencing bei der Pränataldiagnostik!

Beim Shotgun Sequencing wird die DNA aus dem Blut der Mutter in kurze Fragmente von etwa 1000 Nukleotiden zerschnitten. Die Fragmente werden anschließend mithilfe der PCR vervielfältigt und dann durch eine Gelelektrophorese aufgetrennt. Anschließend werden die als Shotgun-Klone bezeichneten vervielfältigten Fragmente zu längeren Sequenzen von ungefähr 150 000 Basenpaaren zusammengesetzt. Dabei ist hilfreich, dass sich die Nukleotidsequenzen der DNA-Stücke überlappen. Aus der Menge der jeweiligen DNA-Sequenzen lässt sich schließen, ob die Anzahl der bestimmten Chromosomen vom diploiden Satz abweicht.

b Erklären Sie anhand des Vergleichs der relativen DNA-Mengen, weshalb die Blutuntersuchung nur zum Nachweis der Trisomien 13, 18 und 21 geeignet ist!

In dem Diagramm ist die relative Menge der 22 Autosomen im Blutplasma der Mutter dargestellt. Bei vielen Chromosomen ist eine erhebliche Streuung erkennbar. Dies gilt insbesondere für die Chromosomen 15, 20, 16, 17, 22 und 19. Die ermittelten Werte sind teilweise so hoch, dass eine Trisomie angenommen werden könnte, obwohl das Ungeborene keine Trisomie aufweist. Einige Werte sind so niedrig, dass eine Monosomie angenommen werden könnte.

Nur bei den Chromosomen 13, 18 und 21 weichen die Werte bei Ungeborenen mit einer Trisomie eindeutig von den Werten der Ungeborenen ohne Trisomie ab.

c Bewerten Sie diese Methode der Pränataldiagnostik!

Der Bluttest hat gegenüber der Fruchtwasseruntersuchung den Vorteil, dass die Untersuchung keine Gefahr für die Mutter oder das Kind bedeutet. Bei der Fruchtwasseruntersuchung kommt es in bis zu fünf Prozent der Untersuchungen zu Fehlgeburten.

Der Test kann aber dazu führen, dass behinderte Kinder abgetrieben werden. Somit besteht die Gefahr, dass die Anzahl der Abtreibungen aufgrund eines möglicherweise behinderten Kindes zunimmt.

Training B – CCR5-Rezeptor und HIV

a Beschreiben Sie die Auswirkung des fehlenden CCR5-Rezeptors auf die Wirtszelle!

Aus der Abbildung geht hervor, dass das HI-Virus zunächst an den CD4-Rezeptor und dann an den CCR5-Rezeptor bindet. Anschließend findet die Fusion von Virus und Wirtszelle statt. Bei Wirtszellen ohne CCR5-Rezeptor kommt es zu keiner weiteren Bindung. Eine Fusion von Virus und Wirtszelle findet nicht statt.

b Erklären Sie anhand der DNA-Sequenzen das Bandenmuster der Gelelektrophorese von Wildtyp und Δ32-Mutante! Begründen Sie, ob die Δ32-Mutation homozygot oder heterozygot vorliegt!

Das Ergebnis der Gelelektrophorese zeigt die Laufstrecken der Proben von fünf Personen. Bei allen Proben ist eine Bande in einer Höhe oberhalb von 150 Basenpaaren sichtbar. Es handelt sich um den nicht mutierten Wildtyp. Bei Person 2 zeigen sich zwei Banden. Die zweite Bande liegt in Höhe des Größenvergleichsstandards von 150 Basenpaaren. Es ist die Δ32-Mutante. Sie weist eine größere Laufstrecke auf.

Der Ausschnitt der DNA-Sequenzen verdeutlicht, dass bei der Δ32-Mutante eine Sequenz von 32 Basenpaaren fehlt. Es handelt sich um eine Deletion. Die kürzere Basensequenz legt bei der Gelelektrophorese eine größere Laufstrecke zurück und ist deshalb als zweite Bande erkennbar.

Die Person 2 muss bezüglich der 32Δ-Mutation heterozygot sein, da zusätzlich die Bande des Wildtyps erkennbar ist. Diese Bande weist auf das nicht mutierte CCR5-Allel hin.

c Begründen Sie, welchen Genotyp ein Mensch haben muss, der gegen HIV immun ist!

Man kann davon ausgehen, dass ein Mensch, der gegen HIV immun ist, homozygot für das mutierte CCR5-Allel sein muss. Dieser Genotyp hat zur Folge, dass keine CCR5-Rezeptoren gebildet werden können und damit keine Fusion der Wirtszelle mit dem Virus stattfinden kann. Eine bezüglich dieses Allels heterozygote Person trägt in den Zellen ein Allel des Wildtyps. Dieses Allel ist in der Lage, ein funktionsfähiges Rezeptorprotein zu codieren. Die betroffene Person wird vielleicht eine geringere Anzahl an CCR5-Rezeptoren aufweisen, ist aber nicht immun gegenüber HIV.

d Stellen Sie den Weg des naturwissenschaftlichen Erkenntnisprozesses der Aidsforscher dar!

Die Aidsforscher beobachteten, dass sich einige Menschen trotz ungeschütztem Geschlechtsverkehr nicht mit HIV infizierten. Daraufhin stellten sie die Hypothese auf, dass die T4-Wirtszellen für HIV bei diesen Personen besondere Merkmale aufweisen müssten, die sie gegen HIV immun machen. Auf der Basis dieser Hypothese wurden Experimente durchgeführt, mit deren Hilfe die besonderen Merkmale der Zellen dieser Menschen untersucht werden können. Dabei konzentrierte man sich auf die Struktur der Zellmembran, da man wusste, dass HIV nur mit der Wirtszelle fusionieren kann, wenn diese über einen CD4-Rezeptor und einen CCR5-Rezeptor verfügt.

Da die Struktur der Rezeptoren im Genom codiert ist, isolierte man aus dem Genom der T4-Zellen die codierenden Sequenzen für die beiden Rezeptoren bei Menschen, die gegen HIV immun sind, und bei Menschen, die nicht gegen HIV immun sind. Die jeweiligen Sequenzen wurden mit einer PCR vervielfältigt und anschließend mittels Gelelektrophorese aufgetrennt. Die unterschiedlichen Laufstrecken bestätigten, dass die codierenden Sequenzen Unterschiede aufweisen. Anhand der Analyse der DNA-Sequenzen konnte bestätigt werden, dass die Immunität auf eine Deletion von 32 Basenpaaren des CCR5-Gens zurückzuführen ist.
Die Annahme, dass die Immunität auf besondere Merkmale der T4-Wirtszellen zurückzuführen ist, wurde somit bestätigt.

Bildquellenverzeichnis

Titel: iStockphoto / Antagain; Chromosom: Corbis / 3d4Medical.com; Nukleosom: Mauritius images / Cultura; Mausembryo: Science Photo Library / Eye of Science; Mann und schwangere Frau: iStockphoto / gemena communication